Medien • Kultur • Kommunikation

Reihenherausgeber
A. Hepp, Bremen, Deutschland
F. Krotz, Bremen, Deutschland
W. Vogelgesang, Trier, Deutschland

Weitere Bände in dieser Reihe
http://www.springer.com/series/12694

Kulturen sind heute nicht mehr jenseits von Medien vorstellbar: Ob wir an unsere eigene Kultur oder ‚fremde' Kulturen denken, diese sind umfassend mit Prozessen der Medienkommunikation verschränkt. Doch welchem Wandel sind Kulturen damit ausgesetzt? In welcher Beziehung stehen verschiedene Medien wie Film, Fernsehen, das Internet oder die Mobilkommunikation zu unterschiedlichen kulturellen Formen? Wie verändert sich Alltag unter dem Einfluss einer zunehmend globalisierten Medienkommunikation? Welche Medienkompetenzen sind notwendig, um sich in Gesellschaften zurechtzufinden, die von Medien durchdrungen sind? Es sind solche auf medialen und kulturellen Wandel und damit verbundene Herausforderungen und Konflikte bezogene Fragen, mit denen sich die Bände der Reihe „Medien · Kultur · Kommunikation" auseinandersetzen. Dieses Themenfeld überschreitet dabei die Grenzen verschiedener sozial- und kulturwissenschaftlicher Disziplinen wie der Kommunikations- und Medienwissenschaft, der Soziologie, der Politikwissenschaft, der Anthropologie und der Sprach- und Literaturwissenschaften. Die verschiedenen Bände der Reihe zielen darauf ab, ausgehend von unterschiedlichen theoretischen und empirischen Zugängen das komplexe Interdependenzverhältnis von Medien, Kultur und Kommunikation in einer breiten sozialwissenschaftlichen Perspektive zu fassen. Dabei soll die Reihe sowohl aktuelle Forschungen als auch Überblicksdarstellungen in diesem Bereich zugänglich machen.

Reihenherausgeber
Prof. Dr. Andreas Hepp Prof. Dr. Waldemar Vogelgesang
Universität Bremen Universität Trier

Prof. Dr. Friedrich Krotz
Universität Bremen

Tilo Grenz · Gerd Möll
(Hrsg.)

Unter Mediatisierungsdruck

Änderungen und Neuerungen in heterogenen Handlungsfeldern

 Springer VS

Herausgeber
Tilo Grenz
Lehrstuhl für Soziologie des Wissens
KIT Karlsruhe
76128 Karlsruhe
Deutschland

Gerd Möll
Lehrstuhl für Allgemeine Soziologie
TU Dortmund
44221 Dortmund
Deutschland

Die vorliegende Publikation entstand in dem von der Deutschen Forschungsgemeinschaft (DFG) geförderten Schwerpunktprogramm 1505 „Mediatisierte Welten: Kommunikation im medialen und sozialen Wandel" (http://www.mediatisiertewelten.de/).

ISBN 978-3-658-03663-8
DOI 10.1007/978-3-658-03664-5

ISBN 978-3-658-03664-5 (eBook)

Die Deutsche Nationalbibliothek verzeichnet diese Publikation in der Deutschen Nationalbibliografie; detaillierte bibliografi sche Daten sind im Internet über http://dnb.d-nb.de abrufbar.

Springer VS
© Springer Fachmedien Wiesbaden 2014
Das Werk einschließlich aller seiner Teile ist urheberrechtlich geschützt. Jede Verwertung, die nicht ausdrücklich vom Urheberrechtsgesetz zugelassen ist, bedarf der vorherigen Zustimmung des Verlags. Das gilt insbesondere für Vervielfältigungen, Bearbeitungen, Übersetzungen, Mikroverfi lmungen und die Einspeicherung und Verarbeitung in elektronischen Systemen.

Die Wiedergabe von Gebrauchsnamen, Handelsnamen, Warenbezeichnungen usw. in diesem Werk berechtigt auch ohne besondere Kennzeichnung nicht zu der Annahme, dass solche Namen im Sinne der Warenzeichen- und Markenschutz-Gesetzgebung als frei zu betrachten wären und daher von jedermann benutzt werden dürften.

Lektorat: Barbara Emig-Roller, Monika Mülhausen

Gedruckt auf säurefreiem und chlorfrei gebleichtem Papier

Springer VS ist eine Marke von Springer DE. Springer DE ist Teil der Fachverlagsgruppe Springer Science+Business Media
www.springer-vs.de

Inhaltsverzeichnis

Zur Einleitung: Mediatisierung von Handlungsfeldern 1
Tilo Grenz und Gerd Möll

Teil I Produzenten mediatisierter und medialisierter Welten

Digitale Medien und ihre Macher: Mediatisierung als dynamischer
Wechselwirkungsprozess 19
Tilo Grenz

„Auf die Erzählung kommt es an..." Mediale Prä- und Rekonstruktion
von Events... 51
Gregor Betz

Teil II Aneignungsprozesse in mediatisierten Konsumwelten

Amazon, Zalando und Co.: Schrei vor (Un)Glück!? Mediatisiertes
Konsumhandeln anhand von Reklamationserwartungen 71
Paul Eisewicht

Mediatisierte Konsumwelten als Evokationen virtueller
Vergemeinschaftung. Das Beispiel Collaborative Consumption 99
Jessica Pahl

Teil III Entgrenzungen und Wechselwirkungen mediatisierter Handlungsformen

Fund me! Sondierungen zur Mediatisierung von produktions-
und konsumptionsorientierten Handlungsformen im Rahmen des
Finanzierungsmodells Crowdfunding................................. 123
Miriam Gothe und Heiko Kirschner

Von Fischen und Haien. Zur Mediatisierung des Glücksspiels am Beispiel Online-Poker 145
Gerd Möll

Falsches Spiel mit dem Sport. Zur Mediatisierung von Sportwetten und ihren nicht-intendierten Nebenfolgen 169
Gerd Möll und Ronald Hitzler

Teil IV Wissenssoziologische Reflexionen zur gesellschaftlichen Dimension von Mediatisierung

Künstlich begleitet. Der Roboter als neuer bester Freund des Menschen? .. 189
Michaela Pfadenhauer und Christoph Dukat

Leben im elektronischen Panoptikum. Die mediatisierte Alltäglichkeit von Observation und Exhibition 211
Ronald Hitzler

Autorenverzeichnis

Gregor Betz wissenschaftlicher Mitarbeiter am Lehrstuhl für Allgemeine Soziologie der Technischen Universität Dortmund. Arbeitsgebiete: Soziale Bewegungen, Eventisierung, Organisationssoziologie, Stadt- und Regionalforschung.

Fakultät 12, TU Dortmund, 44221 Dortmund, Deutschland
E-Mail: gregor.betz@fk12.tu-dortmund.de

Christoph Dukat wissenschaftlicher Mitarbeiter am Lehrstuhl für Soziologie des Wissens am Karlsruhe Institute of Technology (KIT). Arbeitsgebiete: Techniksoziologie, Innovationsforschung, Organisationssoziologie, Wirtschaftssoziologie.

Karlsruhe Institute of Technology, 76128 Karlsruhe, Deutschland
E-Mail: christoph.dukat@kit.edu

Dr. Paul Eisewicht wissenschaftlicher Mitarbeiter am Karlsruhe Institute of Technology (KIT). Arbeitsgebiete: Jugendkultur- und Szeneforschung, Formen ,Posttraditionaler Vergemeinschaftung', Reklamation beim Online-Shopping, nichtstandardisierte empirische Sozialforschung.

Karlsruhe Institute of Technology, 76128 Karlsruhe, Deutschland
E-Mail: paul.eisewicht@kit.edu

Miriam Gothe wissenschaftliche Mitarbeiterin am Lehrstuhl für Allgemeine Soziologie der Technischen Universität Dortmund. Arbeitsgebiete: Wissenssoziologie, Diskursanalyse, visuell zentriertes Wissen, mediatisierte Mikrofinanzierung, Events und Nachhaltigkeit.

Fakultät 12, TU Dortmund, 44221 Dortmund, Deutschland
E-Mail: Miriam.Gothe@tu-dortmund.de

Tilo Grenz wissenschaftlicher Mitarbeiter am Lehrstuhl für Soziologie des Wissens am Karlsruhe Institute of Technology (KIT). Arbeitsgebiete: Mediatisierung des Konsumalltags, Markengemeinschaften, Jugendkultur- und Szeneforschung, nichtstandardisierte Verfahren empirischer Sozialforschung.

Karlsruhe Institute of Technology, 76128 Karlsruhe, Deutschland
E-Mail: tilo.grenz@kit.edu

Prof. Dr. Ronald Hitzler Inhaber des Lehrstuhls für Allgemeine Soziologie an der Technischen Universität Dortmund. Arbeitsgebiete: Existenzielle Grenzsituationen, Wissenssoziologie, Modernisierung als Handlungsproblem, Methoden der explorativ-interpretativen Sozialforschung.

Fakultät 12, TU Dortmund, 44221 Dortmund, Deutschland
E-Mail: ronald@hitzler-soziologie.de

Heiko Kirschner wissenschaftlicher Mitarbeiter am Lehrstuhl für Allgemein Soziologie der Technischen Universität Dortmund. Arbeitsgebiete: Mediatisierungsforschung, Wissenssoziologie, Konsumsoziologie, Online-Ethnographie.

Fakultät 12, TU Dortmund, 44221 Dortmund, Deutschland
E-Mail: Heiko.Kirschner@fk12.tu-dortmund.de

Dr. Gerd Möll wissenschaftlicher Mitarbeiter am Lehrstuhl für Allgemeine Soziologie der Technischen Universität Dortmund. Arbeitsgebiete: Mediatisierung sozialer Welten, Soziologie des Glücksspiels, Arbeits-, Industrie- und Organisationssoziologie.

Fakultät 12, TU Dortmund, 44221 Dortmund, Deutschland
E-Mail: Gerd.Moell@fk12.tu-dortmund.de

Jessica Pahl wissenschaftliche Mitarbeiterin am Lehrstuhl für Allgemeine Soziologie der Technischen Universität Dortmund. Arbeitsgebiete: Soziologie des Körpers, Metaphernforschung, Interkultur, hermeneutische Wissenssoziologie.

Fakultät 12, TU Dortmund, 44221 Dortmund, Deutschland
E-Mail: jessica.pahl@kwi-nrw.de

Prof. Dr. Michaela Pfadenhauer Inhaberin des Lehrstuhls für Soziologie des Wissens an der Geistes- und Sozialwissenschaftlichen Fakultät des Karlsruhe Institute of Technologiy (KIT) und im House of Competence (HoC). Arbeitsgebiete: Wissenssoziologie und Handlungstheorie, Kultur- und Konsumsoziologie, Methoden interpretativer Sozialforschung.

Karlsruhe Institute of Technology, 76128 Karlsruhe, Deutschland
E-Mail: pfadenhauer@kit.edu

Zur Einleitung: Mediatisierung von Handlungsfeldern

Tilo Grenz und Gerd Möll

1 Mediatisierte Welt

Wir leben in einer soziotechnischen Welt, die durch die Ubiquität von im technologischen Sinne sogenannter „alter" (Bücher, Zeitungen, Radio, Fernsehen usw.) und „neuer" Medien (Computer, Internet, mobile Kommunikationsmittel usw.) gekennzeichnet ist (vgl. Silverstone 2005, S. 201; Finneman 2010). Nicht medientechnologisch unterstütztes Handeln, Medientechnologien inkludierendes Handeln und exklusiv auf medientechnologisch bereitgestellte Nutzungsmöglichkeiten fokussiertes Handeln amalgamieren immer selbstverständlicher und beiläufiger in den Aktionen und Interaktionen der Menschen (vgl. Schulz 2004; Pfadenhauer und Grenz 2013). Im Unterschied zu greifbar-materialen Werkzeugen (sogenannte „tangible goods"), etwa einem Kompass, der einmal hergestellt und erworben immer wieder auf vorhersehbare Weise zur räumlichen Orientierung genutzt werden kann, sorgt das *„digital* material" von Medien (van den Boomen et al. 2009, Hervorhebung TG/GM) regelmäßig für mehr oder weniger ernsthafte Irritationen seiner Nutzer: So führten erst unlängst die Aktivitäten des Internet-Riesen Google zu erheblichem Missmut auf Seiten der User. Erst hatte das Unternehmen den weit verbreiteten und kostenlosen Nachrichtendienst „google reader" ersatzlos eingestellt, wenig später wurden seit Jahren existierende Funktio-

---

T. Grenz (✉)
Karlsruhe Institute of Technology, Lehrstuhl für Soziologie des Wissens,
76128 Karlsruhe, Deutschland
E-Mail: tilo.grenz@kit.edu

G. Möll
TU Dortmund, Lehrstuhl für Allgemeine Soziologie, 44221 Dortmund, Deutschland
E-Mail: Gerd.Moell@fk12.tu-dortmund.de

T. Grenz, G. Möll (Hrsg.), *Unter Mediatisierungsdruck*,
Medien · Kultur · Kommunikation, DOI 10.1007/978-3-658-03664-5_1,
© Springer Fachmedien Wiesbaden 2014

nen der beliebten Karten-App „google maps" eingeschränkt. Wenn digitale Dienste im laufenden Betrieb ihre gewohnte Oberfläche bzw. ihr vertrautes Design verlieren, wenn Funktionen ergänzt, bekannte Features gestrichen oder ganze Angebote ersatzlos liquidiert werden, dann kommen wir nicht umhin zu bemerken, dass diese Werkzeuge von Menschen gemacht, betrieben und gesteuert werden. Mehr noch, wenn die Nadel des ‚digitalen Kompasses' sich nicht mehr in gewohnter Weise ausrichtet, kommen wir schließlich nicht umhin, den Einfluss der Macher dieser Medientechnologien auf im Alltag eingeschliffene Handlungsformen zu bemerken.

Wir leben zugleich in einer Welt, in der jede Regung, jede Äußerung, jede Aktivität eines Menschen zum Gegenstand privatwirtschaftlicher und staatlicher Beobachtungs-, Kontroll- und Überwachungsnetze werden kann. Durch die jüngst publik gewordenen Spähaktionen der amerikanischen und britischen Geheimdienste, die sich offensichtlich einen umfassenden Zugriff auf Internet- und Fernmeldedaten verschafft haben, ist dieser Sachverhalt nochmals sehr nachdrücklich ins öffentliche Bewusstsein gerückt worden. Die Daten und Datenspuren, die von den Nutzern bei ihren Tätigkeiten in elektronischen Kommunikationsnetzen, ob nun mit Absicht oder beiläufig, produziert werden, sind längst ins Visier interessierter Akteure geraten (vgl. u. a. Böhme 2002; Wehner 2010).[1] Eher am Rande wurde in der öffentlichen Berichterstattung auch klargestellt, dass bestimmte (Überwachungs-)Intentionen schon bei der Entwicklung von modernen Informations- und Kommunikationstechnologien Berücksichtigung finden. Soziale Strukturierungen, so viel scheint klar zu sein, entstehen offenkundig nicht erst dann, wenn (medien-)technologische Systeme in Betrieb gesetzt sind, sondern gehen bereits in die vorgängigen Planungs- und Konstruktionsprozesse ein. Wenn die damit implizierten „Folgen von Technik" in einschlägigen Arbeiten aus der auf Medienaneignung und -domestizierung konzentrierten Mediatisierungs-Debatte darauf zurückgeführt werden, dass „Menschen sich Medien und allgemeine Technik aneignen und in ihren Alltag integrieren und darüber ihr Umfeld und sich selbst verändern" (vgl. Krotz 2007, S. 12; grundlegend Silverstone und Hirsch 1992), können diese Techniken in ihrem ‚So-Sein' also nicht einfach vorausgesetzt werden. Vielmehr besitzen sie je spezifische, in der Regel ökonomische Hervorbringungs- und Betriebskontexte, bei denen konzipierende und umsetzende Akteure typische Handlungsweisen aufgreifen und durch Technikeinflechtungen (vgl. Pfadenhauer und Grenz 2013) – ob gezielt oder beiläufig – neue Umgangsweisen projektieren (ebd.).

Wir leben aber auch in einer Welt, in der immer mehr Menschen ihre beruflichen und privaten Aktivitäten mit Hilfe digitaler Medien betreiben, wobei sich, wie

---

[1] Der damit angesprochene Verdatungsaspekt ist insbesondere im anhaltenden Diskurs um den rezenten gesellschaftlichen Wandel hin zur Wissensgesellschaft zum Thema gemacht worden (Böhme 2002).

der Diskussion um das sogenannte Web 2.0 zu entnehmen ist, vielfältige Eingriffs-, Gestaltungs- und Rückmeldemöglichkeiten für die Nutzer ergeben (Sutter 2010, S. 89) und traditionelle Demarkationslinien zwischen Produzenten und bloßen Nutzern bzw. Konsumenten, zwischen „doers" und „users" (vgl. Castells 2011, S. 31) zu verschwimmen beginnen. Das führt nicht nur dazu, dass viele soziale Welten und Handlungsfelder ohne die Existenz und den flächendeckenden Einsatz von Medientechnologien schlicht nicht mehr vorstellbar sind und sich typische Erwartungshaltungen bis hin zu komplexen Handlungsweisen über die Zeit von deren Nutzung ändern. Das kann auch zur Folge haben, dass die medientechnologischen Möglichkeitsräume in einer Weise beansprucht, genutzt und sogar umgebaut werden, die mehr oder weniger weit von den Nutzungsintentionen, die ursprünglich in die Technologien eingeschrieben wurden, abweichen. Das kann bedeuten, dass Nutzer ohne ausdrückliche Aufforderung eigene Erwartungen an Nutzungsoptionen artikulieren und sich – auch gegen die vorgesehenen Verwendungsabsichten der Betreiber – ihre Nutzungsinteressen massiv durchzusetzen versuchen. Aber das kann eben auch heißen, dass Nutzer nicht selten substanziell in die hardware- und softwaretechnologischen Ausstattungen kommerziell vertriebener Medienprodukte eingreifen oder Programme entwickeln, die das medientechnologische Angebot in nichtintendierter Weise entsprechend ihrer eigenen Interessen und Relevanzen nutzen.

Digitale Medientechnologien – und damit die Kontexte alltäglichen Medienhandelns – sind somit im Hinblick auf ihre vorgesehenen Verwendungsweisen keineswegs statisch, sondern prozesshaft zu denken. Dabei sind bereits die Prozesse ihrer Erzeugung nicht als verbindlich abschließbar zu begreifen (vgl. zum Veralten des traditionellen Modells der sogenannten „Software Release Cycles" O'Reilly 2005), sondern können die Gestalt einer auf Dauer gestellten Operation annehmen, die – gewissermaßen während des laufenden Betriebs – zu substantiellen technologischen Veränderungen und Weiterentwicklungen führt. Eines der wesentlichen Anliegen des vorliegenden Bandes besteht darin, am Beispiel von unterschiedlichen empirischen Untersuchungsfeldern den Implikationen nachzugehen, die aus dieser relativen Unabgeschlossenheit und aus der Gestaltungs- und Nutzungsoffenheit digitaler Medien resultieren.

2 Medienwandel und soziokultureller Wandel

Im Rahmen einschlägiger wissenschaftlicher Diskurse taucht in den letzten Jahren immer häufiger der Begriff „Mediatisierung" auf, mit dessen Hilfe der (aktuelle und historische) Wandel von Medien und Kommunikation beschrieben und analysiert werden soll (Hepp und Krotz 2012). Uneinigkeit zwischen den dezidiert unter dem Marker ‚Mediatisierung' bzw. ‚mediatization' Publizierenden besteht etwa hinsichtlich des Zeitraums, über den man eigentlich redet, wenn man Mediatisierung als Wandlungsphänomen in den Blick nimmt (z. B. mit Krotz 2007, 2008 als universalhistorischen „Metaprozess" *oder* z. B. mit Hjarvard 2008 als historische Einzigartigkeit der Gegenwartsgesellschaften). Verschiedene Herangehensweisen zeigen sich auch mit Blick auf die handlungstheoretischen Hintergrundannahmen (z. B. symbolischer Interaktionismus (vgl. Krotz 2007, 2008) *oder* neuere Wissenssoziologie (vgl. Pfadenhauer und Grenz 2013) *oder* neuere wissenssoziologische und medienwissenschaftliche Syntheseansätze (vgl. Knoblauch 2013; Hepp 2011a, 2013). Unstrittig (und unübersehbar) zu sein scheint freilich nur, dass heutzutage immer mehr neue, für Kommunikation nutzbare Technologien verfügbar sind, die infolge spezifischer „Mediatisierungsschübe" (vgl. Hepp 2011b, S. 63) von immer mehr Menschen immer öfter verwendet werden und dass den „Medien" (was immer darunter im Einzelnen zu verstehen ist) eine steigende Bedeutung für „Kultur und Gesellschaft" (was immer darunter speziell gefasst ist) attestiert wird (vgl. Krotz 2008). Darüber jedoch, was genau „Mediatisierung" ist und vor allem, wie „Mediatisierung" ‚funktioniert', besteht offenbar nicht nur kein Konsens, sondern erheblicher Klärungsbedarf.

Hält man sich an die Initiatoren des von der Deutschen Forschungsgemeinschaft geförderten Schwerpunktprogramms „Mediatisierte Welten", dann ist „Mediatisierung" nicht als „Wandel des Mediensystems oder als Bedeutungszunahme der Medien allein beschreibbar", sondern muss „begrifflich als Wandel von Kommunikation bzw. kommunikativem Handeln im Kontext des Wandels der Medien verstanden und theoretisch gefasst werden" (Krotz 2012, S. 45). Konzeptionell gesehen besteht der einschlägige Common Sense in der aktuellen Debatte darin, mit Mediatisierung nicht danach zu fragen, was „Medien" *mit uns* tun, sondern was *wir* im alltäglichen Umgang mit den Medien tun. Medienwissenschaftlichen Ansätzen der an historischen Leitmedien und mediendeterminierten Epochenumbrüchen orientierten Toronto-School (vgl. McLuhan 1962; Meyrowitz 1990) wird damit ebenso eine Absage erteilt, wie den späteren Attesten einer sich in allen gesellschaftlichen Feldern durchsetzenden „Media Logic" (Altheide und Snow 1979), aber auch solchen Konzepten, die von einer (wie auch immer gearteten) „Wirkung" des Medialen auf den Menschen ausgehen (vgl. Reichertz 2007, S. 12). In dieser Lesart entsteht Mediatisierung von Kommunikation dadurch, dass die Menschen für ihr kommunikatives Handeln spezifische Techniken benutzen, die auf diese Weise überhaupt erst zu Medien gemacht werden. In der Folge werden dergestalt Kultur und Gesellschaft in modifizierter Weise konstituiert (vgl. nochmals Krotz 2012, S. 45). Es wandelt sich demnach nicht nur Kommunikation, und zwar sowohl in seinen beobachtbaren interaktiven Formen des Verhaltens (zwischen den Menschen) als auch im Bedeutungsverstehen und in den Sinnsetzungen der kommunikativ handelnden Menschen. Verändern kann sich auch alles, was auf mediatisierter Kommunikation beruht bzw. durch Mediatisierung von Kommunikation entsteht. Und das kann, wie es scheint, so ziemlich alles sein: Beziehungsnetze, Wirtschaft, Denken, Sozialisation, Wissen, Orientierung, Identität, Organisationen und Institutionen, Kultur, Gesellschaft, Politik, Wirklichkeit. Ein kleiner Ausschnitt dieser mediatisierten Wirklichkeit wird im Rahmen der in diesem Band versammelten Beiträge unter je spezifischen Perspektiven empirisch und theoretisch analysiert.

Die Gemeinsamkeit der verschiedenen Beiträge besteht allerdings darin, dass mit ihnen ausgewählte Handlungsfelder und Formen typischen Handelns in ihren aktuellen Erscheinungsweisen beschrieben und in einem jeweiligen Folgeschritt die Spezifik medialen Handelns oder des medialen Kontextes im Zusammenspiel einer synchronen und diachronen Betrachtung reflektiert werden (vgl. zu dieser Unterscheidung Hepp 2013, S. 192 ff.). Synchron sind die Betrachtungen, weil mit den hier versammelten Beiträgen auf einen jeweils spezifischen Ist-Zustand bzw. Zeitpunkt des jeweils untersuchten Handlungsfeldes geblickt wird. Zumindest in analytischer Hinsicht diachron sind die empirisch basierten Zugriffe deswegen, weil die Autorinnen und Autoren ihre aktuellen Einsichten zur Mediatisierung von Handlungsfeldern durch einen systematischen Bezug auf als (vormals oder aktuell) typisch zu verstehende Handlungsweisen, Routinen und Akteurskonstellationen hin reflektieren. Die Autoren und Autorinnen des Bandes nehmen die empirischen Befunde ihrer Studien ernst und vermeiden damit, dass *Änderungen* in einer wissenschaftlichen Konstruktion zweiter Ordnung vorschnell zu *Neuerungen* ‚aufgewertet' werden. Denn Mediatisierung impliziert (mindestens) zwei analytische Komponenten: Mit einer „quantitativen" Dimension wird auf die Verbreitung von Medientechnologien abgehoben, mit der augenscheinlich *Änderungen* mit Blick auf eingeschliffene Handlungs- bzw. – konkreter – Bedienungsweisen einhergehen. Bekannterweise tendieren (Medien-)Technologien dazu, in ihrer wiederholten Nutzung mit alltäglichen Handlungsroutinen zu verschmelzen (vgl. etwa Rammert 2007). Mit der quantitativen Dimension impliziert ist damit also zumindest auch die Idee der Normalisierung bzw. Veralltäglichung medienkommunikativen Handelns (zur Illustration dieser Annahmen siehe etwa die zwar im Detail unterschiedlich ausgestatteten, aber deren Anwendungszwecken nach nahezu identischen Instant Messenger). Als „qualitative" Dimension, die letztlich die soziologisch relevanteren Fragen betrifft, wird, aufbauend auf der ersten Dimension, der Wandel verfestigten Wissens und Handelns begriffen (etwa die vergleichsweise neuartigen Erwartungserwartungen in puncto Erreichbarkeit, die mit der Veralltäglichung mobiler Kommunikationsdienste rekonstruiert wurden, vgl. Hahne und Jung 2010, S. 276). Beide Dimensionen scheinen sich – keineswegs einseitig kausal – zu bedingen. Zu kurz gegriffen wäre es also, mit dem Aufziehen neuer Technologien quasi-automatisch mehr oder weniger tiefgreifende *Neuerungen* im Denken und Handeln der Menschen zu behaupten. Nicht selten übergreifen Alltagswissen, d. h. in der Regel implizite Vorannahmen und Handlungsroutinen, die womöglich von ihren Konstrukteuren als neuartig ersonnenen (und vermarkteten) Gebrauchseigenschaften von Medien. Zu kurz gegriffen wäre es allerdings ebenso, die materiale Grundlage medienbezogenen Handelns schlichtweg zu unterschlagen. Digitale Medien, ähnlich anderer Werkzeuge, sind von Herstellern mit bestimmten Verwendungsintentionen ausgestattet, greifen dabei routinierte Handlungsweisen auf und ergänzen diese. In einem techniksoziologischen Verstande bedienen auch digitale Medien bestimmte Handlungsziele, legen Bedienungsweisen nahe, schließen andere aus, haben damit durchaus das Potential, Aktionen und Interaktionen zu ‚regulieren' (vgl. nochmals Rammert 2007). Wenn im Titel also die Rede von Mediatisierungsdruck ist, dann soll damit nicht technikdeterministisch argumentiert werden, gleichwohl aber auf die Widerständigkeit und Wirkkraft von Medientechnologien hingewiesen werden, die sowohl Restriktionen schaffen als auch Handlungsmöglichkeiten eröffnen. Entsprechend spiegelt der Band das Unterfangen wider, Änderungen und Neuerungen entlang empirischer Befunde zu verfolgen und daraus Einblicke in das sowohl empirisch als auch theoretisch vielschichtige Bedingungsverhältnis zwischen Medienwandel und soziokulturellem Wandel zu gewinnen. Dabei werden, teils ausdrücklich adressiert, teils in den Ausführungen der Autoren und Autorinnen mitgeführt, eine Reihe von Fragestellungen behandelt:

1. Wodurch zeichnen sich moderne medientechnologische Entwicklungs- und Diffusionsprozesse aus (vgl. die Beiträge von Grenz, Möll)?
2. Welche sozialen Entgrenzungen und welche Neujustierungen sozialer Beziehungen lassen sich bei der Nutzung und Umnutzung von Medientechnologien beobachten (vgl. die Beiträge von Eisewicht, Gothe/Kirschner, Pahl, Pfadenhauer/Dukat)?
3. Welche nicht-intendierten und unerwünschten Folgen gehen mit der medientechnologischen Durchdringung sozialer Handlungsfelder einher (vgl. die Beiträge von Pahl, Grenz, Möll/Hitzler, Möll)?
4. Auf welchen kulturellen Voraussetzungen basiert die alltagsweltliche Nutzung und Aneignung von ‚neuen' Medientechnologien und -arrangements und welchen neuen Anforderungen sehen sich dabei die involvierten Akteure gegenüber (vgl. die Beiträge von Eisewicht, Pfadenhauer/Dukat, Gothe/Kirschner, Hitzler, Grenz)?

5. Welche Formen der Selbst- und Fremddarstellung auf individualer und organisationaler Ebene lassen sich bei der Nutzung und Aneignung von (massen- und individualmedialen) Kommunikationstechnologien identifizieren (vgl. die Beiträge von Betz, Hitzler, Pahl)?

3 Übersicht über die Beiträge

Der Band gliedert sich in vier Blöcke, denen gewissermaßen vier unterschiedliche Blickrichtungen auf Mediatisierungsprozesse zugrunde liegen. Im *ersten Abschnitt* rückt die Produzentenfunktion im Rahmen von Mediatisierungsprozessen in den Mittelpunkt, wobei zwischen der Produktion von mediatisierten und von medialisierten Welten zu unterscheiden ist. Ausgangspunkt des Beitrags von *Tilo Grenz*, der sich mit der Herstellung von *mediatisierten* Welten beschäftigt, ist eine Leerstelle in der aktuellen Mediatisierungsdiskussion: die Vernachlässigung der Entwicklungsprozesse von Medientechnologien durch kommerziell orientierte Unternehmen. Am Beispiel der Entwicklung, Implementierung und fortlaufenden Modifizierung der Online-Plattform eines Fitness-Unternehmens gibt der Text einen Einblick in die Komplexität von modernen Medienentwicklungsprozessen. Diese Komplexität verdankt sich wesentlich der auf Dauer gestellten Beobachtung und Auswertung des Verhaltens der Plattform-Nutzer, den daraus abgeleiteten medientechnologischen Anpassungs- und Veränderungsbedarfen und den davon angeleiteten technologischen Modifizierungen im bereits laufenden Betrieb. Im Zuge dieser Vorgehensweise, die ihren Niederschlag in spezifischen intraorganisationalen Entwicklungsarrangements findet, amalgamieren vorgängige, aber laufend revidierbare Vorstellungen der Plattform-Entwickler über die Gestalt und den Gebrauch der auf der Fitness-Plattform angebotenen Funktionen mit dem tatsächlichen Nutzungsverhalten der User. In die Technologie werden dergestalt permanent bestimmte Erwartungen der Entwickler eingeschrieben, die dem Verhalten der Nutzer einen Rahmen setzen (sollen), das faktische Nutzerverhalten aber nicht (vollständig) determinieren. Möglich bleiben immer nicht-intendierte Verhaltensweisen der Nutzer. Auf der Basis seiner Fallstudie plädiert Grenz deshalb für eine Abkehr von der Vorstellung, bei Medientechnologien handele es sich ab dem Zeitpunkt ihrer Implementierung um stabile Artefakte, deren Wirkungen sich dann letztlich durch die spezifischen Aneignungsmuster der Nutzer ergeben. Für eine zeitgemäße Mediatisierungsforschung komme es vielmehr darauf an, den auf Dauer gestellten Rückkopplungsschleifen zwischen Entwicklung und Anwendung von digitalen Medientechnologien während des laufenden Betriebs

Beachtung zu schenken und dabei insbesondere dem „gewussten Nicht-Wissen-Können" der Entwickler sowie den nicht-intendierten Effekten der tatsächlichen Nutzung nachzugehen.

Der Beitrag von *Gregor Betz* analysiert die Produktion von *medialisierten* Welten am Beispiel der Rolle und Funktion von (Massen-)Medien und Medienakteuren im Rahmen der Organisation von sogenannten Mega-Events. Am Beispiel der Kulturhauptstadt Europas RUHR.2010 wird gezeigt, dass die Arbeit der Organisatoren derartiger Events, bei denen eine Vielzahl eigennütziger und eigensinniger Akteure beteiligt ist, keineswegs auf die Bewältigung von technischen, logistischen und künstlerischen Aufgaben reduziert werden kann. Von kaum zu überschätzender Bedeutung für den „Erfolg" eines ganzjährigen Events wie der Kulturhauptstadt ist vielmehr die dauerhafte Bewältigung des Problems der Weckung öffentlicher Aufmerksamkeit. Die mediale Sichtbarmachung, Integration und Verklärung der diversen Kulturhauptstadt-Veranstaltungen erweist sich dergestalt als der eigentliche Kern des Organisationshandelns. Sowohl im Vorfeld und im Verlauf, als auch im Nachgang zum Kulturhauptstadt-Jahr gilt es für die Event-Macher, das vielfältige Geschehen mit Hilfe von Medien und den entsprechenden Medienakteuren ‚irgendwie' sinnvoll erscheinen zu lassen. Begreift man ein Event wie die Kulturhauptstadt analytisch als ein Trajekt, dass sich aus den Phasen „Organisation der Voraussetzungen", „Konstruktion bzw. Stattfinden im Vollzug" und „Rekonstruktion bzw. Bearbeitung im Rückblick" zusammensetzt, dann zeigt sich, dass die mediengerechte Inszenierung eines ganzjährigen Events nicht mit der ersten Hauptphase des Trajekts abgeschlossen ist, sondern über alle Trajektphasen des Events hinweg stattfindet. Das Organisationshandeln der Event-Macher orientiert sich deshalb zunehmend an einer Event-Logik, die auf einer Logik der medienorientierten und mediengestützten Aufmerksamkeitserregung und Sinngebung basiert.

Die Autoren und Autorinnen des *zweiten Blocks* blicken am Beispiel von Konsumwelten auf die vorhandenen Spielräume und neuartigen Herausforderungen bei der Nutzung und Aneignung von mediatisierten Handlungsfeldern. In seinem Beitrag interessiert sich *Paul Eisewicht* aus konsumsoziologischer Sicht für die Veränderungen, die aus Sicht der Konsumenten mit dem Kauf von Produkten über das Internet einhergehen. Ausgangspunkt ist dabei der Boom des Online-Shoppens, das einen Wegfall ursprünglich gesprächsbasierter Interaktionen zwischen Käufer und einem beratenden Verkäufer bedeutet. Die daraus resultierende Steigerung der Anonymität des medienvermittelten Kaufhandelns bringt eine Entgrenzung des Kaufaktes in räumlicher, sozialer und zeitlicher Hinsicht mit sich. Dass im Kontext medienvermittelten Konsums insofern das Enttäuschungsrisiko für den Konsumenten symptomatischer Weise zunimmt, wird zum Ausgangspunkt der folgenden Überlegungen, bei denen Eisewicht das bislang konsumsoziologisch stark vernachlässigte Reklamationshandeln auf Basis empirischer Befunde einer Analyse unterzieht. Reklamieren beim Online-Shoppen wird als komplexe Handlungsform beschrieben, bei der typischerweise spezifische Handlungsprobleme zu überwinden sind. Der Kauf über das Internet und die permanent ‚mitlaufende' Wahrscheinlichkeit, Produkte nach dem Kauf reklamieren zu müssen, führen nun dazu, dass Reklamieren als eine in zunehmendem Maße legitime bzw. berechtigte Aktivität angesehen wird. Mehr noch allerdings impliziert diese Normalisierung eine folgenreiche Veränderung in der Erwartungshaltung seitens der Käufer, die bereits vor dem Kaufakt in gestiegenem Maße mögliche Reklamationsanlässe antizipieren. Dabei wird das oftmals lediglich auf beobachtbare Aktivitäten beschränkte Verständnis von Mediatisierung handlungstheoretisch differenziert: So betont Eisewicht in Erweiterung der einschlägigen Diagnostik einer Akkomodation medialen Handelns, dass der Wandel kultureller Aktivitäten im kognitiven Handlungsentwurf des Akteurs seinen Ausgang nimmt. Da Konsumenten bereits vor dem Online-Kauf eine Reihe absichernder, enttäuschungskompensierender Aktivitäten unternehmen, d. h. auch ohne Eintreten eines aktuellen Reklamationsanlasses ihr Handeln daran orientieren, schlussfolgert Eisewicht, dass der jüngere Medienwandel eine weitreichende Veränderung im Konsumhandeln befördert.

Auch *Jessica Pahl* wirft in ihrem Beitrag einen Blick in mediatisierte Konsumwelten. Sie betrachtet dabei allerdings nicht in erster Linie das Interaktionsverhältnis zwischen einem Plattform-Betreiber und den Nutzern, sondern wendet sich den Beziehungen zwischen den Nutzern zu und fragt nach dem Vergemeinschaftungspotential einer Online-Tauschbörse für „Kleidung, Accessoires und Selbstgemachtes". Der Beitrag liefert dabei Befunde 1.) zu den Anreiz- und Gelegenheitsstrukturen, mit deren Hilfe eine Konsum-Plattform potentielle Nutzer anlocken und binden will, sowie 2.) zu den intendierten und nicht-intendierten Folgen, die aus der Aneignung dieser Angebote durch die Nutzer resultieren. Von Belang für die Anziehungskraft einer konsumorientieren Internet-Plattform ist demnach nicht nur die Wahl eines zugkräftigen Kernthemas (hier: Mode) und einer zeitgeistigen „Ideologie" (hier: nachhaltiger und kollaborativer Konsum). Hinzu kommen weitere Faktoren, die das Interesse der Nutzer hoch halten und ihre Bedürfnisse ansprechen sollen. Das sind im vorliegenden Fall: die Off-Topic-Foren (Community-Funktion mit entsprechenden Kommunikations- und Interaktionsmöglichkeiten wie Protestartikulation und praktische Lebenshilfe (Partnervermittlung, Wohnungssuche etc.) sowie die mediatisierten Inszenierungsmöglichkeiten der eigenen Person unter Bezugnahme auf das Kreativitätsdispositiv. Community-Building ist zwar durchaus ein explizites Ziel der Plattformbetreiber (Stichwort: ‚Social Community'). Das Besondere am vorliegenden Fallbeispiel besteht jedoch darin, dass sich das Vergemeinschaftungspotential in relativer Unabhängigkeit zur Idee des kollaborativen Konsums (und Fragen zur Mode) und zu den eigentlichen Konsumhandlungen zu entwickeln scheint und vor allem auf den verschiedenartigen Interaktions- und Kommunikationsmöglichkeiten beruht, die auf der Plattform angeboten werden. Auf diese Weise entwickelt sich zwischen den Nutzern eine eigene Foren- und Interaktionskultur, die sich von den Intentionen der Plattform-Betreiber entfernt und sich in relativer Unabhängigkeit zur angegliederten virtuellen Konsumwelt entfaltet. Die dergestalt entstehenden spezifischen Möglichkeiten zur Vergemeinschaftung können als ungeplante Nebenfolgen der Mediatisierung des Konsums interpretiert werden.

Im *dritten Block* werden Entgrenzungen zwischen Akteursgruppen in mediatisierten Austauschbeziehungen und die nicht intendierten Folgen der anhaltenden Formierbarkeit von neuen Medientechnologien in den Blick genommen. *Miriam Gothe* und *Heiko Kirschner* gehen in ihrem Beitrag der Frage nach, in welcher Weise sich auf der Basis interaktiver Medien der akteursbezogene Handlungsrahmen in Produktions- und Distributionsprozessen verändert und welche neuen Möglichkeiten der Partizipation damit einhergehen. Die Autorin und der Autor tun dies am Beispiel von Crowdfunding (zu Deutsch: Schwarmfinanzierung), einem neuartigen Modell der Finanzierung und Verwirklichung von Produkt- oder Dienstleistungsideen, bei dem Projektinitiatoren auf einschlägigen Internet-Plattformen um Gelder für die Umsetzung ihrer kreativen und innovativen Konzepten werben. Im Unterschied zu anderen Formen des Zusammenwirkens produzierender und konsumierender Akteure (wie etwa beim Crowdsourcing) geht es beim Crowdfunding zum einen nicht mehr um die Integration des Kunden, dessen Engagement, Bedürfnisse und Expertise je nach Bedarf des Herstellers einbezogen werden (oder nicht). Die von den Projektinitiatoren umworbenen Finanziers, die sogenannten Pledger (zu Deutsch: Unterstützer) erwerben vielmehr durch ihre (monetäre) Unterstützung ein Recht auf Mitgestaltung am Produkt, das durch den medientechnologischen Rahmen öffentlich sichtbar wird und eingefordert werden kann. Nicht zuletzt aufgrund dieser Partizipationsmöglichkeiten unterscheidet sich die Figur des Pledger von herkömmlichen Finanziers wie etwa dem Spender, Aktionär, Investor oder Sponsor. Zum andern übernehmen auch die Projektinitiatoren eine erweiterte Rollenfunktion, da sie zugleich als Entwickler, Mitteleinwerber, Marketing- und Vertriebsverantwortliche agieren (müssen). Diese Hybridisierung der Handlungsrollen geht mit einer medientechnologisch bedingten Verdichtung von wechselseitigen und rückkopplungsorientierten Kommunikationsmöglichkeiten zwischen den beteiligten Akteuren einher, die dazu beiträgt, dass die Projektentwicklung zum Gegenstand eines Aushandlungsprozesses zwischen Projektinitiatoren und Geldgebern wird, bei denen es nicht zuletzt auch um Fragen der Vertrauensbildung und der Sinngebung geht. Das konkrete Resultat dieser Aushandlungen ist nicht im Vorhinein bestimmbar, so dass mit nicht-intendierten Folgen zu rechnen ist.

Gerd Möll beschäftigt sich in seinem Beitrag mit Änderungen und Neuerungen in der sozialen Welt des (Online-)Pokerns. Für die aktuelle Mediatisierungsforschung handelt es sich dabei um einen besonders aufschlussreichen Gegenstand, weil auf den einschlägigen Poker-Plattformen eine genuin am wechselseitigen Handeln der Beteiligten orientierte Handlungskonstellation in einen sozio-technischen Rahmen überführt wird und damit die bislang für das Spiel konstitutive körperliche Anwesenheit der Spieler in Akte computervermittelter, interpersonaler Kommunikation ‚aufgelöst' wird. Durch diese „primäre Mediatisierung" des Pokerns verflüchtigt sich eine elementare Informationsressource für das Handeln der Spieler, nämlich die wechselseitige Beobachtbarkeit ihres körperlichen Verhaltens. Dieser Verlust wird jedoch dadurch kompensiert, dass auf den Poker-Plattformen alle Spielaktivitäten Datenspuren hinterlassen und mit Hilfe von Software-Tools analysierbar sind. Im Beitrag wird die These entfaltet, dass diese Analysemöglichkeiten das Spiel maßgeblich verändern und als nicht beabsichtige Folge eine Unterminierung des Poker-Booms evozieren. Identifiziert wird dabei eine für Mediatisierungsprozesse symptomatische Ausweitung der Akteurskonstellation: In einer Situation, in der Datenspuren für die Feldakteure an Relevanz gewinnen, entwickeln und verbreiten (kommerziell motivierte) Dritte softwaretechnologische Hilfsmittel und erheben und vertreiben Daten von Poker-Spielen. In dieser von Möll so bezeichneten Phase der „sekundären Mediatisierung" werden also inoffizielle und offizielle Erweiterungen und Geschäftsmodelle auf der Basis der ursprünglichen medientechnologischen Rahmenbedingungen möglich und erweitern den Kreis der Akteure, die den Prozess der Mediatisierung vorantreiben. Allerdings fühlen sich viele Freizeitspieler durch diesen Mediatisierungsschub in ihrem Bedürfnis nach Spaß und Unterhaltung eingeschränkt. Ihre Abwanderung führt zu einer Krise der Pokerökologie. Als „tertiäre Mediatisierung" lassen sich schließlich jene Aktivitäten der Plattform-Betreiber verstehen, die auf diese Abwanderungstendenzen und den damit einhergehenden ökonomischen Risiken ihrerseits reagieren. Möll legt damit ein Modell zur Beschreibung mediatisierungsbedingter Dynamik sozialer Welten vor, in dem die unerwünschten Folgen des Einsatzes von Medientechnologien dezidiert Berücksichtigung finden.

Die Bedeutung von nicht-intendierten Nebenfolgen der Mediatisierung ist auch Gegenstand des Beitrags von *Gerd Möll* und *Ronald Hitzler*, der sich mit der Mediatisierung von Sportwetten beschäftigt. Im Fokus steht dabei das zunehmend verbreitete Phänomen des Wettbetrugs. Der Bereich der Sportwetten ist in den letzten Jahren durch medientechnologische Innovationen (Live-Wetten, Ausweitung des Sportwettenangebots im Internet) extensiviert worden. Die aus medialen bzw. kommunikationstechnologischen Innovationen resultierende Komplexitätszunahme des Feldes hat als nicht intendierte Folge das Entstehen neuartiger, aber auch und vor allem die Transformationen bekannter Formen der Sportmanipulation begünstigt. Die Autoren arbeiten heraus, dass die Ausweitung des Wettbetruges nicht zuletzt auf den neuartigen Möglichkeiten „unauffälliger Wettplatzierungen" einerseits und – eng damit verbunden – mit der Herausbildung translokaler – also nicht mehr ortsgebundener – Wett- bzw. Untergrundmärkte andererseits zusammenhängt. Wie auch im sozioökonomischen Handlungsraum des Online-Pokerns und der dort zu beobachtenden Veränderungstendenzen (vgl. Möll in diesem Band) sind Akteure des ‚offiziellen' Anbieterensembles (von Sportwetten) keineswegs blind für diese illegitimen Umgangsweisen auf den medientechnologisch befeuerten Märkten und reagieren darauf mit dem Einsatz von Daten- und Analyseverfahren zum Aufspüren auffälliger Wetteinsätze. Möll und Hitzler nehmen bei ihrer Analyse Bezug auf das bei der Untersuchung des Online-Pokers entwickelte Stufenmodell der Mediatisierung und differenzieren dieses Modell weiter aus. Auch im Fall der Sportwetten ist zu beobachten, dass Mediatisierung nicht-intendierte Nebenfolgen zeitigt, die in Gestalt eines ‚Bruches' den anfänglichen Boom der Sportwetten zu unterminieren scheinen. Daneben tut sich allerdings ein weiterer Bereich folgenreicher Erscheinungen auf, die einstweilen als „latente Nebenfolgen" bezeichnet werden. Wettbetrug wird hierbei seitens kommerziell interessierter Gruppen von Akteuren für eigene Strategien instrumentalisiert. In der Konsequenz werden vormals nicht-intendierte Mediatisierungseffekte zum Argument in der politischen Auseinandersetzung um die Umsetzung von rechtlichen Regulationen.

Der *vierte Block* umfasst Beiträge, die sich aus einer wissenssoziologischen Perspektive mit den kulturellen Rahmungen, den typischen Hintergrundannahmen von Akteuren und den subjektiven Konstitutionsbedingungen beschäftigen, die die Erwartungen an und die Art und Weise der alltäglichen Einbindung von bestimmten Medientechnologien bedingen, begünstigen, nahelegen und einschränken. Am Beispiel der Entwicklungen auf dem aktuellen Feld der so genannten „social robots" werfen *Michaela Pfadenhauer* und *Christoph Dukat* in ihrem Beitrag die weit reichende Frage nach dem sozialweltlichen Status des (technischen) Artefaktes als „Gegenüber" auf. Ausgangspunkt sind dabei euphemistische Annahmen, dass Roboter (durchaus) an die Stelle des menschlichen Gegenübers treten können. Dabei zeichnen Pfadenhauer und Dukat u. a. an zwei Beispielen bekannter Roboter (PaPeRo und NAO) die ingenieurs- und entwicklerseitigen Versuche nach, bei denen solcherlei Artefakten eine grundlegende (verbale wie nonverbale) Dialogfähigkeit verliehen werden soll. In kritischer Auseinandersetzung mit kogntivistisch-semiotischen Ansätzen zur Mensch-Maschine-Interaktion distanzieren sich die Autorin und der Autor allerdings skeptisch von der dort vertretenen Annahme, Softwaresysteme könnten durch ‚erlernbare' Zeichenbedeutungen Interaktionsfähigkeit entwickeln. Demgegenüber wird, im Anschluss an das von Hubert Knoblauch vorgelegte Konzept des kommunikativen Handelns, davon ausgegangen, dass der Sinn, den Menschen den ‚Dingen' zuschreiben, vielmehr im erhandelnden, situativen Zugang hervorgebracht wird – und damit auch und maßgeblich durch deren situative wirkmächtige ‚körperliche' Präsenz bzw. motorische Autonomie. Bindungen entstehen dann etwa dadurch, so Pfadenhauer und Dukat, dass durch die Anwesenheit von Robotern und durch bestimmte ‚automotorische' Aktivitäten menschliche Aufmerksamkeitszuwendungen evoziert werden – bis dahin, dass Menschen bei ‚ihren' Robotern „Pflegebedürftigkeit" unterstellen und entsprechend aktiv werden. Mit neueren Studien zu Robotern als „companions" werden dabei die eher langfristigen Bindungen an einschlägiger Stelle zum Thema gemacht. Entgegen all dieser Annahmen, bei denen das ‚Menschliche' bzw. ‚Menschenähnliche' von Robotern darin zu finden geglaubt wird, was diese Dinge ‚tun' oder ‚mit uns tun', führen die Autorin und der Autor eine dezidiert wissenssoziologische Perspektive ins Feld, die systematisch daran ansetzt, was ‚wir mit Robotern machen'. Die vertretene Annahme ist, dass der Status des Roboters subjektiven Konstitutionsleistungen entspringt, womit diese als in menschliche Objektivierungsvorgänge eingeflochten beschrieben werden. Roboter als technische Artefakte sind demnach als Teilelemente von Handeln zu verstehen und werden erst im ständigen Handlungsvollzug hervorgebracht. Als mediatisierungsrelevant erscheint demnach die Frage danach, wie (medien-)technische Artefakte das etablierte Medientableau ergänzen, wie sie in für bestimmte soziale Welten typische (Kern-)Aktivitäten eingeflochten werden und damit institutionellen Charakter gewinnen. Dabei, so die Autoren, erweist sich das Konzept der „deterritorialen Kommunikationsnetzwerke" (Andreas Hepp) als mögliche Analyserahmung.

In seinem Beitrag befasst sich *Ronald Hitzler* mit dem universalhistorischen Umstand, dass Menschen sich beobachten, andere beobachten und von anderen beobachtet werden, und fragt nach den Folgen, die sich mit der zugenommenen Verbreitung als auch Normalisierung aktueller „Visualisierungstechnologien" andeuten. Im Anschluss an Stig Hjarvard versteht Hitzler solche Handlungsweisen als mediatisiert, die erheblich durch deren Verschränkung mit Medien und deren Logik geprägt sind. Entgegen einseitiger Auseinandersetzungen, die für das gegenseitige Anschauen, Anstarren und Ausspähen den Stellenwert des „Observierens" betonen, weist Hitzler auf den ebenso universalhistorischen Umstand hin, dass Menschen sich immer auch haben anschauen lassen, sich zeigen bzw. mal mehr, mal weniger freiwillig den Blicken anderer aussetzen, also „exhibitionieren". Technologische Innovationen betreffen insofern beide Dimensionen des Anschauens und Angeschaut Werdens, nämlich Observation und Exhibition. Um Aussagen zu etwaigen Änderungen in der alltäglichen Wahrnehmung und Bewertung beider Momente treffen zu können, greift Hitzler die bekannte Idee des Panoptikums auf, das im ursprünglichen Sinne als disziplinargesellschaftliches Modell Aspekte der unausweichlichen und omnipräsenten Dauerbeobachtung konnotiert. In Hitzlers Verständnis eines „elektronischen Panoptikums" der Gegenwart sehen Menschen demgegenüber auch – und besonders – Anlässe und Chancen, sich gezielt für andere und vor anderen zu exhibitionieren. Er betont, dass sich Menschen in diesem „Kuriositäten-Panoptikum" nicht nur selbst in Stellung bringen und Aufmerksamkeit auf sich zu ziehen versuchen, sondern gewissermaßen vom Beobachtungszentrum aus immer auch in Erfahrung bringen können, wie viel Aufmerksamkeit sie erfahren (z. B. durch Seitenaufrufe und Klicks). Hitzler markiert damit einen für Fragen der Mediatisierung spannenden Zusammenhang: Menschen gewöhnen sich zunehmend an die ständige staatliche und privatwirtschaftliche Überwachung (und an die damit implizierte Kontrolle) und akzeptieren diese im Kontext einer gestiegenen Gefährdungswahrnehmung. Und zugleich knüpfen sie ihre Selbstwahrnehmung, ihr Selbstwertgefühl, ja ihr Selbstverständnis schlechthin in einem kulturell neuen Ausmaß an das (vermeinte) Gelingen ihrer (visualisierungstechnisch gestützten) Selbst-Präsentation.

Literatur

Altheide, David L., und Robert P. Snow. 1979. *Media logic*. Beverly Hills: Sage Publications.
Böhme, Gernot. 2002. Strukturen und Perspektiven der Wissensgesellschaft. *Zeitschrift für kritische Theorie* 14: 56–65.
van den Boomen, Marianne, Sybille Lammes, Ann-Sophie Lehmann, Joost Raessens, und Tobias Mirko Schäfer, Hrsg. 2009. *Digital material. Tracing new media in everyday life and technology*. Amsterdam: Amsterdam University Press.
Castells, Manuel. 2011. *The rise of the network society*. Chichester: Wiley-Blackwell.
Finneman, Niels Ole. 2010. Mediatization theory and digital media. *Communication* 36 (1): 67–89.
Hahne, Michael, und Corinna Jung. 2010. Über die Entstehungsbedingungen von technisch unterstützten Gemeinschaften. In *Medienwandel als Wandel von Interaktionsformen*, Hrsg. Tilmann Sutter und Alexander Mehler, 257–284. Wiesbaden: VS Verlag für Sozialwissenschaften.
Hepp, Andreas. 2011a. Mediatization, media technologies and the ‚Moulding Forces' of the media. Manuskript des Vortrags auf der Philosophy of Communication Division for the Annual International Communication Association Conference in Boston, 26.–30. Mai 2011.

Hepp, Andreas. 2011b. Medienkultur. *Die Kultur mediatisierter Welten*. Wiesbaden: VS Verlag für Sozialwissenschaften.
Hepp, Andreas. 2013. Mediatisierung von Kultur: Mediatisierungsgeschichte und der Wandel der kommunikativen Figurationen mediatisierter Welten. In *Transformationen des Kulturellen*, Hrsg. Andreas Hepp und Andreas Lehmann-Wermser, 179–199. Wiesbaden: VS Verlag für Sozialwissenschaften.
Hepp, Andreas, und Friedrich Krotz. 2012. Mediatisierte Welten: Forschungsfelder und Beschreibungsansäze – Zur Einleitung. In *Mediatisierte Welten: Forschungsfelder und Beschreibungsansätze*, Hrsg. Friedrich Krotz und Andreas Hepp, 7–23. Wiesbaden: VS Verlag für Sozialwissenschaften.
Hjarvard, Stig. 2008. The Mediatization of Society. A theory of the media as agents of social and cultural change. *Nordicom Review* 29 (2): 105–134.
Knoblauch, Hubert. 2013. Communicative constructivism and mediatization. *Communication Theory* 23 (3): 297–315.
Krotz, Friedrich. 2007. *Mediatisierung: Fallstudien zum Wandel von Kommunikation*. Wiesbaden: VS Verlag für Sozialwissenschaften.
Krotz, Friedrich. 2008. Kultureller und gesellschaftlicher Wandel im Kontext des Wandels von Medien und Kommunikation. In *Medienkultur und soziales Handeln*, Hrsg. Tanja Thomas. Wiesbaden: VS Verlag für Sozialwissenschaften.
Krotz, Friedrich. 2012. Von der Entdeckung der Zentralperspektive zur Augmented Reality: Wie Mediatisierung funktioniert. In *Mediatisierte Welten: Forschungsfelder und Beschreibungsansätze*, Hrsg. Friedrich Krotz und Andreas Hepp, 27–55. Wiesbaden: VS Verlag für Sozialwissenschaften.
McLuhan, Marshall. 1962. *The Gutenberg Galaxy: the making of typographic man*. Toronto: University of Toronto Press.
Meyrowitz, Joshua. 1990. *Die Fernsehgesellschaft* (Bd. 2). Weinheim: Beltz.
O'Reilly, Tim. 2005. What is Web 2.0? *Design patterns and business models for the next generation of software*. http://www.oreilly.de/artikel/web20.html. Zugegriffen: 09. Jan. 2012.
Pfadenhauer, Michaela, und Tilo Grenz. 2013. Strategische Mediatisierung und deren nicht-intendierte Konsequenzen. In *Vielfalt und Zusammenhalt. Verhandlungen des 36. Kongresses der Deutschen Gesellschaft für Soziologie in Jena*, Hrsg. Martina Löw. Wiesbaden: VS Verlag für Sozialwissenschaften (im Erscheinen).
Rammert, Werner. 2007. *Die Techniken der Gesellschaft: in Aktion, in Interaktivität und in hybriden Konstellationen*. Technical University Technology Studies. Berlin: TUTS – Working Papers 4-2007.
Reichertz, Jo. 2007. *Die Macht der Worte und der Medien*. Wiesbaden: VS Verlag für Sozialwissenschaften.
Schulz, Winfried. 2004. Reconstructing Mediatization as an analytical concept. *European Journal of Communication* 19 (1): 87–101.
Silverstone, Roger 2005. The Sociology of Mediation and Communication. In *The Sage Handbook of Sociology*, Hrsg. Craig Calhoun, Chris Rojek, and Bryan Turner, 188–207. London u.a.: Sage.
Silverstone, Roger, und Eric Hirsch, Hrsg. 1992. *Consuming technologies. media and information in domestic spaces*. London: Routledge.

Sutter, Tilmann. 2010. Der Wandel von der Massenkommunikation zur Interaktivität neuer Medien. In: *Medienwandel als Wandel von Interaktionsformen*. Hrsg. Tilmann Sutter, und Alexander Mehler, 83–105. Wiesbaden: VS Verlag für Sozialwissenschaften.

Wehner, Josef. 2010. Numerische Inklusion. Medien, Messungen und Modernisierung. In *Medienwandel als Wandel von Interaktionsformen*, Hrsg. Tilmann Sutter und Alexander Mehler, 183–210. Wiesbaden: VS Verlag für Sozialwissenschaften.

Teil I
Produzenten mediatisierter und medialisierter Welten

Digitale Medien und ihre Macher: Mediatisierung als dynamischer Wechselwirkungsprozess

Tilo Grenz

1 Hinführung: Von den Nutzern zu den Machern digitaler Medien

„Vier Sheriffs zensieren die Welt" (Hamann und Rohwetter 2012) titelte unlängst die Zeit. Die Autoren des Artikels beschreiben, wie die Internet-Konzerne Facebook, Apple, Google und Amazon durch groß angelegtes „Data Mining", selektives Filtern von Informationen und das stillschweigende Löschen bestimmter Inhalte das doch ursprünglich „freie" Internet „definieren": „Teils aus eigenem Antrieb, teils von Regierungen dazu gezwungen, schaffen sie Fakten und setzen Regeln, die für alle gelten sollen." Diese Feststellung reiht sich ein in eine seit Jahren geführte öffentliche Debatte, deren Tenor darin besteht, dass sich die Einflussnahmen der Unternehmen einer ‚digitalen Ökonomie' auf die alltägliche Informationsbeschaffung im engeren und die Grundlage von Mediennutzung im weiteren Sinne drastisch ausweiten.

Diesem auf die Macher neuer Medien gerichteten Diskussionszusammenhang steht eine in den Kommunikations- und Sozialwissenschaften vorherrschende Forschungsperspektive gegenüber, bei der das Augenmerk hauptsächlich auf der tagtäglichen Aneignung von Medien durch *Nutzer* liegt: Unter dem Klammerbegriff „Mediatisierung" werden soziologische, medien- und kommunikationswissenschaftliche Forschungstätigkeiten zusammengeführt, die das komplexe Wechselspiel von Medienwandel (Medienverbreitung und Aneignung) und kultu-

---

T. Grenz (✉)
Karlsruhe Institute of Technology, Lehrstuhl für Soziologie des Wissens,
76128 Karlsruhe, Deutschland
E-Mail: tilo.grenz@kit.edu

rellem Wandel untersuchen. Hier wird rekonstruierend und registrierend erforscht, wie Menschen in unterschiedlichen Alltagskontexten (neue) Medien nutzen, wie sich (Routine-)Wissen und Handeln, wie sich Erwartungen und Gewohnheiten sozusagen parallel mit dem Medienhandeln verändern und verfestigen. Die Erzeuger und weiteren Entstehungskontexte von Medien werden aufgrund dieser ‚Stoßrichtung' zugunsten einer intensiven Beschäftigung mit den Mediennutzern systematisch vernachlässigt.

Als Werkzeuge alltäglicher Lebensgestaltung sind digitale Medien in zunehmendem Maße in eine Vielzahl von Handlungsroutinen eingelassen. Neben der verständigungsorientierten Individual- und Massenkommunikation ermöglichen sie unterschiedliche Weisen, mit denen Informationen gespeichert, bearbeitet, verteilt und dargestellt werden. Wenn die Rede davon ist, dass Medien in Routinen eingelassen sind, so nimmt dies eine Vorannahme in Anspruch: Dass nämlich „kommunikatives Handeln" grundsätzlich einer wahrnehmbaren Wirkung in der materialen Umwelt (vgl. bereits Srubar 1988, S. 266; Knoblauch 1995) und damit letztlich körperlicher bzw. materialer Ausdrucksträger bedarf (vgl. Knoblauch 1995, 2011, 2013). Die Einflechtung von Technologie in Handeln, also der Prozess, der mit „Mediatisierung" impliziert ist, führt folglich dazu, dass körperlich bewirkte Anzeichen in zunehmendem Maße durch Medien bzw. deren ‚Features' als Ausdrucksträger ‚verlängert' werden. Digitale Medien sind allerdings nicht nur einfach am Handeln beteiligt und ebenso wenig neutrale Übermittler von Inhalten. Gerade weil sie in Handeln eingelassen sind, prägen sie Handlungsformen in bestimmter und bestimmbarer Weise. Ausmaß, Richtung, mögliche Muster, Gemeinsamkeiten und Unterschiede dieser Beeinflussungsverhältnisse können als Kernfragen der jüngeren Mediatisierungsforschung begriffen werden (vgl. Hepp 2010, 2011a, 2011b; Hepp und Krotz 2012). Die Prägung ist nicht auf Formaleigenschaften von Medien zurückzuführen, die im Gebrauch schlicht durchschlagen (z. B. Übertragungsreichweite oder Speichervermögen). Ebenso wenig lässt sie sich in einem deutungsoffenen, aneignenden Zugriff der Menschen auflösen oder als ein Effekt begreifen, der in Situationen der Verwendung immer wieder neu mit-erzeugt wird. In ihrer Technikförmigkeit sind Medien Produkte menschlicher Hervorbringungsleistungen. Insofern sie bestimmte Erwartungen an ihre nachmalige Nutzung mit sich führen und (Inter-) Aktionen regulieren (vgl. Rammert 2007), legen sie Verwendungsweisen zwar nicht fest, implizieren jedoch im Vorhinein spezifische Gebrauchsweisen.

Am Beispiel einer Fitness-Online-Plattform, deren Entstehung, Implementierung und Fortentwicklung ethnographisch begleitet wurde, soll im Folgenden exemplarisch analysiert werden, wie ein digitales Medium erzeugt wird. Gezeigt wird, inwiefern bestimmte Funktionseigenschaften der Plattform und Verwendungsaufforderungen an die Nutzer sowohl auf Erwartungen der Entwickler an ein neuartiges medienbezogenes Handeln aufbauen als auch fortwährend im Lichte der empirischen Nutzungspraxis modifiziert werden.[1]

Nach einer kurzen Besprechung des Ursprungs und neuerer Entwicklungen des Mediatisierungskonzeptes (Kap. 2) soll am Fall des Fitness-Unternehmens der unternehmensgeschichtliche Kontext und die sukzessive Entwicklung der Online-Plattform nachgezeichnet werden (Kap. 3), um daraufhin am konkreten Gegenstand zu erläutern, inwiefern das Marktumfeld, innerorganisationale Aushandlungen und das von den Unternehmensakteuren beobachtete medienbezogene Handeln von Kunden die Plattform-Gestaltung in eine bestimmte Richtung lenken (Kap. 4). In Kapitel 5 wird die Debatte um den Zusammenhang von Mediatisierung und Kommerzialisierung umrissen und der Stellenwert der technisch-materialen Dimension bei kommerziell motivierten Mediatisierungsmaßnahmen erläutert. In Kapitel 6 wird Adaptivität als Kernprinzip dieser verschränkten Maßnahmen verdeutlicht. Abschließend wird der Versuch einer gegenwartsdiagnostischen Rahmung unternommen, insofern Mediatisierung als eng verbunden mit dem gegenwartsgesellschaftlichen „Wissenswandel" zu begreifen ist, in dessen Folge sich spezifische Weisen wechselseitigen Wirkhandelns von Anbietern und Aneignern von Medientechnologien herauszubilden scheinen (Kap. 7).

2 Mediatisierung: Ein kurzer Blick auf eine anhaltende Diskussion

Unabhängig davon, ob Mediatisierung als ein universalhistorischer Vorgang gesellschaftlicher Mediendurchdringung begriffen (vgl. Krotz 2007, S. 37 ff., 2009; Hepp und Krotz 2012, S. 10) oder aber auf einen bestimmten historischen ‚Startpunkt' zurückgeführt wird (vgl. Schulz 2004; Hjarvard 2008, S. 115 ff.). Einigkeit scheint innerhalb der wissenschaftlichen Debatte in einem Punkt zu bestehen: Gegenwärtige Gesellschaften kennzeichnet eine historisch einzigartige Situation, als sich zu keinem Zeitpunkt der Geschichte ein vergleichbares Ausmaß medienvermittelten Alltagshandelns verzeichnen lässt. Als Konzept der Beschreibung kulturellen Wandels betonen aktuelle Ansätze der Mediatisierungsforschung hier-

---

[1] Die folgende Falldarstellung basiert auf Ergebnissen einer Organisationsethnographie, die im Teilprojekt „Mediatisierung als Geschäftsmodell" des DFG-geförderten Schwerpunktprogramms „Mediatisierte Welten" durchgeführt wurde.

zulande die Verknüpfung einer derartigen Quantität digitaler Medien[2] mit der zunehmenden Veralltäglichung medienkommunikativen Handelns und eines damit einhergehenden qualitativen Wandels im Sinne der Transformation verfestigter Wissensbestände und Handlungsformen. Mediatisierung basiert damit grundlegend auf medien*technologischen* Innovationen, wobei Technologien entwickelt, verbreitet und im Gebrauch normalisiert werden.

Insbesondere nach der Veröffentlichung der mittlerweile prominenten These einer „Media Logic" (Altheide und Snow 1979) hat sich die einschlägige Forschung lange Zeit mit den elektronischen Massenmedien (insbesondere mit dem Fernsehen) auseinandergesetzt und über empirische Zugriffe herauszufinden versucht, wie Inhalte medialen Anforderungen folgend selegiert und aufbereitet werden und sich in fixierten Formaten bestimmte (Wirklichkeits-)Vorstellungen verfestigen, die wiederum als geteilte Deutungsmuster zur Grundlage des Handelns werden (Altheide und Snow 1979, S. 12 ff., Altheide und Snow 1988). Von sozialwissenschaftlicher Relevanz erweist sich diese These insofern, als mit ihr zudem behauptet wird, dass bestimmte Formate (Altheide und Snow 1979, S. 16 ff.) und mit diesen verbundene Publikumsorientierungen (zur „Telegenisierung", vgl. Vowe 2006) in zunehmendem Maße in verschiedene Lebensbereiche vordringen. Von Vordringen ist dabei nicht nur deshalb die Rede, insofern sich Akteure (selbst-)darstellen, sondern auch, weil sich Kernaktivitäten, Instrumentarien und Requisiten in diesen Lebensbereichen teils drastisch ändern, sie an eine wirksame massenmediale Darstellung angepasst werden und sich damit wiederum die generativen Prinzipien der Handlungsfelder verändern (vgl. am Beispiel Sport bereits Altheide und Snow 1979, S. 217 ff.; Dohle et al. 2009; am Beispiel Politik Sarcinelli 1998; Mazzoleni und Schulz 1999).[3]

Zwischenzeitlich hat sich der Fokus der Analysen medienverschränkter Wandlungsprozesse von der *inhaltlichen* auf die *technologische* Dimension verlagert

---

[2] Die voranschreitende Entwicklung und Ausbreitung von Medien, also die quantitative Dimension von Mediatisierung, ist durchzogen von folgenreichen „pushes" bzw. Sprüngen (Hepp 2011a), wobei die Digitalisierung von Informations-, Kommunikations- und Verarbeitungsprozessen als Auslöser des jüngsten „Mediatisierungsschubs" (Hepp und Krotz 2012, S. 10; vgl. Hepp/Berg/Roitsch 2012, S. 231 ff.) verstanden wird.

[3] Die Medienlogik-These ist nach ihrer Veröffentlichung unterschiedlich rezipiert und theoretisch (re-)interpretiert worden, auch von Altheide und Snow selbst (vgl. 1979, 1991). Sie erstreckt sich sowohl auf den Strang der mediengerechten (Selbst-) Inszenierung bzw. Formatierung von Ereignissen (vgl. Pfadenhauer/Grenz 2011) als auch auf die umfassender angelegte These, dass das, was Menschen überhaupt von der Welt wissen bzw. was Gewissheit erlangt, massenmedial vermittelt ist. Überdies bildete sich eine Debatte zur Frage einer medialen (Deutungs-)Macht heraus (vgl. Couldry 2003; Silverstone 2005, S. 190 ff.; Hjarvard 2008, S. 128), wobei Formate und etwaige Gesetzmäßigkeiten als den Medien inhärente Faktoren verstanden wurden (vgl. kritisch zu diesem Verständnis Oaks 1992).

(vgl. etwa Schulz 2004): Wurden ursprünglich Massenmedien, die Bedingungen, unter denen Nachrichten produziert werden und damit die symbolische Dimension medialer Kommunikation betont, rücken mit den Begriffen „Medienumgebungen" (Krotz 2006, S. 33) und „Medienrepertoires" (Hasebrink und Popp 2006) nun offenkundig (medien-)technologische Aspekte und das *Handeln* mit und durch Medien, die den individuellen und interaktiven Handlungs- und Kommunikationsalltag ermöglichen, in den Vordergrund. Medien sind also an typischen Alltagsaktivitäten und -situationen irgendwie ‚beteiligt' (vgl. etwa das Einkaufen, Tratschen, Studieren, Lernen, Trainieren usw.), transformieren diese in „mediaactivities" (vgl. Schulz 2004) und verändern dadurch soziokulturelle Handlungs- und Erwartungsräume (vgl. etwa Hepp 2009, 2011a).

Obwohl es demzufolge als Gemeinplatz gilt, dass Informations- und Kommunikationstechnologien „intrude most directly into the core of social existence" (Silverstone nach Cardoso und Araújo o. J., 3), wird in den erwähnten Studien selten die Entstehung dieser Technologien zum Thema gemacht, die erwiesenermaßen eine in quantitativer Hinsicht so weitreichende Präsenz im Alltagshandeln besitzen. Oder anders formuliert: Diejenigen, die die Infrastruktur für die entsprechend aufwendigen (und kostspieligen) Entwicklungs- und Verbreitungsaktivitäten der Technologien bereit stellen (können), die Medien in einer bestimmten Gestalt konzipieren und hervorbringen, die Medien mit ihren Kernprodukten verschränken, die als Folge von deren Entwicklung und Verbreitung Gewinn erwarten und Handlungsfelder gezielt in ausdifferenzierte Medienumgebungen transformieren, werden – zumindest in der an Mediatisierung orientierten Forschungsperspektive (vgl. Kap. 5 und zu fruchtbaren anderen Forschungszusammenhängen Kap. 6) – kaum betrachtet.[4]

3 Mediatisierte Fitness: Ein Fallbeispiel

3.1 Ausdifferenzierung von Medienumgebungen

Bei dem folgenden Fallbeispiel handelt es sich um eine in den 1990er Jahren gegründete Fitnessstudio-Kette, deren Kerngeschäft darin besteht, Fitness-Interessierten in dafür vorgesehenen Orten („Studios") Raum und Gerätschaften zur freiwilligen

---

[4] Eine Ausnahme bildet Hjarvard (2004), der nachzeichnet, wie sich das (kindliche und jugendliche) Spiel mit den Bausteinen durch geplante und ungeplante Kombinationen des Spielzeugs Lego mit Medienprodukten verändert hat. Für eine mediatisierungssensible Forschung gleichermaßen aufschlussreich sind hierbei Einsichten aus den ‚Science and Technology Studies', der Technikgenese- und Innovationsforschung (vgl. Kap. 6).

körperlichen Arbeit an ihren Körpern zur Verfügung zu stellen.[5] Die Geschichte der Geschäftsmodelle von Fitness-Studios, bei denen Infrastruktur und Anleitungen zu körperlicher Betätigung gegen einen monatlichen Mitgliedschaftsbetrag angeboten werden, zeigt, dass diese grundlegend an einer im Laufe des 20. Jahrhunderts gewandelten Körper-Idee anknüpfen. So hat das Wissen, dass Körper geformt werden können, dass also ein athletisches Erscheinungsbild gezielt ‚gebaut' und auch biorhythmische Körpereigenschaften (wie z. B. die Herzfrequenz oder die empfundene Belastbarkeit) systematisch herbeigeführt werden können, erst allmählich Eingang in den allgemeinen Wissensbestand gefunden. Über dieses körperbezogene Wissen verfügte zunächst nur eine überschaubare Gruppe speziell Interessierter (insbesondere Bodybuilder und Schauspieler). Meyrowitz (1985, S. 185 ff.) hat u. a. am Beispiel der verschwimmenden Grenzen zwischen Kindheit und Erwachsensein gezeigt, dass ein ursprünglich bestimmten Gruppen vorbehaltenes Wissen durch Medien über diese Gruppengrenzen hinweg verbreitet werden kann. Eine vergleichbare Entwicklung lässt sich auch für die Idee der Herstellbarkeit bzw. Machbarkeit des Körpers (und in irgendeiner Form evidenter körperlicher Leistungsfähigkeit) ausmachen, die in erheblichem Maße medial befördert worden ist (vgl. Pfadenhauer und Grenz 2012a, S. 89). An dieser medial getriebenen Diffusion von Wissen setzen die Geschäftsmodelle heutiger Fitnessstudios an, insofern sie auf Methoden zur Ästhetisierung des Körpers und auf gesundheitsförderlichen Bewegungs- und Ernährungsansätzen basieren. Es ist das in der Regel speziell ausgebildete Personal („Trainer"), das die je vertretenen trainingsmethodischen Ansätze dem Kunden vermittelt: Typischerweise werden in einem Eingangsgespräch die Ziele des Fitness-Interessierten in Erfahrung gebracht, dessen Körperwerte (z. B. Gewicht, Fett- und Muskelanteil, Herzfrequenz etc.) ermittelt und auf Grundlage dieser Informationen und der vom Anbieter vertretenen Trainingsmethoden ein auf bestimmte Zeitdauer gültiger Trainingsplan erstellt. In regelmäßigen Abständen finden weitere Gespräche statt, bei denen der Trainer anhand der Berichte des Kunden und wiederum ermittelter Körperdaten den bisherigen Fortschritt im Hinblick auf das zu erreichende Trainingsziel beurteilt, Hinweise für folgende Trainingseinheiten gibt und den ursprünglichen Plan modifiziert oder einen neuen aufsetzt.

Die Besonderheit des beforschten Unternehmens besteht darin, dass das Geschäftsmodell von Beginn an vorsah, auf teure Zusatzprodukte und -services (z. B. Wellness) zu verzichten, die zum Zeitpunkt, als das Unternehmen gegründet wurde, im Trend lagen. Um über einen niedrigen monatlichen Mitgliedschaftsbetrag eine möglichst große Zahl an Kunden anzusprechen, verzichtete man vor allem auf ein kostspielig ausgebildetes Personal und „Personal Trainer", also auf

---

[5] Die folgenden Darstellungen finden sich ausführlicher in Pfadenhauer/Grenz (2012a).

die Elemente, die in der übrigen Fitnessbranche als wesentliche Potentiale verstanden werden, um sich gegenüber der Konkurrenz zu profilieren. Der Verzicht auf diese typische und für die Masse an Freizeit-Trainierenden gewohnte Face-to-Face-Betreuung erwies sich rechnerisch-ökonomisch als ‚geschickte' Strategie. Allerdings geriet die resultierende Betreuungsrelation in Zeitungs-, Magazin- und persönlichen Erfahrungsberichten zunehmend unter Kritik. Im Unternehmen reagierte man dergestalt, dass fortan besonderes Augenmerk auf ein für Kunden möglichst nachvollziehbares und anwendbares Anleitungskonzept gelegt wurde. Im Mittelpunkt dieses Konzeptes stehen die bereitgestellten Trainings- und Ernährungspläne. Diese vorgefertigten Trainingspläne können auf der Internetseite, die sukzessive modifiziert wird, von Kunden kostenfrei heruntergeladen oder im Studio in gedruckter Form mitgenommen werden. In diesen zum Teil wechselnden Musterplänen, die fortwährend anschaulicher und nachvollziehbarer gestaltet werden, sind Trainingszyklen, -geräte, -intensitäten und -wiederholungen, Ernährungshinweise sowie Angaben dazu aufgeführt, in welchem Gesamtzeitraum ein vordefiniertes Trainingsziel erreicht werden kann. Anhand weblauffähiger Anwendungen sollen Nutzer überdies ein Training nach den angebotenen Plänen nachvollziehen und ihr Wissen, etwa zu spezifischen Muskelgruppen, vertiefen können. Als auffälligste Neuerung wurden Computerterminals in den Studios installiert, an denen die Trainings- und Ernährungspläne abgerufen oder gemeinsam mit anwesendem Personal ausgewählt werden können. Studiobesucher können die für die Website programmierte Software auch auf diesen Geräten für ihre Trainingsplanung nutzen, z. B. Trainingspläne einsehen oder Informationen zu Geräten und Übungen abrufen. Die Studioräume sind auf die online und in Papierform (z. B. als Ausdrucke, als Hinweis-Tafeln) verfügbaren Trainingsanleitungen abgestimmt: So ist ein einheitliches Farb- und Bezeichnungsschema in allen Studios eingeführt worden, das es den Kunden unabhängig vom konkreten Studioraum erleichtern soll, die unterschiedlichen Trainingsbereiche problemlos zu finden und an den Geräten Übungen selbsttätig ausführen zu können, ohne auf das Personal angewiesen zu sein.

3.2 Mediatisierung von Fitness als Geschäftsmodell

Bereits vor einigen Jahren sind im untersuchten Unternehmen Überlegungen dazu angestellt worden, digitale Medien weitreichender in die trainingsbezogene ‚Selbstermächtigung' des Kunden einzubinden: Die ersten Planungen standen noch im marketingstrategischen Zeitgeist des „brand community building" (vgl. etwa Loewenfeld 2006). Die Potentiale einer unternehmensbezogenen „Online Community" bzw. „Brand Community" wurden darin gesehen, die vorherrschende Kunde-Anbieter-Beziehung in eine solche umzuformen, bei der sich der Trainierende als einer neben anderen Gleichgesinnten sieht. Über die Zeit orientierte man sich von dieser auf Vernetzung abstellenden Community-Idee in Richtung einer auf (fitnessrelevanten) Funktionen und Informationen basierenden Online-Plattform um: Auf dieser Plattform sollen Nutzer für ein von diesen festzulegendes Fitness-Ziel den jeweils passenden Plan an die Hand bekommen, der die hierfür notwendigen körperlichen und ernährungsbezogenen Aktivitäten nachvollziehbar und präzise beschreibt. Der Medienumgebung liegt ein Menschen- und Kundenbild zugrunde, demzufolge trainingswillige Konsumenten nicht länger bereit sind, kanonisierte und durch Anbieter vorgefertigte Anleitungen anzunehmen. Während nämlich das Geschäftskonzept der Fitnessstudios die Beschränkung auf eine bestimmte Zahl gängiger Trainingsziele vorsieht, die durch die Ausstattung der Studios, schematische Anleitungen und vorgefertigte Trainings- und Ernährungspläne erreicht werden sollen, wird mit diesem Geschäftsmodell anvisiert, dass Nutzer eine potentiell unbegrenzte Anzahl unterschiedlicher Trainingsziele und -methoden vorfinden.

An diesen neuen Ansatz pluralisierter Trainingskonzepte ist gleichzeitig ein neuartiges Modell der Expertise gekoppelt. Als „Experten" im Verstande von Spezialisten, die ihr erfahrungsgebundenes Wissen zu einem jeweiligen Fitnessansatz „erfolgreich" unter Beweis gestellt haben, werden nun in steigender Anzahl Kurzvorstellungen und Leistungsportraits ‚externer' „Profis" (z. B. Ernährungswissenschaftler, Sportler, Personal Trainer etc.) und von diesen propagierte Fitness-Methoden und Trainingspläne online verfügbar gemacht. Nachdem Nutzer ihr jeweiliges Trainingsziel festgelegt und die verfügbaren Trainingsmodalitäten (im Studio oder Zuhause) angegeben haben, können dazu passende Experten-Pläne herausgefiltert werden. Konnten Nutzer der ersten öffentlichen Plattform-Version diese Pläne lediglich unverändert übernehmen, ist es nun möglich, diese zusätzlich den eigenen Vorstellungen anzupassen (z. B. um Übungen zu bestimmten Muskelgruppen zu ergänzen). Ebenfalls erst nach dem offiziellen „Launch" wurde zudem ein Feature hinzugefügt, bei dem Fitnessinteressierte Trainingspläne komplett selbst erstellen können. Durch die Funktion, idealerweise zeitnah oder gar simultan zur körperlichen Betätigung am Computer oder aber über das Smartphone online die aktuellen Wiederholungszahlen und Zeiten eingeben zu können, sollen Nutzer ihren je individuellen Trainingsfortschritt zudem präzise überwachen können.

Trainings- und Ernährungspläne stammen also nicht, wie ursprünglich und in der Branche verbreitet, vom Unternehmen bzw. dessen geschultem Personal, sondern von als Experten deklarierten und medial inszenierten Personen. Das entsprechende Glossarium an Trainingswissen soll mittelfristig um die Pläne ergänzt werden, die von Nutzern selbst entwickelt, sukzessive erprobt und eingestellt werden. Überdies ist vorgesehen, dass Nutzer ihre Pläne gegenseitig kommentieren, kritisieren, modifizieren und dergestalt jeweils in kollektiver Selbstorganisation weiterentwickeln. Grundlage hierfür sind die beschriebenen Web-Features, um die die Plattform nach ihrem Launch sukzessive erweitert wird. Intendiert ist, dass Nutzer sich entsprechend ihres je eigenen Fitnessideals für jeden Trainingstag eigenständig Trainings- und Ernährungseinheiten in detaillierten Teilschritten per Mausklicks zusammenstellen oder dass sie wahlweise Pläne teilweise oder komplett übernehmen können, die andere Nutzer in das Portal eingestellt haben. Diese theoretisch unbegrenzte Menge der von Nutzern entwickelten Trainingspläne bildet die substantielle Basis der neuen Geschäftsidee. Der „Pool" an Trainings- und Ernährungsanleitungen ausgewiesener Experten, den das Unternehmen ‚top down' aufbereitet und bereitstellt, wird also sukzessive um „user generated content" erweitert. Dieser beschlossenen Strategie und Schritt für Schritt verfolgten Zielorientierung in Bezug auf die Leistungs- bzw. Wertentstehung steht allerdings gegenüber, dass bislang vom Unternehmen noch keine Entscheidung für ein konkretes Umsatzmodell getroffen wurde.[6] Bereits früh und weit vor der Veröffentlichung der Plattform hatte man sich gegen die anfängliche Idee entschieden, bestimmte Nutzungsbereiche und Inhalte kostenpflichtig zu machen (vgl. zu diesem „Freemium"-Modell, Anderson 2009). Vielmehr wird davon ausgegangen, dass kostenpflichtige Angebote und traditionelle Bezahlmodelle vor allem in der Einführungs- und Etablierungszeit des internetbasierten Produktes dazu führen (können), Kunden abzuschrecken. Deswegen wird die Plattform mittlerweile als dezidiert kostenfreies Angebot beworben. Geplant ist, etwaige Monetarisierungsmaßnahmen erst nach einer gewissen Zeit auszuarbeiten und umzusetzen, wenn umfassende Informationen dazu vorliegen, wer wann wie lange den Dienst in Anspruch nimmt.

---

[6] In der betriebswirtschaftlichen Literatur findet sich eine mittlerweile nahezu unüberschaubare Zahl an Definitionen dazu, was unter einem Geschäftsmodell zu verstehen ist. Eine ‚griffige' und gleichermaßen instruktive Beschreibung bietet Chesbrough (2006, S. 108), der unter einem Geschäftsmodell die Verbindung eines Konzeptes der Werterstellungsprozesse für Kunden („value creation") *und* der Einnahmeströme für das Unternehmen („value capture") versteht. Ein sehr ähnliches Verständnis führt Deinlein (2003, S. 42 f.) ins Feld, wenn er für (internetbasierte) Geschäftsmodelle danach befragt: a) welcher Wert, d. h. welche Leistung in Form eines Produkts oder Services angeboten werden soll, und b) wie Profit für das Unternehmen entsteht.

3.3 (Re-)Lokalisierung mediatisierter Fitness

Die Online-Plattform wurde als ein eigenständiges Spin-Off des Fitnessunternehmens entwickelt und vor allem auf eine internetaffine, fitnessinteressierte Zielgruppe ausgerichtet. Es finden sich allerdings Hinweise darauf, dass die Funktionen und Informationen der Plattform als Betreuungs- und Planungsinstrument der Nutzer sukzessive auch für die lokalen Studioräume genutzt werden sollen. Wird die Standardausstattung dieser Räume um eine Infrastruktur *vernetzter* Computer erweitert, können Trainierende bei ihrem jeweiligen Besuch gewissermaßen ‚in situ' auf ihre Trainingspläne und auf ‚interaktive' Übungs-Erläuterungen zugreifen. Auch webbasierte Features sind dann verfügbar, und so kann etwa die Summe ausgeführter Wiederholungen bei der Absolvierung einer Übung während oder direkt nach dem Trainingssatz dokumentiert werden. Mittels leicht bedienbarer Eingabegeräte (bzw. einer Smartphone-App), die dauerhaft online sind, wird die bereits bekannte Strategie, Trainierende medial anzuleiten, in erheblichem Maße medientechnologisch erweitert. Mehr noch: Die von ausgewiesenen Experten *und* die in kollektiver Selbstorganisation erarbeiteten und betreuten Trainingsvarianten werden als medienvermittelte Beratungselemente in die soziale Welt der Fitnessstudios eingebunden.[7] Die Vermutung liegt nahe, dass auch das herkömmliche ‚Studio-Training' über kurz oder lang nicht ohne Kenntnis und Einsatz digitaler Medien auskommen dürfte.

Zusammenfassend lässt sich konstatieren, dass im vorliegenden Fall in unterschiedlichen Schritten Räume nicht-medienbezogenen Handelns sukzessive in ausdifferenzierte Medienumgebungen umgewandelt wurden. Informatisierung bzw. die an das Kerngeschäft angepasste und ausdifferenzierte Medienumgebung wird in dieser Konstellation zum Instrument der Rationalisierung von Dienstleistung (vgl. Möll 2003; Holtgrewe 2005, S. 9), insofern Arbeitskraft eingespart wird *und* Kunden-Aktivitäten in den Studio-Räumen durch in digitalen Medien eingeschriebene Nutzungsoptionen vorstrukturiert werden. Durch Medieneinsatz und -verschränkung ist ein wesentlicher Bestandteil des Angebots von Fitnessstudios, und zwar die individuell zugeschnittene Trainingsplanung und persönliche Betreuung im direkten Kontakt mit dem Trainer, technisiert worden (vgl. grundlegend zur Substitution durch Medien, Schulz 2004, S. 88; Hjarvard 2004, S. 49). Der Wegfall dieser typischen Interaktionssituation, bei der sowohl Trainingspläne entworfen als auch der individuelle Trainingsforschritt durch einen Experten punktuell eruiert und beurteilt wird, impliziert eine Erweiterung der Eigenleistungen und Entschei-

---

[7] Vgl. zum Konzept der Social Worlds, für deren Bestehen und Fortbestehen bestimmte ‚Kernaktivitäten' konstitutiv sind: Strauss (1978).

dungen seitens des Trainierenden (zum sog. „Customer Empowerment" vgl. Wathieu et al. 2002). Dem nun schrittweise gewissermaßen selbst in die Pflicht genommenen bzw. weitestgehend auf sich selbst verwiesenen Trainierenden sollen mit den online als auch lokal verfügbaren Medien Instrumente der Selbstbeobachtung und Handlungsplanung an die Hand gegeben werden. Er soll mittels Online-Plattform (und einer mobilen App) folglich in die Lage versetzt werden, das notwendige Wissen, das dafür nötig ist, um die eigenen (körperbezogenen) Ziele zu definieren und zu verfolgen, selbst zu erwerben.[8]

Mit dieser technologisch herbeigeführten ‚Selbstbezüglichkeit' des Trainierens deuten sich Konsequenzen für die herkömmliche Struktur des sog. „Studiotrainings" an: Ursprünglich wurde ein im Vorfeld gemeinsam von Trainer und Studionutzer erstellter und in die Zukunft gerichteter Handlungsplan vom Trainierenden durch wiederholte und einsam verrichtete (Teil-)Aktivitäten an diversen Gerätschaften und Bereichen in bereitgestellten Studioräumen ‚abgearbeitet'. Dieser körperlichen Aktivität wird nun eine translokale (Inter-)Aktion in transmedialen Kommunikationsnetzwerken am heimischen oder mobilen Bildschirm hinzugefügt (vgl. Hepp et al. 2012; Pfadenhauer und Grenz 2012a). Durch die komplexeren Nutzungsoptionen werden Trainierende nun dazu aufgefordert, Handlungs(-zwischen)erfolge dauerhaft zu bewerten und (neu) zu entwerfen. Die physischen (Teil-)Übungen erscheinen nunmehr lediglich als ein Element des erweiterten Handlungsplanes, bei dem die Selbst-Beurteilung und situative Planung unter Verwendung vielfältiger Informationen einen wesentlichen Stellenwert einnehmen. Mit anderen Worten: Geistige Tätigkeiten, aus denen ursprünglich der vorbereitende Entwurf des Fitness-Handelns entstanden ist, und die permanente datenbasierte Erfolgskontrolle gehen als (Teil-)Elemente in die Funktionskette des Fitness-Handelns ein. Verlauf und Vollzug des Trainierens verändern sich dergestalt, dass zum antizipativ-planenden Handeln das situiert-planende Handeln hinzutritt (vgl. Suchman 1987; siehe zur Illustration am Beispiel der Plattform-Funktion „Dokumentieren" Kap. 5).[9]

---

[8] Bereits entstehungsgeschichtlich kann die Plattform also als ökonomisch relevante Reaktion auf einen weiteren „Wissenswandel" verstanden werden, der sich als eine Pluralisierung anerkannten (bereichsspezifischen) Wissens erweist: Dieser Pluralisierungsprozess ist dadurch gekennzeichnet, dass kodifiziertes Expertenwissen im Hinblick auf Glaubwürdigkeit und Akzeptanz nicht mehr als unumstritten gelten kann und an Verlässlichkeit verliert (vgl. Pfadenhauer 2006; Schützeichel 2007), während erfahrungsgestütztes Wissen – in erheblichem Maße infolge der durch die informations- und kommunikationstechnologisch ausgeweiteten Möglichkeiten des ‚Mitredens' – aufgewertet wird (siehe Kap. 7).

[9] Bislang finden sich keine empirischen Hinweise darauf, dass diese strukturelle Erweiterung der Kernaktivität in Richtung einer solchen auf Dauer gestellten Selbstaufmerksamkeit bzw. (Selbst-)Reflexion (vgl. Giddens 1995, S. 54) von den ‚Machern' *ausdrücklich* angestrebt wird.

4 Einflüsse auf den Entwurf medienbezogenen Handelns

An der hier beschriebenen Entwicklungsgeschichte einer Online-Plattform wird deutlich, dass die Entstehung digitaler Medien als sozialer Prozess zu verstehen ist: Dieser erwächst aus Ideen, Entwürfen, Planungen und konkretisierten Strategien, also aus beobachtbarem Entscheidungs- und Lösungshandeln von Akteuren in einem konkreten organisationalen Kontext. Im Folgenden werden Faktoren unterschieden, die den Planungs-, Entscheidungs- und Umsetzungsprozess im konkreten Fallbeispiel beeinflusst haben:

4.1 Außenorientierung: Innovationen und (Markt-) Umwelten des Unternehmens

Dem Bereich Außenorientierung sollen solche Entscheidungen zugeordnet werden, die unter Bezugnahme auf die aktuelle und/oder sich verändernde Umwelt getroffen oder revidiert werden. Der Fitness-Markt ist ein umkämpftes Terrain, auf dem sich Unternehmen gemäß der Breite ihres Programmangebotes und dem Preisniveau dieses Angebotes unterscheiden lassen (vgl. Daumann et al. 2012, S. 2). Das betrachtete Fitness-Unternehmen bietet ein vergleichsweise reduziertes Kernprodukt an, verzichtet auf teure Zusatzleistungen und ist wegen des geringen Mitgliedschaftsbeitrages äußerst attraktiv für eine große Zahl an Kunden. Grob vereinfacht geht der aus dieser Strategie resultierende Gewinn auf die große Mitgliederzahl zurück. Der sichtbare Erfolg des ‚Discount-Modells' hat allerdings dazu geführt, dass andere Anbieter wesentliche Elemente dieses Modells (z. B. die Öffnungszeiten rund um die Uhr, der Verzicht auf teure Zusatzelemente) kopieren und in das bis dato vom Unternehmen dominierte Marktsegment vordringen. Die kostenintensive Entwicklung und Einbindung digitaler Medien bzw. neuer Technologien ist als Antwort des Unternehmens auf die Gefährdung seiner Position zu verstehen und soll dazu dienen, die Konkurrenten am Fitness-Markt unter „Innovationsdruck" zu setzen. Dabei werden nicht zuletzt gezielt fitnessbezogene Trends aufgegriffen: Das Feature, den Trainingsfortschritt in seinem Verlauf durch Eingaben zu dokumentieren und (auch graphisch) auszuwerten, entstand mit Blick auf die wachsende Zahl Trainierender, die die eigenen Körperfunktionen mittels mobiler Zusatzgeräte (z. B. Smartphone-Apps) aufzeichnen und damit Veränderungen präzise erfassen wollen.

4.2 Innenorientierung: innerorganisationale Diskussionszusammenhänge

Entscheidungen für die grundlegende Ausrichtung der Online-Plattform und dafür, dass bestimmte Features entwickelt und eingebunden, während andere (wieder) fallengelassen werden, erweisen sich auch als Resultat innerorganisationaler Diskussionszusammenhänge. So wird zwar über einen Großteil strategischer Festlegungen und konkreter Maßnahmen in hierarchisch organisierten, regelmäßig stattfindenden Sitzungen befunden (z. B. mit dem Geschäftsleiter und dem im Team für die Koordination der Entwicklung zuständigen „Produktmanager"). Was allerdings überhaupt als lösungsbedürftiges Problem in solche Sitzungen eingebracht wird und wie wiederum mit den in der Regel groben Planungen nach den Sitzungen auf der Umsetzungsebene konkret verfahren wird, das ist Gegenstand eines fortwährenden „mikropolitischen Prozesses" (Wilz 2010, S. 97 ff.) der beteiligten Mitarbeiter. Konzepter, Designer, Ökotrophologen, Sportwissenschaftler, IT-Entwickler etc. bringen unterschiedliche persönliche Vorstellungen als auch bereichsspezifisches Fachwissen in solche Diskussionen ein. Eine bis zur Veröffentlichung der Plattform virulente Frage bezog sich darauf, was eigentlich den „Kern" der Online-Plattform ausmachen soll. Sozusagen als ein Teilaspekt wurde anhaltend darüber beratschlagt, wie komplex und gleichzeitig bedienbar die Plattform für den potentiellen Nutzer sein soll: Mit den unternehmenseigenen Sport- und Ernährungswissenschaftlern war eine frühe Test-Version mit vielfältigen Berechnungs- und Analysefunktionen ausgestattet worden, die bei durchgeführten „Usability-Tests" (Nutzungstests) und in angeschlossenen Interpretationsrunden schließlich als „zu kompliziert" eingestuft wurde. Die unterschiedlichen Vorstellungen zu Seitenstruktur, Nutzerführung, Umfang und Anspruch der Plattform-Funktionen wurden schließlich als „unterschiedliche Nutzungslogiken" in den anschließenden Entscheidungsprozess eingebracht: Befürworter des „explorativen Ansatzes" setzten sich für eine funktional reduzierte Version der Plattform ein, die mit möglichst wenig Vorwissen und wenigen Mausklicks zu bedienen sein sollte. Vertreter des „funktionalen Ansatzes" sahen erst und vor allem mit einer angemessenen Funktionsvielfalt (d. h.: einer bestimmten Zahl an Eingabe- und Auswahloptionen) einen „realen User-Nutzen" gegeben. Letzterer Ansatz wurde schließlich durchgesetzt und damit an einem Bild vom trainingskompetenten, internetaffinen Nutzer festgehalten, dem es z. B. keine Probleme bereitet, zwischen verschiedenen Navigationswegen zu wählen oder mit Suchfiltern und Check-Boxen umzugehen.

4.3 Beobachtung eines neuen Typus: Mediatisiertes Fitness-Handeln

Trainer und Studioleiter haben über die letzten Jahre vermehrt beobachtet, wie Besucher in zunehmendem Maße selbst erstellte Trainingspläne verfolgen, die sie nicht selten in (mehr oder weniger) einschlägigen Online-Foren finden oder ausdrücklich erfragen. In diesen Foren tauschen Nutzer persönliche Erfahrungen und Vorgehensweisen aus, diskutieren diese und stellen bereits erprobte Trainingspläne anderen Besuchern zur Verfügung. Auch der Umstand, dass Fitnesstreibende sich entsprechender Gerätschaften und Software bedienen und damit ein von den Anbietern und deren befürworteten Methoden abgekoppeltes Trainingshandeln praktizieren, kann als Ausdruck einer derartigen Entwertung kanonischer (Experten-) Wissensbestände interpretiert werden. Diese neue Idee von Fitnesstraining steht unverkennbar im Zeitgeist der so genannten „Quantified Self"-Bewegung (vgl. Laaf 2012; Perry 2012). Mittels mobiler „Self-Tracking-Geräte" und Apps für Smartphones (z. B. eigene Pulsuhren, Schrittzähler, Trainingsplan- und Dokumentations-Apps etc.) lassen sich Körperfunktionen erfassen und aufzeichnen, die z. B. hinsichtlich Herzfrequenz, Muskelmasse- und Gewichtsentwicklung ausgewertet und gegebenenfalls optimiert werden können. Die Massentauglichkeit dieser „Self-Tracking-Technologien" wird nicht nur im Hinblick auf (chronische) Krankheiten, sondern gerade im Fitnessbereich vermutet. Bereits in frühen Überlegungen zur Entwicklung der Online-Plattform schlägt sich ein Bild vom Trainierenden als „selbstbestimmt handelnde Person" nieder, die sich nicht mehr damit zufrieden gibt, von Trainern über Trainingspläne bereitgestellten Handlungsanleitungen zu folgen, sondern selbst gewählten Handlungsplänen und entsprechenden Ernährungs- und Trainingsmethoden folgt. Es ist dieses problematische Verhältnis zwischen einer neuen Anspruchshaltung der Kunden und dem konventionellen Geschäftskonzept, Ziel- und Handlungsvorgaben ‚top down' anzubieten, auf das das beforschte Unternehmen durch die herbeigeführte Selbstbezüglichkeit des Trainierenden reagiert: durch die potentiell unbegrenzte Anzahl an Anleitungen für Training und Ernährung und durch weblauffähige Softwareprogramme, die in die Plattform integriert werden.

5 Mediatisierung, Ökonomie und Technik-Einflechtungen

Fragen nach der Verzahnung von Ökonomie bzw. von kommerziell motivierten Akteuren und Mediatisierung sind keineswegs neu. In den frühen 1990ern ist die weithin im Ansatz der Medienlogik propagierte Existenz von „immanent or intrinsic features of media" hart kritisiert worden (Oaks 1992, 449). Das zentrale Argument war hierbei, dass das, was die kursierenden Studien zur Anpassung an mediale Darstellungsweisen an verschiedenen Beispielen empirisch aufzeigten (vgl. Altheide und Snow 1991), lediglich Ausdruck des (kalkulierenden) Handelns von Wirtschaftsakteuren ist, die ihrerseits als Marktakteure den Gesetzen – und damit Erwartungen – kommerziell erfolgreichen Handelns (etwa bestimmten Rentabilitätsvorstellungen) folgen: „Above all else, media are commercial enterprises. The communications industry is just that: a business, subject to market changes, forces of economic selection, and principles of management and marketing that affect large corporation. This means that media are forced to measure up to the conditions for survival in economic life" (ebd., S. 449). So ist die Frage nach den Beeinflussungs- und Bedingungsverhältnissen zwischen (Massen-)Medium und Kultur in Richtung der Ökonomie aufzulösen versucht worden. Am Konzept der Medienlogik festhaltend, ist diese später als Kombination kommerzieller, technologischer und kultureller Elemente (Mazzoleni 2008, S. 3052 f.) aufgefasst worden. Kommerzialisierung meint dabei insbesondere die beobachtete Vermarktlichung der Medienunternehmen (vgl. Lundby 2008, S. 8), insofern Medienakteure ihr Handeln, d. h. vor allem die Selektion und Aufbereitung von Inhalten zunehmend an wirtschaftlichen Kriterien orientieren (vgl. zum ähnlich gelagerten mediensoziologischen Diskurs Altmeppen 2008, S. 237 ff.).

Mit miteinander verschränkten Medien wie der Fitness-Plattform geraten demgegenüber Medien*technologien* in den Blick, die nicht vor allem auf Inhalte abstellen, sondern auf mediengestützten (Inter-)Aktionen des Menschen in ganz unterschiedlichen Handlungsfeldern. Im Unterschied zu Analysen der massenmedialen Beeinflussungsverhältnisse ist dies der Ausgangspunkt von aktuellen Arbeiten, die Mediatisierung im Zusammenspiel mit anderen Prozessen, wie vor allem dem der Kommerzialisierung untersuchen (vgl. Hjarvard 2004, S. 49). Folgt man etwa Stig Hjarvard, dann können Mediatisierung und Kommerzialisierung empirisch oftmals nur schwer voneinander getrennt werden, da (herkömmliche) kulturelle Aktivitäten infolge der Mediendurchdringung des Alltags in zunehmendem Maße in Warenform (teil-)überführt worden sind oder werden können (ebd.). Die Geschwindigkeit, mit der digitale Medientechnologien entwickelt und verbreitet werden, ist demzufolge als unübersehbares Indiz für deren „commercial potential" (ebd., S. 50) zu werten. Potentiale werden beispielsweise darin gesehen, dass die softwaretechnologischen Eigenschaften digitaler Medien eine erweiterte Kontrolle von Verkauf und Konsum ermöglichen, da beide Aspekte gewissermaßen gleichzeitig geschehen (ebd.).

Die innerhalb der neueren Mediatisierungsforschung vollzogene Wende hin zur (Medien-)Technik spiegelt sich wider in der anhaltenden Theorie-Diskussion um den Stellenwert, den das Materiale, die ‚Dinge' und Artefakte für Mediatisierung besitzen (vgl. Knoblauch 2012, S. 37 ff.; Hepp 2012a, S. 105 ff.; Wieser und Passoth 2012). Als Ausdruck einer zunehmenden Wertschätzung des Designs (vgl. zum Bedeutungsanstieg des Designens als Praxis Latour 2009) und der Eigenschaften von Medien lässt sich denn auch das Affordance-Konzept (ursprünglich Gibson 1979; Norman 1988; am Beispiel digitaler Medien Hogan und Quan-Haase 2010) verstehen, das in den Medienwissenschaften derzeit wiederbelebt wird (vgl. Hjarvard 2008, S. 211; Jenkins 2008; Zillien 2010). Dem folgend laufen in jedem Artefakt vorgegebene formale Eigenschaften (z. B. ob Schrift, Sprache, Bild transportiert werden kann), kulturelle Konventionen und Erwartungen zu spezifischen Bündeln zusammen[10], die vom Gebrauchenden gerade wegen ihres konkreten Arrangements als Aufforderung zu einer bestimmten Verwendungsweise wahrgenommen und demnach handlungsleitend werden. Ohne dass er auf den Ursprung der material evozierten Aufforderungen eingeht, ist für Hjarvard (2012, S. 30) Mediatisierung dadurch gekennzeichnet, dass „social and cultural activities are influenced by the *modus operandi* of the media, i.e., their institutional, aesthetic, and technological affordances" (Hervorhebungen im Original).

Unter Rückgriff auf Annahmen zum Stellenwert von Dingen in der Actor-Network-Theory wird in einem neueren kommunikationswissenschaftlichen Konzept von Medien und deren „Wirkmacht des Bewegens und Beeinflussens von Handlungen" (Hepp 2011b, S. 36) gesprochen. Der Erwartungsdruck, den Medien und ihre spezifischen Funktionen auf das Handeln ausüben, geht dabei nicht vom Medium als ‚Ding' an sich aus (d. h. etwa von seinen ästhetischen und funktionalen Eigenschaften), sondern entfaltet sich erst gewissermaßen ‚in situ' bei Kommunikationsprozessen – kontextuell jeweils allerdings relativ gleichartig (vgl. etwa die Erreichbarkeitserwartung bei mobiler Kommunikationstechnologie). Die dezidiert von der Idee einer Medienlogik abgegrenzten „Prägkräfte der Medien" (ebd., S. 55) sind demnach notwendigerweise kontextuell (d. h. etwa im Handlungsfeld der Familie) zu analysieren.[11] Während davon ausgegangen wird, dass sich der

---

[10] Dies deckt sich im Wesentlichen mit den klassischen Einsichten der Innovationsforschung dazu, wie technische Artefakte geplant und mit Blick auf konkrete Eigenschaften entwickelt werden, insofern ‚Feststellungsprozessen' neben jeweils etablierten Konstrukteursstilen spezifische Erwartungen über die zukünftige Nutzung bzw. konkrete Nutzergruppen zugrunde liegen (vgl. Pinch/Bijker 1984).

[11] Während hierbei Aneignung als Prozess der „kulturellen Lokalisierung" aufgefasst wird, betont Hjarvard (2013), dass der Einzug neuer Medien in etablierten Handlungsfeldern nicht selten zu einer Überlappung institutionalisierter Regeln führt (wenn etwa Familien-Kommunikation mittels Facebook in schulische Kontexte ‚eindringt'). Neue Medien in alten Handlungsfeldern implizierten verstrickte und nicht selten konfligierende Regelsätze, die wiederum in einem regelrechten ‚Neujustierungsdruck' darauf mündeten, was je erlaubt ist und was nicht („negotiation").

Erwartungsdruck von Medien und ihren Spezifika „erst in ihrer Aneignung als einem Prozess der kulturellen Lokalisierung" (ebd., S. 60) artikuliert, wird nicht weiter beschrieben, inwiefern deren Gebrauchseigenschaften selbst auf vorgängige Sinngebungsprozesse und in die Medien eingeschriebene Gebrauchserwartungen verweisen.

Die Tätigkeiten, durch die Erwartungen an nachmalige Verwendungsweisen am und im konkreten Design verdichtet und die Nutzung in bestimmte Bahnen gelenkt werden soll (vgl. Pfadenhauer und Grenz 2013), lassen sich im wissenssoziologischen Verstande als Objektivierungsprozess begreifen. Als Objektivierungen bezeichnen Schütz und Luckmann (1979, S. 325) „Verkörperungen subjektiver Vorgänge in Ereignissen und Gegenständen des Alltags". Es sind Objektivierungen, die wechselseitiges Verstehen überhaupt möglich machen, wobei der näherungsweise Zugang zum jeweils Anderen typisierend auf der Grundlage von Anzeichen geschieht, deren Bedeutung als geteilt unterstellt wird. Im Unterschied zur Wissensvermittlung in der prototypischen Situation des „wechselseitigen Wirkhandelns" (Knoblauch 1995, S. 58, 2013, S. 29; vgl. Schütz und Luckmann 1979, S. 320 ff.; Srubar 1988) übergreifen materialisierte Objektivierungen in Gegenständen wie Websites, Headlines, Buttons, Filtern usw. den räumlichen, zeitlichen und sozialen Kontext von Situationen der Anwesenheit. Sie konservieren gewissermaßen den ursprünglich gemeinten Sinn des Erzeugers. Als Grundlage wechselseitigen Verstehens tendieren die vergegenständlichten Handlungsresultate solcher „gesellschaftlichen Wirkakte [dazu,] zu Motiven ‚antwortender' Handlungen oder zumindest zu Anlässen von Handlungen [zu werden], die an den ursprünglichen Handelnden zurückgerichtet sind" (Schütz und Luckmann 1984, S. 105). Die Entwicklungstätigkeiten des Anbieterensembles sind in diesem Verstande absichtsvoll verändernde (oder erzeugende) Zugriffe auf und Eingriffe in als gemeinsam erfahrene Objekte der materialen Umwelt, die als intendiertes Deutungsangebot an nachmalige Nutzer in die Welt gebracht werden (vgl. Schütz und Luckmann 1984, S. 23 ff.; Luckmann 2002; Pfadenhauer und Grenz 2013).

Am Beispiel der Fitness-Plattform zeigt sich etwa an der Gestaltung der Startseite, der unterschiedlichen Websites, deren Aufeinanderfolgen, Oberflächen, Features usw., inwiefern Betreiber und Entwickler sich daran orientieren[12], unter Rückgriff auf als gemeinsam verstandene Deutungen (mittels visuell-

---

[12] Dies sollte allerdings nicht den Eindruck erwecken, dass die Erzeuger als wie auch immer gearteter ‚Kollektivakteur' agieren. Vielmehr sind die Beteiligten ihrerseits in einen (durchaus konfliktbehafteten) Aushandlungs- bzw. Entscheidungsprozess darüber verwickelt, welche alltäglichen Probleme des Fitnesshandelns durch welche Funktionen und Funktionsketten des programmierten (Online-)Werkzeuges ‚gelöst' werden sollen (vgl. Kap. 4).

bildlicher Merkzeichen, wie z. B. Symbole oder den Seitenaufbau und mittels schriftlicher Zeichensysteme, wie z. B. das zeitintensiv erarbeitete „Wording" bei Button-Beschriftungen oder Erläuterungen) gezielt „Aufmerksamkeitszuwendungen" (Schütz und Luckmann 1979, S. 326) seitens der Nutzenden ‚material' zu evozieren und einen möglichst hohen Grad subjektiver Deutungssicherheit bei den Usern gegenüber der Plattform wahrscheinlich zu machen. Über diese Aufmerksamkeitsmarkierung hinaus sollen die bereits erwähnten Filter-Werkzeuge, Seitenbereiche, Eingabe- und Visualisierungsfunktionen usw. an „Glieder (...) in Um-zu-Zusammenhängen" (ebd., S. 330) bereits routinisierten Fitness-Handelns anschließen *und* neue Teilschritte in typische Ketten dieses Handelns eingelassen werden. Folgendes Beispiel zur sukzessive erweiterten Funktion „Dokumentieren" soll diese Feststellung illustrieren:

Trainingspläne lassen sich als Kombination des verschriftlichten Angebotes eines bestimmten in der Zukunft zu erreichenden und als erreichbar in Aussicht gestellten Ziels *und* der hierfür zu unternehmenden (körperorientierten) Teilschritte verstehen. Pläne konnten Nutzer in einer ersten Version der Fitness-Plattform aus einer Matrix aus Trainingszielen (z. B. „Muskelaufbau") und Unterzielen (z. B. „schlank") oder mittels ‚händischen' Durchblätterns einer umfangreichen Experten-Liste auswählen und durch Drücken auf einen entsprechenden Button „aktivieren". Aktivieren bedeutet dabei, dass die ‚finale' Entscheidung für einen solchen Plan, inklusive des zu wählenden Tagesrhythmus, getroffen wird, und dass schließlich eine Trainings-Anleitung in einem Website-Bereich zum Trainingstag erscheint (und gedruckt werden kann). Wenn auch am heimischen Computer und unter Bedingung eines quantitativ enorm erweiterten Angebotes, so wird letztlich doch der bekannte Handlungsschritt aufgegriffen, einen bestimmten Plan neben anderen auszuwählen und sich damit zu Beginn des längeren Trainingszyklus für *einen* Handlungsplan zu entscheiden. Er ist als Gedächtnisstütze dafür, was wann und wie zu tun ist, bei anschließenden Trainingszyklen gewissermaßen ‚zur Hand', ob in Papierform oder am Bildschirm. Über diesen Dokument-Charakter hinaus weisen die später hinzugefügten Eingabefelder, die es dem Nutzer ermöglichen, absolvierte Wiederholungen einzeln abzuhaken. Der Bereich „Dokumentieren" wurde alsbald wiederum um ein Feature ergänzt, mit dem Nutzer eingesetztes Gewicht, den gewählten Widerstand oder die Dauer der Übung während und kurz nach der körperlichen Betätigung eintragen können. Außerdem ist es damit möglich, den gewählten Plan gewissermaßen ‚live', d. h. während des Trainings um neue Übungen zu ergänzen. Die Nutzer-Informationen u. a. zur Körpergröße, -gewicht und Alter aus dem ebenfalls erst später implementierten „Profil" *und* solche Daten, die Nutzer im Bereich „Dokumentieren" sukzessive eingeben, sind schließlich die notwendige Grundlage für eine nochmalige Erweiterung der Medienumgebung: Eine Anzeige im unteren Seitenbereich informiert fortan (und simultan zum Training) über die verbrauchten Kalorien (in Kcal) und unter dem Schlagwort „Übungsbilanz" über die tatsächliche Zahl absolvierter Einzelübungen und das absolut bewegte Gewicht. Diese „Analyse" in Echtzeit berücksichtigt ebenso solche Übungen, die der Fitnesstreibende ad hoc in seinen Tagesplan aufnimmt (oder aus diesem entfernt). So wurde der Trainingsplan als mediales Anleitungsdokument, wie es z. B. in Papierform in den Fitnessstudios ausliegt, sukzessive um Funktionen der situativen Erfolgskontrolle und Planmodifikation erweitert, die u. a. wegen ihrer Positionierung im Bereich des Tagesplans die Aufmerksamkeit des Nutzers evozieren soll. Trainierende, die dergestalt und im Zuge wiederholter Nutzung mit den Eingabemöglichkeiten und der mitlaufenden Erfolgskontrolle vertraut werden, sind gewissermaßen beiläufig dazu aufgefordert, Teilschritte numerischer Eingaben, Akte der Interpretation numerischer Leistungsrückmeldungen und schließlich den körperlichen Trainingsvollzug selbst in eine situative Einheit der Handlung „Trainieren" zusammenzuziehen.

Vergleichbar also mit der Einflechtung neuer Medien der Individual*kommunikation* (z. B. E-Mail, Messaging, Chat) in alltägliches Handeln als Lösungen wechselseitiger Kommunikation über Ort und Zeit hinweg, besitzen schließlich auch *Informations*medien, die nicht genuin auf interpersonale Kommunikation abstellen (also technische Instrumente individuellen Alltagshandelns wie z. B. das Ensemble an Werkzeugen auf der Fitness-Plattform oder bei sogenannten Online-Broker-Plattformen), die Affinität, mit Funktionsketten routinisierter Problemlösungen des Alltags zu verschmelzen (vgl. Schütz und Luckmann 1979, S. 330 f.; aus medienwissenschaftlicher Perspektive Schulz 2004).

Zum einen folgen Betreiber hierbei einem Umsetzungsplan dazu, welche Nutzungsmöglichkeiten über die Funktionen der Plattform (mindestens) in der Zukunft angeboten werden sollen. Zum anderen verstehen die Betreiber die sukzessive Gewöhnung der Nutzer an die auf der Online-Plattform verfügbaren Funktionen als Voraussetzung dafür, weitere Features erst an vertraut gewordene sukzessive sinnvoll ‚anzudocken'. Weil also die Einflechtung von Technik über mehrere in die Zukunft geplante ‚Züge' hinweg und unter Berücksichtigung der wahrscheinlichen Reaktionen der Nutzer geschieht, soll hier in Anlehnung an Ronald Hitzler von „strategischer" (Hitzler 1994, S. 14) Medieneinflechtung gesprochen werden (vgl. Pfadenhauer und Grenz 2013). Im weiteren Kreis des Entwicklungsteams der Fitness-Plattform ist hierbei die Rolle der Konzepter hervorzuheben, die dafür zuständig sind, die oben beschriebenen Annahmen zum Wandel fitnessorientierten Handelns und die jeweiligen Entscheidungen für eine „Nutzungslogik" in Website-Szenarien einfließen zu lassen.[13] Für die Entscheidung, welche Plattform-

---

[13] Dabei nutzen Konzepter sogenannte „Wireframe"-Modelle, d. h. auf wesentliche Merkmale und Verlaufsmuster reduzierte Website-Versionen.

Funktionen als notwendig gelten können und darüber hinaus irgendwie ‚nützlich' sind, setzen die Konzepter auf ihr eigenes und im Austausch mit Mitarbeitern des Plattform-Teams gewonnenes Erfahrungswissen.

6 Mediatisierung, Feedbackschleifen und Adaptivität

In der einschlägigen Mediatisierungsforschung werden Medien entweder als technisch fixiert vorausgesetzt oder sie ‚verschwinden' hinter der alltäglichen Aneignung (womit eine hohe ‚Anwendungsflexibilität' der Medien unterstellt wird). Medien werden, wie bis hierhin beschrieben, nicht nur mit bestimmten Intentionen erzeugt, sondern in Handlungsketten bestimmter Nutzungskontexte eingeflochten. Die hier untersuchte Online-Plattform erweist sich allerdings auch über diese Einflechtungsprozesse hinaus als unabgeschlossenes, d. h. in seinen Verwendungserwartungen und konkreten Gebrauchseigenschaften nicht festgestelltes Objekt. Die anhaltende Fortentwicklung stützen die Betreiber auf bestimmte Informations-Ressourcen, die sie über dezidierte Kundgaben der Nutzer (z. B. mittels des „Feedback"-Bereiches), wissentlich erstellte Inhalte oder beiläufig bewirkte Datenspuren der Nutzer in Erfahrung bringen. Hierbei kommt ein auf die ‚Verarbeitung' dieser Informationen abgestimmtes Betreiber-Entwickler-Kooperationsmodell zum Einsatz.

6.1 Integration des mit-gestaltenden Nutzerhandelns[14]

Durch Plattform-Funktionen, mit denen Nutzer etwa eigene Trainingspläne erstellen, erproben und bereitstellen sollen, werden sie in die Prozesse der Entstehung und fortwährenden Erneuerung der angebotenen Plattform-Inhalte einbezogen. Dabei ermöglicht insbesondere die Architektur der als „Portal" bezeichneten Web-Plattform, dass von Nutzern vorgenommene Zusammenstellungen und Verschlagwortungen (sog. „Tagging") von Trainingsplänen sowie Texteingaben („User generated Content") in einer Datenbank des „Content Management Systems" gespeichert werden und wiederum quasi-simultan als Informationsressource in das Programmangebot der Plattform eingehen (vgl. zu diesem Kernmerkmal des „Web 2.0" und der Verabschiedung von sogenannten „software release cycles" O'Reilly

---

[14]Zur ausführlicheren Unterscheidung von Mit-Gestaltung, Mit-Wirken und Mit-Arbeiten vgl. Pfadenhauer/Grenz (2012b, S. 24 ff).

2005). Dieses informationstechnisch gestützte Management zur Aufnahme, Selektion und Vermittlung von trainingsbezogenem Erfahrungswissen, das sowohl von legitimen Experten als auch von Nutzern und nachmaligen ‚Nutzer-Experten' stammt, befindet sich folglich dauerhaft im Wachstum.[15] Die Option, als Nutzer in einem eigens dafür erstellten Bereich „Feedback" Anmerkungen und Ergänzungsvorschläge an die Betreiber zu übermitteln, stellt eine betriebswirtschaftlich einschlägige Maßnahme dar, Nutzererwartungen in Erfahrung zu bringen und in die Produkt-Entwicklung einfließen zu lassen. Diese Anregungen werden von den Betreibern mit einem Bearbeitungs-Status versehen und je nach der von ihnen zugeschriebenen Relevanz aufgegriffen. Damit wird ein Informationskanal geöffnet, der schlichtweg anzeigt: „Hier tut sich etwas."

6.2 Integration der beiläufig erzeugten Handlungsresultate qua Datenspuren

Darüber hinaus registrieren, analysieren und bewerten die Betreiber die Inanspruchnahme bestimmter Features, Eingabebereiche, Seiten und Seitenbereiche der Plattform auf der Grundlage von Datenspuren, die sie mittels Software zur sogenannten „Echtzeit-Webanalyse" gewinnen, um anhand dieser vor allem numerischen Evidenz möglichst kurzfristig (Um-) Gestaltungspotentiale wahrnehmen und umsetzen zu können.[16] Der spezifische Kontext, in dem Nutzer durch ihr Handeln und nicht nur durch gezielte Eingaben „digitale Spuren" hinterlassen, wird von den Betreibern also zur ökonomischen Risikominimierung genutzt. Aus diesen Feedbackschleifen gewinnen die Betreiber Informationen für die permanente Modifikation der Plattform-Verwendungseigenschaften. Allein die Möglichkeit, diese Informationen über die tatsächlichen Formen der Plattformnutzung zu gewinnen[17], hat zwischenzeitig zu einer enormen Bedeutungssteigerung dieser Feedback-Informationen geführt, da sie als die unmittelbarsten Hinweise auf etwaigen Erfolg oder Misserfolg der Plattform (bzw. einiger ihrer Eigenschaften) gelten. Die aus der Nutzerbeobachtung gewonnenen Informationen besitzen einen

---

[15] Die Einbeziehung produktiver Akte seitens Kunden in Wertschöpfungsmodelle wird in betriebswirtschaftlichen Arbeiten im Bereich der unternehmensübergreifenden Wertschöpfung als „Kundenintegration" verhandelt (vgl. zu einem Überblick Grenz/Pfadenhauer 2012).

[16] Vgl. auch die Ergebnisse das Teilprojektes „Numerische Inklusion" im Schwerpunktprogramm „Mediatisierte Welten": http://www.mediatisiertewelten.de/projekte/1-foerderphase-2010–2012/numerische-inklusion/ (Zugriff: 20.01.2013).

[17] Zur ökonomischen Relevanz der Datenspuren von Nutzern am Fallbeispiel einer Online-Serienplattform vgl. Pfadenhauer/Grenz (2012a).

vor allem wettbewerbsrelevanten und deshalb schwer zu ignorierenden Aufforderungscharakter für die Betreiber. Die oben erwähnte Evidenzbasierung meint, dass die von den Betreibern als wesentlich erachtete Fort- und Weiterentwicklung der Online-Plattform in erheblichem Maße auf der Annahme gründet, dass sich neue Funktionsoptionen möglichst dicht an den empirisch registrierbaren Nutzungsalltag ‚anschmiegen' lassen.

Agile Softwareentwicklung als Zusammenrücken von Konzeption und Entwicklung
Ein solches ‚Anschmiegen' erfordert im Alltag der Plattform-Betreiber, dass diejenigen, die dafür zuständig sind, informationstechnisch registrierte Nutzungsweisen im Blick zu halten und auszuwerten, und diejenigen, die Funktionen und Ausrichtung konzipieren und Designmodelle erarbeiten, möglichst eng mit denjenigen zusammenarbeiten, die diesen aufbereiteten Input letztlich softwaretechnisch umsetzen (also programmieren) und „releasen" (also im Web veröffentlichen). Diese Anforderung an eine zügige Übersetzung der eng getakteten Feedbackschleifen wird aus Sicht der Betreiber von einem Kooperationsmodell der agilen Software-Entwicklung erfüllt, welches landläufig unter der Bezeichnung „Scrum" firmiert.[18] Dieses agile Modell umfasst ein Regelwerk, das u. a. kurze Umsetzungszyklen („Umsetzungshäppchen") von zwei Wochen Länge festlegt (sogenannte „Sprints"), denen Abstimmungstreffen der Betreiber (insbesondere der Konzepter und Produktmanager) und Entwickler vorausgehen (sogenannte „Sprint Plannings"). In diesen Treffen werden die von den Betreibern vorgesehenen Neuerungen vorgestellt (in Form sogenannter „User Stories", die in der Ich-Form ausformuliert werden, z. B.: „Als User möchte ich einen Trainingsplan aktivieren können"), gemeinsam im Hinblick auf deren technische Realisierbarkeit diskutiert und schließlich anhand eines festgelegten Punktesystems auf einen Zeitaufwand für die Programmierer hin geschätzt. Zur Abstimmung und Koordinierung nutzen die Verantwortlichen neben den wiederholten Treffen eigens an das agile Verfahrensmodell angepasste Projekt-Software, auf die sowohl berechtigte Personen bei den Betreibern im Unternehmen als auch Mitarbeiter aus dem Kreise der externen Programmierer über ein Netzwerk zugreifen können. Ähnlich der Bearbeitungshistorie von Wikipedia-Artikeln sind alle Plattform-Funktionen (also sowohl die, die für die Nutzer, als auch die, die nur für die Betreiber sichtbar sind) in einer Baumstruktur eingetragen und jeweils mit sogenannten „Anforderungen" (im Wesentlichen in Form der „User Stories") beschrieben. In einem weiteren Programm listet derjenige, der die Entwicklung betreiberseitig koordiniert und zu umfassenden Eingriffen berechtigt ist, alle aktuellen und anstehenden Funktionserweiterungen

---

[18] Vgl. zur Ursprungsidee und den Leitlinien www.agilemanifesto.org.

und Fehlerbehebungen auf und priorisiert diese nach einer Heuristik notwendiger „Kernfunktionen" der Plattform. Betreiber *und* Programmierer sehen damit permanent die Funktionsliste, den aktuellen Bearbeitungsstatus als auch und vor allem die Priorisierungsliste ein. Zur Präsentation von (Teil-)Projektbeschreibungen werden die Programme auch als Ausrichtungs- und Diskussionsgrundlage in den regelmäßigen Abstimmungstreffen verwendet. Diese zeitlich, personell und thematisch jeweils hoch verdichteten Interaktionen in Anwesenheit der verschiedenen beteiligten Experten seitens der Betreiber und seitens des Software-Dienstleisters können mit Recht als kooperations- und umsetzungspraktischer Höhepunkt des dynamischen Entwicklungsprozesses bezeichnet werden. Da hierbei konzeptionell orientierte und praktisch-umsetzungsorientierte Expertise aufeinandertreffen, sind diese Situationen denn auch nicht selten konfliktgeladen.

Dieser Blick auf die Innenperspektive veranschaulicht, dass und inwiefern die Plattform von den Betreibern als dauerhaft *ergänzungs- und überarbeitungsbedürftig* verstanden wird. Dabei gewährleistet das komplexe Ineinandergreifen der beschriebenen Maßnahmen der Nutzerintegration und des Kooperationsmodells zwischen Betreibern und Programmierern in zweierlei Hinsicht die Möglichkeit zu einer *Adaptivität* der Plattform-Entwicklung:

(a) Auf *inhaltlicher Ebene* im Hinblick auf den sukzessive anwachsenden Bestand bereichsspezifischen (d. h. fitnessbezogenen) Wissens. Dabei kann von einer „Digitalisierung von Expertise" (Willke 1998, S. 164) gesprochen werden, die allerdings nicht einzig daraus entsteht, dass das Wissen von Organisationsmitgliedern in Datenbanken (nach innen) zusammengetragen und verfügbar gemacht, sondern in zunehmendem Maße von in Wertschöpfungsaktivitäten integrierten Nutzern generiert wird (vgl. Grenz und Pfadenhauer 2012).

(b) Auf *technologischer Ebene* im Hinblick darauf, dass Features auf ihre Beliebtheit, Erweiterbarkeit oder Fehler hin kontinuierlich gegengeprüft und entsprechend evidenzbasiert modifiziert werden. Als generatives Prinzip erweisen sich bei alldem die softwaretechnischen und organisationalen Maßnahmen, mit denen Rückkopplungen bzw. „feedback loops" (vgl. Castells 2010, S. 31) zwischen Medieninanspruchnahme und -modifikation als zentrale Entwicklungs- und Bewertungsprozeduren vorgesehen werden. Zumindest im konkreten Fall der Fitness-Plattform wäre es also verkürzt, dieses Medium als ‚festgestelltes' Artefakt mit fixierten Gebrauchseigenschaften zu begreifen. Vielmehr ist eine hinter den jeweils angebotenen Funktionen liegende Dynamik zu gewärtigen, bei der beständig medienbezogenes Handeln entworfen *und* dieser Entwurf gleichermaßen empirisch validiert und angepasst wird.

Die Befunde des hier vorgestellten Fallbeispiels stehen im Einklang mit ähnlichen Ergebnissen zur Verbreitung von Informations- und Kommunikationstechnologien aus der Innovationsforschung, die erstaunlicherweise im Rahmen der einschlägigen Mediatisierungsarbeiten bislang kaum Beachtung finden.

So „zeichnen sich neue Technologiefelder nicht durch frühe und einmalige Schließungsvorgänge aus, die einen neuen und stabilen technologischen Standard und Entwicklungspfad konstituieren, der als verlässlicher Rahmen für sozioökonomische und institutionelle Neustrukturierungen gelten könnte. Sie werden vielmehr geprägt durch länger anhaltende technologische Dynamiken, Unsicherheiten und Revisionen, neue Öffnungen und auch überraschende Sackgassen. Technologische „lock-ins" und Pfadabhängigkeiten (David 1985) sind unter diesen Bedingungen [...], heute alles andere als dauerhaft und irreversibel" (Dolata 2011, S. 277 f.; vgl. bereits Freeman 1994). Ähnlich gelagert sind die Diagnosen neuerer organisationssoziologischer Arbeiten, die besagen, dass bei „wissensbasierten Unternehmen, Erneuerungsfähigkeit [...] durch die kontinuierliche technikdynamische Umstellung von Rationalisierung auf Innovation gewährleistet wird" (Funken et al. 2011, S. 17).[19]

Im Fall des Fitness-Unternehmens zeigt sich, wie Akteure im Unternehmen versuchen, diese Umstellung von Rationalisierung auf Innovation unter Einsatz und Verzahnung von Informationstechnologien selbst zum rationalisierbaren Strukturprinzip zu machen (vgl. bereits Bieber und Möll 1993; Funken et al. 2011). Dieses ‚Auffangen' des Unerwarteten durch Offenheit stabilisiert seinerseits „Zonen [...] des gewussten Nicht-Wissen-Könnens" (Beck 1996, S. 309) und damit typische Unsicherheiten. Die softwaretechnologischen Optionen des digitalen Mediums, seine Nutzung ständig zu prüfen und qua Revision in (neue) Bahnen (zurück-)lenken zu können, entwickeln dabei einen Eigenwert und werden auf der Ebene der Betreiber als permanenter *Anpassungsdruck* wahrgenommen.[20] Denn die Aktivitäten der Betreiber und Entwickler in diesen Zonen des Nicht-Wissens dürfen sich nicht in einer Bewertung dieser Wissensdefizite erschöpfen, sondern treiben grundsätzlich zur Innovation, da Anpassungsträgheit als Wettbewerbsgefahr bewertet wird.

Es ist auffällig, dass einschlägige Arbeiten der Innovationsforschung und der „Science and Technology Studies" (STS) im Rahmen der vorliegenden Mediatisierungsarbeiten bislang nahezu nicht erschlossen wurden. Vermutlich lassen sich mehrere Gründe für diese Ausblendung ins Feld führen. Als wesentlich dürfte sich allerdings vor allem erweisen, dass Mediatisierung als kommunikations-

---

[19] Damit liegt übrigens eine Parallele zu Geschäftsmodellen der Anbieter von Online-Computerspielen auf der Hand, die einen unabgeschlossenen Modifikations-Prozess vorsehen. Diese Parallele soll zwar hier nicht vertieft werden, aber es ist immerhin zu vermuten, dass sich damit womöglich eine Institutionalisierung dieser Erneuerungs-Praxis andeutet (vgl. van Loon 2010).

[20] So könnte man auch sagen, dass die Plattform als digitaler Dienst ihrerseits einen Aufforderungscharakter für die Macher dieser selbst impliziert.

und medienwissenschaftlicher Ansatz aus dem Geiste der Cultural Studies geboren ist. Demzufolge favorisieren einschlägige Arbeiten entsprechende Kernannahmen, insbesondere die der subjektiven und sozialen Aneignung („appropriation") kommerziell erzeugter Güter und Inhalte. Die maßgeblich in den „Science and Technology Studies" verfolgte ‚andere Seite', bei der Technologieentwicklung, -produktion und -vermarktung und der Einfluss ‚sozialer Kräfte' auf diese Prozesse („social shaping of technology") betont werden (vgl. MacKenzie und Wajcman 1985), blieb dabei lange Zeit ausgeblendet (vgl. Haddon 1988; Silverstone und Haddon 1996; Morley und Silverstone 1990 als prominente Ausnahmen bzw. Weiterentwicklungen). In den STS dagegen lässt sich eine vergleichbare Leerstelle für die Konsequenzen der tagtäglichen Aneignung von Technologien durch Menschen verbuchen, die diese durchaus zurückweisen, ihren funktionalen Zweck umdeuten oder gar eigenen Zwecken anpassen (vgl. hierzu und zum Argument der jeweiligen Desiderate von Cultural Studies und STS: Mackay und Gillespie 1992). Obwohl digitale Medienprodukte offensichtlich auch aus Sicht der Nutzer mittlerweile als unabgeschlossen und aneignungsoffen verstanden werden können (vgl. bereits Carroll et al. 2001; Hughes und Lang 2006; Grenz und Eisewicht 2009; Möll in diesem Bd.) ist das gegenwärtige, oftmals spannungsgeladene Wechselspiel von Produktion, Appropriation und Anpassung und deren soziotechnische Folgen (vgl. Pfadenhauer und Grenz 2013) bislang kaum dezidiert Gegenstand systematischer Reflexion geworden (vgl. allerdings aus informationswissenschaftlicher Perspektive Carroll et al. 2001; Dix 2007; Carroll und Fidock 2011; siehe auch Schäfer 2009).[21] Es kann davon ausgegangen werden, dass die den neuen Medien inhärente Dynamik, wie sie am Beispiel der Fitness-Plattform als Iterationslogik von Angebot, Beobachtung, Anpassung usw. beschrieben wurde, durch solche Erweiterungen und Modifikationen von Aneignerseite massiv ‚befeuert' wird.

---

[21] Auf das ‚wechselseitige Hochrüsten', d. h. die gegenseitige Bedingtheit kommerziell intendierter Nutzerintegration, technisch-kommerziell verschränkter Entwicklungstätigkeiten (Rückkopplungen) und alltäglicher Nutzungs- und Umnutzungsweisen durch Konsumenten (Aneignungen) zielt das gegenwärtig laufende Folgeprojekt „Mediatisierung als Geschäftsmodell 2" am Lehrstuhl für Soziologie des Wissens (Projektleitung: Prof. Dr. Michaela Pfadenhauer) im Rahmen des DFG geförderten Schwerpunktprogramms „Mediatisierte Welten". Für nähere Informationen vgl. www.pfadenhauer-soziologie.de oder www.mediatisiertewelten.de.

7 Fazit und Ausblick: Mediatisierung, Wissenswandel und Wechselwirkungsdynamiken

Ausgangspunkt dieses Beitrages war die Feststellung, dass in der aktuellen Mediatisierungsdebatte der Stellenwert technikentwickelnder Unternehmen stark vernachlässigt wird. Mit der vorliegenden Fallstudie zu Aspekten der Entstehung eines konkreten digitalen Mediums wird gezeigt, dass der Blick auf die „Macher" der Medien alltäglicher Lebensgestaltung als eine notwendige Erweiterung der bisher vorherrschenden Aneignungs- und Nutzungsstudien gelten kann. In einer diachronen Perspektive auf Mediatisierung (vgl. Hepp 2012b) wurde anhand des Kerngeschäftes eines Fitness-Unternehmens nachgezeichnet, inwiefern sich digitale Medien als komplexe wissensbasierte Dienste erweisen, die von kommerziell motivierten Betreibern als Reaktion auf die ökonomisch relevante Pluralisierung bereichsspezifischen Wissens bzw. auf die Entwertung kanonischer Wissensbestände mit einem bestimmten Design und einer spezifischen technologischen Architektur in die Welt gebracht werden. Anderseits sind auch kommerziell orientierte Unternehmen, wie im vorliegenden Fall, eine Ausprägung der gegenwartsymptomatischen „multiple centers of expertise" (Jasanoff 1990, S. 76, zitiert nach Willke 1998), die mit den beschriebenen Mediatisierungsmaßnahmen ihrerseits die Pluralisierung bereichsspezifischen Wissens vorantreiben. Unternehmen erweisen sich damit sowohl als Treiber als auch Getriebene des markierten „Wissenswandels".

Gegenwartsdiagnostisch interpretiert zeigt sich an den vorgelegten Einblicken, wie sich Unternehmen der so bezeichneten „knowledge economy" gegen eine typische Unsicherheit wappnen: Insbesondere besteht diese Unsicherheit darin, welches angebotene (Anleitungs- und Beratungs-)Wissen gerade als anerkannt gelten kann – d. h. hier, welche Trainingsmethoden und -ansätze derzeit als legitim und wirkungsvoll verstanden werden (können). Medientechnologien sind dabei gleichzeitig die materiale Basis der angebotenen Produkte (Websites, Plattformen, Applications usw.) *und* die Instrumente zur Lösung dieses ‚Verfallsproblems' (vgl. die beschriebene Nutzerbeobachtung).[22] Deshalb soll auch der Überalterung des in die Medientechnik eingeschriebenen Know-hows durch eine ständige Erneuerung bzw. Anpassung begegnet werden. Die Herausbildung einer für die permanente Weiterentwicklung medientechnologischer Systeme geeigneten Or-

---

[22] So verwundert es auch nicht, dass die agilen Methoden, die sich in verschiedene Branchen hinein ausgebreitet haben, ursprünglich als eine Reaktion der Entwicklungsbranche auf die „anhaltende Softwarekrise" entstanden sind. Und es ist durchaus nachvollziehbar, wenn damit gar von einem „practice turn" im Bereich der Entwicklungstätigkeiten die Rede ist (Schmidt 2012, S. 157).

ganisation ist dabei nicht nur ein, vielleicht gar *der*, gegenwärtige Versuch einer Antwort von Unternehmen auf den, unter dem Etikett der Wissensgesellschaft subsumierten, weiteren „Wissenswandel":

> In der Wirtschaft der Wissensgesellschaft entsteht Wertschöpfung in hohem Maße durch die Anfertigung von Gerät verschiedenster Art, das der Kodifizierung, Verkörperung, Vermittlung oder Aufnahme von Wissen oder Information dient. [...] Das in Gütern verkörperte Wissen ist der wichtigste Wertfaktor; Wertverlust tritt durch Wissensveralterung ein. (Prisching 2004, S. 328).

Waren es einst die „New Journalists", die für die an Massenmedien erörterte Medienlogik-These in Stellung gebracht wurden, da sie Inhalte (z. B. Nachrichten, Shows usw.) nach explizitem und vor allem implizitem Routinewissen bearbeiten und da deren typische Vorgehens- bzw. Arbeitsweisen sich als „autonomous profession" (Hjarvard 2008, S. 119) in verschiedene Handlungsfelder hinein verbreiten, geht es im hier dargestellten Entwicklungszusammenhang zunehmend um das Wissen und Nicht-Wissen derjenigen professionellen Akteure, die Funktionen von Medien konzipieren, gestalten, ihre Inanspruchnahme für inhaltliche und technische Erweiterungen nutzen und sich in der Konsequenz selbst in permanente Anpassungs- bzw. Revisionszwänge begeben. Die Bewältigung des selbstgeschaffenen Unruhezustandes ist hier nachgerade an der Tagesordnung.

Literatur

Altheide, David L., Robert P. Snow. 1979. *Media Logic*. Beverly Hills/London: Sage Publications.
Altheide, David L., Robert P. Snow. 1988. Toward a Theory of Mediation. In *Communication Yearbook*, 11, Hrsg. James A. Anderson, 194–223. Newbury Park, CA: Sage.
Altheide, David L., Robert P. Snow. 1991. *Media Worlds in the Postjournalism Era*. New York: de Gruyter.
Altmeppen, Klaus-Dieter. 2008. Ökonomisierung der Medienunternehmen: Gesellschaftlicher Trend und sektorspezifischer Sonderfall. In *Gesellschaft der Unternehmen – Unternehmen der Gesellschaft*, Hrsg. Andrea Maurer, Uwe Schimank, 237–251. Wiesbaden: VS.
Anderson, Chris. 2009. *Free – Kostenlos – Geschäftsmodelle für die Herausforderung des Internets*. Frankfurt a. M.: Campus.
Beck, Ulrich. 1996. Wissen oder Nicht-Wissen? Zwei Perspektiven „reflexiver Modernisierung". In *Reflexive Modernisierung. Eine Kontroverse*, Hrsg. Ulrich Beck, Anthony Giddens, Scott Lash, 289–315. Frankfurt a. M.: Suhrkamp.
Bieber, Daniel, Gerd Möll. 1993. *Technikentwicklung und Unternehmensorganisation.: Zur Rationalisierung von Innovationsprozessen in der Elektroindustrie*. Frankfurt a. M/New York: Campus.
Cardoso, Gustavo, Araújo, Vera. Out of Information and into Communication. Networked Communication and Internet Usage. In: International Research Programme

'Lisbon Internet and Networks', Working Paper No. 5, 1–24. http://www.liniresearch.org/np4/?newsId=11&fileName=GCARDOSO_VARAUJO_LINI_WP5.pdf. Zugegriffen: 10. Okt. 2012.

Carroll, Jennie, Steve Howard, Frank Vetere, Jane Peck, John Murphy. 2001. Identity, Power and Fragmentation in Cyberspace: Technology Appropriation by yYoung People. Working Paper 01/2001, Department of Information Systems, University Melbourne.

Carroll, Jennie, Frank Fidock. 2011. Beyond Resistance to Technology Appropriation. In: Proceedings of the 44th Hawaii International Conference on System Sciences.

Castells, Manuel. 2010. The Rise of the Network Society. Malden, USA: Wiley-Blackwell.

Chesbrough, Henry W. 2006. *Open Business Models: How to thrive in the new Innovation Landscape*. Boston: Harvard Business School Press.

Couldry, Nick. 2003. *Media Rituals: A Critical Approach*. London: Routledge.

Daumann, Frank, Robin Heinze, Benedikt Römmelt, Hrsg. 2012. Strategisches Management für Fitnessstudios. *Sport und Management*, 3(3) 2012. Hof: Sciamus.

Dix, Alan. (2007):. Designing for Appropriation. In: Proceedings of the 21st British Computer Society HCI Group Conference, S. 27–30.

Dohle, Marco, Gerhard Vowe, Christian Wodtke. 2009. 2 Millimeter Unterschied. Eine Inhaltsanalyse von Reglämderungen zur Überprüfung von Mediatisierungstendenzen im Sport. In *Sport und Medien. Aktuelle Befunde mit Blick auf die Schweiz*, Hrsg. Daniel Beck, Steffen Kolb, 159–178. Zürich: Rüegger Verlag.

Dolata, Ulrich. 2011. Soziotechnischer Wandel als graduelle Transformation. *Berliner Journal für Soziologie*, 21(2), S. 265–294.

Freeman, Chris. 1994. The Economics of Ttechnical Change. *Cambridge Journal of Economics*, 18(5), S. 463–514.

Funken, Christiane, Alexander Stoll, Sinje Hörlin. 2011. *Karriere als Inszenierung. Paradoxien und Geschlechterfallen in der Wissensökonomie*. Wiesbaden: VS.

Gibson, James J. 1977. The Theory of Affordances. In *Perceiving, Acting and Knowing. Toward an Ecological Psychology*, Hrsg. Robert Shaw, John Bransford, 67–82. New York: Wiley.

Giddens, Anthony. 1995. *Konsequenzen der Moderne*. Frankfurt a. M.: Suhrkamp.

Grenz, Tilo, Paul Eisewicht. 2009. Die Alltagswirklichkeiten von Technik. Technikbezogene Aneignungskulturen als Orte der Technikverwendung und -entwicklung. Working Paper am Lehrstuhl für Soziologie des Wissens, Karlsruher Institut für Technologie.

Grenz, Tilo, Michaela Pfadenhauer. 2011. Knockout. Das Risiko urbaner Marketing-Events unter Mediatisierungsbedingungen am Beispiel Boxen. In *Urbane Events*, Hrsg. Gregor Betz, Ronald Hitzler, Michaela Pfadenhauer, 187–200. Wiesbaden: VS.

Grenz, Tilo, Michaela Pfadenhauer. 2012. Kundenintegration vs. Kundenpartizipation. Wertschöpfungskonzepte mediatisierter Geschäftsmodelle.3sResearch. *Sozialwissenschaftliche Dienstleistungsforschung. Elektronischer Tagungsband*, München Hrsg. Wolfgang Dunkel, Bernd Bienzeisler Hrsg. 3sResearch. Sozialwissenschaftliche Dienstleistungsforschung. Elektronischer Tagungsband, München, S. 1–15.

Haddon, Leslie. 1988. The Home Computer: The Making of a Consumer Electronic.*Science as Culture*, 1(2), S. 7–71.

Hamann, Götz, Marcus Rohwetter. 2012. Vier Sheriffs zensieren die Welt. Wie Apple, Facebook, Amazon und Google dem Internet ihre Gesetze aufzwingen. http://www.zeit.de/2012/32/Zensur-Apple-Facebook-Amazon-Google. Zugegriffen: 15. Okt. 2012.

Hasebrink, Uwe, Hanna Domeyer. 2006. Media Repertoires as a Result of Selective Media Use. A Conceptual Approach to the Analysis of Patterns of Exposure.*Communications*, 31(2), S. 369–387.

Hepp, Andreas. 2009. Differentiation: Mediatization and Cultural Change. In *Mediatization. Concepts, Changes, Consequences*, Hrsg. Knut Lundby, 139–157. New York: Peter Lang.

Hepp, Andreas. 2010. Mediatisierung und Kulturwandel: Kulturelle Kontextfelder und die Prägkräfte der Medien. In *Die Mediatisierung der Alltagswelt*, Hrsg. Andreas Hepp, Maren Hartmann, 65–84. Wiesbaden: VS.

Hepp, Andreas 2011a. Mediatization, Media Technologies and the 'Moulding Forces' of the Media. Manuskript des Vortrags auf der Philosophy of Communication Division for the Annual International Communication Association Conference in Boston, 26–30. Mai 2011.

Hepp, Andreas. 2011b. *Medienkultur. Die Kultur mediatisierter Welten*. Wiesbaden: VS.

Hepp, Andreas. 2012a. Die kommunikativen Figurationen mediatisierter Welten: Zur Mediatisierung der kommunikativen Konstruktion von Wirklichkeit. In *Kommunikativer Konstruktivismus. Theoretische und empirische Arbeiten zu einem neuen wissenssoziologischen Ansatz*, Hrsg. Reiner Keller, Hubert Knoblauch, Jo Reichertz, 97–120. Wiesbaden: Springer VS.

Hepp, Andreas 2012b. Cultures of Mediatization: Culture and Communication in 'Mediatized Worlds'. Keynote auf der Konferenz "Culture, Communication and Creativity", 5-7.09.2012, Wissenschaftszentrum Berlin.

Hepp, Andreas, Matthias Berg, Cindy Roitsch. 2012. Die Mediatisierung subjektiver Vergemeinschaftungshorizonte: Zur kommunikativen Vernetzung und medienvermittelten Gemeinschaftsbildung junger Menschen. In *Mediatisierte Welten. Forschungsfelder und Beschreibungsansätze*, Hrsg. Friedrich Krotz, Andreas Hepp, 227–256. Wiesbaden: Springer VS.

Hepp, Andreas, Friedrich Krotz. 2012. Mediatisierte Welten: Forschungsfelder und Beschreibungsansätze – Zur Einleitung. In *Mediatisierte Welten. Forschungsfelder und Beschreibungsansätze*, Hrsg. Friedrich Krotz, Andreas Hepp, 7–23. Wiesbaden: Springer VS.

Hitzler, Ronald. 1994. Der gemeine Machiavellismus. Beiträge zu einer Soziologie politischen Handelns. Habilitationsschrift im Fachbereich Philosophie und Sozialwissenschaften I der Freien Universität Berlin.

von Hippel, Eric. 2009. Democratizing Innovation: The Evolving Phenomenon of User Innovation.*International Journal of Innovation Science*, 1(1), S. 29–40.

Hjarvard, Stig. 2004. From Bricks to Bytes. The Mediatization of a Global Toy Industry. In *European Culture and The Media. Changing Media, Changing Europe*, Hrsg. Ib Bondebjerg, Peter Golding, European Culture and The Media. Changing Media, Changing Europe, S. 43–63.

Hjarvard, Stig. 2008. The Mediatization of Society. A Theory of the Media as Agents of Social and Cultural Change. *Nordicom Review*, 29(2), S. 105–134.

Hjarvard, Stig.2012. Doing the Right Thing. Media and Communication Studies in a Mediatized World. *Nordicom Review*, 33(1), S. 27–34.

Hjarvard, Stig. 2013. Mediatization and New Media – Structuring Resources for Agency. Vortrag auf dem internationalen Workshop der "ECREA Temporary Working Group Mediatization" am 15.03.2013 in Kopenhagen.

Hogan, Bernie, Anabel Quan-Haase. 2010. Persistence and Change in Social Media.*Bulletin of Science, Technology & Society*, 30(5), S. 309–315.

Holtgrewe, Ursula. 2005. Kunden und Dienstleistungsorganisation – Ein Blick in die organisationssoziologische Werkzeugkiste. In *Der Kunde in der Dienstleistungsbeziehung*, Hrsg. Heike Jacobsen, Stephan Voswinkel, 37–56. Wiesbaden: VS.

Hughes, Jerald, Karl Lang. 2006. Transmutability: Digital Decontextualization, Manipulation, and Recontextualization as a New Source of Value in the Production and Consumption of Cultural Products. Proceedings of the 44th Hawaii International Conference on System Sciences.

Jasanoff, Sheila. 1990. American Exceptionalism and the Political Acknowledgment of Risk. Daedalus. Proceedings of the American Academy of Arts and Sciences, 119(4), S. 61–82.

Jenkins, Henry. 2008. Gibson's „Affordances": Evolution of a Pivotal Concept.: *Journal of Scientific Psychology*, 12/2008, S. 34–45.

Knoblauch, Hubert. 1995. *Kommunikationskultur: Die kommunikative Konstruktion kultureller Kontexte*. Berlin: De Gruyter.

Knoblauch, Hubert. 2011. Communication Culture, Communicative Action and Mediatization. Unveröffentlichtes Manuskript der Keynote auf der Eröffnungstagung des Schwerpunktprogramms ‚Mediatized Worlds: Culture and Society in a Media Age' (SPP 1505) der Deutschen Forschungsgemeinschaft, 14.04.2011 Bremen.

Knoblauch, Hubert. 2013. Grundbegriffe und Aufgaben des kommunikativen Konstruktivismus. In *Kommunikativer Konstruktivismus. Theoretische und empirische Arbeiten zu einem neuen wissenssoziologischen Ansatz*, Hrsg. Reiner Keller, Hubert Knoblauch, Jo Reichertz, 9–47. Wiesbaden: VS.

Krause, Johannes. 2011. Mediennutzung als Ausdruck schönheitsrelevanten Handelns und schönheitsrelevantes Handeln als Ausdruck der Mediennutzung. Zusammenhänge zwischen den Lesern der Fit for Fun und sportlicher Aktivität.*MLFZ-Reihe Medientrends und sozialer Wandel*, 03/2011.

Krotz, Friedrich. 2006. Konnektivität der Medien: Konzepte, Bedingungen und Konsequenzen. In *Konnektivität, Netzwerk und Fluss. Konzepte gegenwärtiger Medien-, Kommunikations- und Kulturtheorie*, Hrsg. Andreas Hepp, Friedrich Krotz, Shaun Moores, Carsten Winter, 21–42. Wiesbaden: VS.

Krotz, Friedrich. 2007. *Mediatisierung. Fallstudien zum Wandel von Kommunikation*. Wiesbaden: VS.

Krotz, Friedrich. 2009. Mediatization: A Concept with which to grasp Media and Societal Change. In *Mediatization. Concepts, Changes, Consequences*, Hrsg. Knut Lundby New York: Peter Lang.

Laaf, Meike. 2012. Die Körperkontrolleure kommen. Die Vermessung der eigenen Biodaten. http://www.taz.de/!86056/.Zugegriffen: 01. August 2013.

Latour, Bruno. 2009. Ein vorsichtiger Prometheus? Einige Schritte hin zu einer Philosophie des Designs, unter besonderer Berücksichtigung von Peter Sloterdijk. In *Die Vermessung des Ungeheuren. Philosophie nach Peter Sloterdijk*, Hrsg. Marc Jongen, Sjoerd van Tuinen, Koenraad Hemelsoet, 357–374. München: Wilhelm Fink.

von Loewenfeld, Fabian. 2006. *Brand Communities. Erfolgsfaktoren und ökonomische Relevanz von Markengemeinschaften*. Wiesbaden: DUV.

Lundby, Knut. 2008. Introduction: ‚Mediatization' as Key. In *Mediatization. Concept, Changes, Consequences*, Hrsg. Ders., 1–18. New York: Peter Lang.

Mackay, Hughie, Gareth Gillespie.1992. Extending the Social Shaping of Technology Approach: Ideology and Appropriation.*Social Studies of Science*, 22(4), S. 685–716.

MacKenzie, Donald, Judy Wajcman. Hrsg. 1985. *The Social Shaping of Technology. How the Refrigerator got its Hum*. Milton Keynes, Philadelphia: Open University Press.

Mazzoleni, Gianpietro, Winfried Schulz. 1999. 'Mediatization' of Politics: A Challenge for Democracy? *Political Communication*, 16(3), S. 247–261.
Mazzoleni, Gianpietro. 2008. Mediatization of Society. In *The International Encyclopaedia of Communication*, Hrsg. Wolfgang Donsbach, 3052–3055. Malden, MA: Blackwell.
Meyrowitz, Joshua. 1985. *No Sense Of Place*. The Impact of Electronic Media on Social Behavior. New York/Oxford: Oxford University Press.
Möll, Gerd. 2003. Sich die Probleme des Kunden zu Eigen machen – Kundenorientierung, Wissen und Subjektivität in den neuen Beziehungen zwischen Industrie und Handel. In *E-Procurement und Arbeitshandeln*, Hrsg. Klaus Schönberger, Stefanie Springer. http://elib.uni-stuttgart.de/opus/volltexte/2003/1593/pdf/ab242.pdf, S. 44–62. Zugegriffen: 05.11 Nov. 2012.
Morley, David, Roger Silverstone. 1990. Domestic Communication: Technologies and Meanings.*Media, Culture & Society*, 12(1), S. 31–55.
Norman, Donald A. 1988. *Dinge des Alltags*. Frankfurt a. M.: Campus Verlag.
O'Reilly, Tim. 2005. What is Web 2.0? Design Patterns and Business Models for the Next Generation of Software. http://www.oreilly.de/artikel/web20.html, Zugegriffen: 09.01 Jan. 2012.
Oakes, Guy. 1992. Image and Reality in Media Worlds.*International Journal of Politics, Culture, and Society*, 5(3), S. 439–463.
Perry, Bruce W. 2012. Fitness for Geeks. Real Science, Great Nutrition, and Good Health. Sebastopol: O'Reilly Media.
Pinch, Trevor J., Wiebe E. Bijker. 1984. The Social Construction of Facts and Artifacts: Or how the Sociology of Science and the Sociology of Technology might benefit each other. In *The Social Construction of Technological Systems. New Directions in the Sociology and History of Technology*, Hrsg. Wiebe E. Bijker, Thomas P. Hughes, Trevor J. Pinch. Cambridge: MIT Press.
Pfadenhauer, Michaela. 2006. Crisis or Decline?: Problems of Legitimation and Loss of Trust in Modern Professionalism.*Current Sociology*, 54(4), S. 565–578.
Pfadenhauer, Michaela. 2010. Netzwerke produktbezogenen Sonderwissens: Markengemeinschaften vs. Aneignungskulturen. In *Transnationale Vergesellschaftungen. Verhandlungen des 35. Kongresses der Deutschen Gesellschaft für Soziologie in Frankfurt 2010*, Hrsg. Klaus Lichtblau. Wiesbaden: VS.
Pfadenhauer, Michaela, Tilo Grenz. 2012a. Mediatisierte Fitness? Über die Entstehung eines Geschäftsmodells. In *Mediatisierte Welten: Beschreibungsansätze und Forschungsfelder*, Hrsg. Friedrich Krotz, Andreas Hepp, 87–109. Wiesbaden: Springer VS.
Pfadenhauer, Michaela, Tilo Grenz. 2012b. Anzeichen einer neuen Partizipationskultur? Zur Konsumentenrolle in mediatisierten Geschäftsmodellen. *merzWissenschaft, Themenheft 'Medienhandeln in globalisierten und multilokalen Lebenswelten'*, 56(6), S. 17–32.
Pfadenhauer, Michaela, Tilo Grenz. 2013. Strategische Mediatisierung und deren nichtintendierte Konsequenzen. In *(2013): Vielfalt und Zusammenhalt. Verhandlungen des 36. Kongresses der Deutschen Gesellschaft für Soziologie in Jena*, Hrsg. Martina Löw. Wiesbaden: VS (im Erscheinen).
Prisching, Manfred. 2004. Was ist das Neue an der Wissensgesellschaft? In *Jahrbuch Normative und institutionelle Grundfragen der Ökonomik, Bd. 3: Ökonomik des Wissens*, Hrsg. Martin Held, Gisela Kubon-Gilke, Richard Sturm, 309–335. Marburg: Metropolis Verlag.
Rammert, Werner. 2007. Die Techniken der Gesellschaft: in Aktion, in Interaktivität und in hybriden Konstellationen. In Technical University Technology Studies. Working Paper (4) 2007.

Sarcinelli, Ulrich. 1998. Mediatisierung. In *Politische Kommunikation in der demokratischen Gesellschaft. Ein Handbuch mit Lexikontei*, Hrsg. Ottfried Jarren, Ulrich Sarcinelli,Ulrich Saxer, S. 678-679. Wiesbaden/Opladen: Westdeutscher Verlag, S. 678-679.

Schäfer, Tobias Mirko. 2009. Participation inside? User Activities between Design and Appropriation. In *Digital Material. Tracing New Media in Everyday Life and Technology*, Hrsg. Marianne van den Boomen, Sybille Lammes, Ann-Sophie Lehmann, Joost Raessens, Tobias Mirko Schäfer, 147-158. Amsterdam: Amsterdam University Press.

Schmidt, Robert. 2012. *Soziologie der Praktiken*. Frankfurt a. M.: Suhrkamp.

Schütz, Alfred, Thomas Luckmann. 1979. *Strukturen der Lebenswelt*. Bd. 1. Frankfurt a. M.: Suhrkamp.

Schütz, Alfred, Thomas Luckmann. 1984. *Strukturen der Lebenswelt*. Bd. 2. Frankfurt a. M.: Suhrkamp.

Schützeichel, Rainer. 2007. Laien, Experten, Professionen. In *Handbuch Wissenssoziologie und Wissensforschung*, Hrsg. Ders., 546-578. Konstanz: UVK.

Schulz, Winfried. 2004. Reconstructing Mediatization as an Analytical Concept. *European Journal of Communication*, 19(1), S. 87-101.

Silverstone, Roger. 2005. The Sociology of Mediation and Communication. In *The Sage Handbook of Sociology*, Hrsg. Craig Calhoun, Chris Rojek, Bryan Turner, 188-207. London u. a.: Sage.

Silverstone, Roger, Leslie Haddon. 1996. Design and the Domestication of ICTs: Technical Change and Everyday Life. In *Communication by Design. The Politics of Information and Communication Technologies*, Hrsg. Roger Silverstone, Robin Mansell, 44-74. Oxford: Oxford University Press.

Srubar, Ilja. 1988. *Die Genese der pragmatischen Lebenswelttheorie von Alfred Schütz und ihr anthropologischer Hintergrund*. Frankfurt a. M.: Suhrkamp.

Strauss, Anselm. 1978. A Social World Perspective. Studies in Symbolic Interactionism, 1(1), S. 119-128.

Suchman, Lucy. 1987. *Plans and Situated Action*. Cambridge: Cambridge University Press.

Van Loon, Jost. 2010. Networked Being: Transactions in On-Line Gaming Communities. *Parallax*, 16(1), S. 19-27.

Vowe, Gerhard. 2006. Mediatisierung der Politik? Ein theoretischer Ansatz auf dem Prüfstand. *Publizistik*, 51(4), S. 437-455.

Wathieu, Luc, Lyle Brenner, Ziv Carmon, Amitava Chattopadhyay, Klaus Wetenbroch, Aimee Drolet, John Gourville, A. V. Muthukrishnan, Nathan Novemsky, Rebecca K. Ratner, George Wu. 2002. Consumer Control and Empowerment: A Primer. *Marketing Letters*, 13(3), S. 297-305.

Wehner, Josef, Jan-Hendrik Passoth, Tilmann Sutter. 2012. Gesellschaft im Spiegel der Zahlen – Die Rolle der Medien. In *Mediatisierte Welten: Beschreibungsansätze und Forschungsfelder*, Hrsg. Friedrich Krotz, Andreas Hepp, 59-85. Wiesbaden: VS.

Weinberg, Tamar. 2010. *Social Media Marketing. Strategien für Twitter, Facebook & Co.* Köln: O'Reilly.

Wieser, Matthias, Jan-Hendrik Passoth. 2012. Medien als soziotechnische Arrangements. Zur Verbindung von Medien- und Technikforschung. In *Vernetzung als soziales und technisches Paradigma*, Hrsg. Haio Greif, Matthias Werner, 101-121. Wiesbaden: VS.

Willke, Helmut. 1998. Organisierte Wissensarbeit. *Zeitschrift für Soziologie*, 27(3), S. 161-177.

Zillien, Nicole. 2008. Die (Wieder-)Entdeckung der Medien. Das Affordanzkonzept in der Mediensoziologie. *Sociologica Internationalis*, 46(2), S. 161-181.

Wilz, Sylvia M. 2010. *Entscheidungsprozesse in Organisationen. Eine Einführung*. Wiesbaden: VS.

„Auf die Erzählung kommt es an..."

Mediale Prä- und Rekonstruktion von Events

Gregor Betz

Events – „aus dem Alltag herausgehobene, raum-zeitlich verdichtete, interaktive Performance-Ereignisse" – versprechen ihren Besuchern ein totales Erlebnis, das „unterschiedlichste Erlebnisinhalte und Erlebnisformen zu einem nach ästhetischen Kriterien konstruierten Ganzen zusammenbindet" (Gebhard et al. 2000, S. 10 ff.). Das erfolgreiche Organisieren eines Events impliziert vielfältige Aufgaben (vgl. Pfadenhauer 2008; Hitzler et al. 2013). Die technischen Voraussetzungen, wie etwa ein Veranstaltungsort, eine Bühne oder die Versorgung mit Strom müssen gewährleistet werden, das notwendige Personal, etwa für Einlass, die Sicherheit oder die Verpflegung, muss zur Verfügung stehen, die den Inhalt des Events tragenden Personen wie etwa Künstler, Musiker oder Schauspieler müssen nicht nur verpflichtet werden, sondern auch die wie auch immer geprägten Inhalte gestaltet und in eine präsentierbare Form und Reihenfolge gebracht werden. Zudem muss eine kritische Masse an Besuchern mobilisiert werden, damit ein Gefühl des gemeinschaftlichen Erlebens überhaupt möglich wird – schließlich tritt das erwünschte und versprochene „besondere Erlebnis" (Hitzler 2011, S. 12) mit allen Sinnen nicht ein, wenn sich lediglich einige verlorene Besuchergrüppchen auf dem Eventgelände bewegen. Ferner werden Events in den allermeisten Fällen mit über das Event hinausgehenden Zwecken verknüpft: Der Weltjugendtag der katholischen Kirche etwa soll eine „erlebnishafte Begegnung des Menschen mit der heiligen Wirklichkeit" (Ebertz 2000, S. 356) ermöglichen, mit dem Erlebnis in der Autostadt Wolfsburg soll eine emotionale Bindung mit der Marke Volkswagen erzeugt (Holzhauser 2011) und mit ‚Urbanen Events' sollen Städte als attraktive und aufregende Lebensorte inszeniert werden (vgl. Häußermann und Siebel 1993; Prisching 2011; Betz et al. 2011).

G. Betz (✉)
TU Dortmund, Lehrstuhl für Allgemeine Soziologie,
44221 Dortmund, Deutschland
E-Mail: gregor.betz@fk12.tu-dortmund.de

Das erfolgreiche Organisieren eines Events ist stets eingebettet in einen mehrstufigen, komplexen, dialektischen Konstruktionsprozess, bei dem die Event-Macher in einem komplexen Handlungsgeflecht und Abhängigkeitsverhältnis mit zahlreichen anderen Akteuren agieren müssen. Die technischen, personellen und inhaltlichen Voraussetzungen zu schaffen, ist dabei in der Regel eine zwar mit erheblichem Aufwand verbundene Aufgabe des Organisierens, Koordinierens und Abwägens von Risiken, die – ausreichende finanzielle Mittel, genügend Zeit und Know-how vorausgesetzt –, mit einer gewissen Wahrscheinlichkeit lösbar ist. Ob hingegen – auf diesen Voraussetzungen aufbauend – tatsächlich Besucher mobilisiert werden und zudem die ohnehin schwer messbaren und oftmals schwammig formulierten übergeordneten Ziele erreicht werden, ist damit noch nicht garantiert. Potenzielle Besucher durch erzeugte Erwartungen tatsächlich zum Event zu locken („Präkonstruktion") sowie das Geschehen in Relation zu diesen Erwartungen rückblickend zu deuten, werten, er- und verklären („Rekonstruktion"; vgl. auch Hitzler 2011, S. 16 f.), ist ein in hohem Grad mediatisierter und durch Medienakteure geprägter Prozess (vgl. zur Mediatisierung etwa Hepp und Hartmann 2010; Hepp 2011; Hepp und Krotz 2012; Krotz 2007; zur Bedeutung medialer Inszenierung beim Weltjugendtag 2005 in Köln vgl. Hepp und Krönert 2009). Medial vermittelt werden im Vorhinein Erwartungen an Events geweckt („Erlebnispräfiguration"; Hepp und Krönert 2009), die Events selbst sind medial durchdrungen und ermöglichen oftmals und in zunehmendem Maße eine kommunikative Partizipation an medialen Diskursen, Medien begleiten Events durch ihre Berichterstattung und tragen durch rückblickende Nachberichterstattung zur Rekonstruktion und Verklärung von Events bei. Somit fördern sie maßgeblich die notwendige öffentliche Aufmerksamkeit (vgl. Franck 1998; Prisching 2011) für das Event und dienen als ein zentrales Kommunikationsorgan zum Erreichen der übergeordneten Ziele. Für die am Organisieren des Events beteiligten Akteure ist damit (mit-)entscheidend, den medial geprägten Prozess der Re- und Präkonstruktion anzustoßen und von Beginn an im eigenen Sinne zu prägen. Im Folgenden wird dies anhand des Fallbeispiels „Kulturhauptstadt Europas RUHR.2010" analysiert und dabei insbesondere die mediale Inszenierung der Kulturhauptstadt durch die umsetzende Institution ‚RUHR.2010 GmbH' betrachtet.

1 Die Kulturhauptstadt – Eindrücke

Am 18.Dzember 2010 lud die RUHR.2010 GmbH zum „Großen Finale": Die Kulturhauptstadt Europas RUHR.2010– das mit 300 Projekten und über 5500 Einzelveranstaltungen wohl komplexeste Kulturereignis der jüngeren deutschen

"Auf die Erzählung kommt es an ..."

Abb. 1 RUHR.2010– Das Finale: Show auf dem Nordsternplatz der Zeche Nordstern in Gelsenkirchen. Regie: Gil Mehmert. (Foto: RUHR.2010/Manfred Vollmer)

Geschichte – sollte mit einer großen Show zu Ende gehen. Die Kulturhauptstadt-Macher wählten als Veranstaltungsort für diesen Anlass das Hauptgebäude der Zeche Nordstern in Gelsenkirchen, welches sie mit Hilfe von Videoleinwänden als Schaufelraddampfer „Ruhrtopia" ‚verkleideten' (vgl. Abb. 1). Während der mit vielen Licht-, Feuer- und Nebeleffekten inszenierten Show spielten etwa 20 Schauspieler und Tänzer auf dem Dach des Gebäudes – also ‚an Deck' – Szenen des Kulturhauptstadt-Jahres nach. Wie ein Segel aufgespannt hing über den Schauspielern eine große LED-Leinwand, auf der neben Live-Schaltungen zu den weiteren Finalfesten in Duisburg, Essen und Dortmund ein Videozusammenschnitt der Kulturhauptstadt-Projekte gezeigt und so Eindrücke des Jahres im Zeitraffer präsentiert wurden. Emotionaler Höhepunkt waren persönliche Statements von sogenannten ‚Volunteers', die als ‚Stimmen von Menschen des Ruhrgebiets' über ihre Einsätze und Eindrücke als ehrenamtliche Helfer der Kulturhauptstadt berichteten und ihre Wünsche für die Zukunft der Region äußerten.

Doch den etwa 2.500 zahlenden und 1.500 geladenen, allesamt frierenden Gästen war schnell klar, dass sie zwar Zeugen einer durchaus spektakulären Kulisse waren, dass sie jedoch nicht die eigentliche Zielgruppe dieses Events darstellten.

Denn die Performance auf dem Dach des sechsstöckigen Gebäudes war viel zu weit entfernt, um vom Publikum verfolgt werden zu können, und die Einblendungen auf der LED-Leinwand waren für den Zuschauer vor Ort wegen der Distanz nur undeutlich zu erkennen. Ausgerichtet war das Abschlussereignis vielmehr auf den in den Wohnzimmern live erreichbaren Fernsehzuschauer sowie die Rezipienten in Zeitungen und im Internet. Für sie wurden spektakuläre Bilder produziert und eine eindrucksvolle Show mit Lichtinstallation, Tanz- und Theaterperformance inszeniert. Die aufregenden Bilder und emotionalen Statements bildeten den Rahmen für einen Rückblick auf die zahlreichen Ereignisse des Jahres.

Der Aufbau des Kulturhauptstadt-Finales war Teil einer durchdachten Kommunikations- und Medienchronologie, die zwar nicht – gewissermaßen einem ‚großen Plan' folgend – zu Beginn entworfen worden war, mit dem sich die Protagonisten der verantwortlichen Umsetzungsorganisation RUHR.2010 GmbH allerdings weitaus intensiver befassten als mit der inhaltlichen Ausgestaltung und der operativen Umsetzung der Projekte. Die Medien und die medial vermittelten Kommunikation standen im Zentrum der Aufmerksamkeit der Kulturhauptstadt-Macher.

Alles begann am 9. Januar 2001, als sich sechs Kulturdezernenten größerer Ruhrgebietsstädte zu einem Redaktionsgespräch anlässlich des avisierten Kulturfestivals Ruhrtriennale in den Räumen der Westdeutschen Allgemeinen Zeitung (WAZ) trafen. Am darauffolgenden Tag lässt sich der erste inszenierte PR-Coup im Rahmen der Kulturhauptstadt auf der Titelseite der Zeitung nachlesen. „Experten: Ruhrgebiet soll sich als Kultur-Hauptstadt bewerben" lautete die Schlagzeile und im Artikel wird der erste Mythos der Kulturhauptstadt gesponnen: Von sechs sich mögenden Dezernenten im harmonischen Gespräch mit spontan-kreativem Geistesblitz, aus dem die Kulturhauptstadt-Initiative geboren worden sei (Platzek 2001).

Es folgte ein über fünf Jahre dauernder, stets auch medienwirksam begleiteter Bewerbungsmarathon (vgl. dazu ausführlich: Betz 2008), bei dem insbesondere die Bildsprache und die optische Aufmachung der Bewerbungsschrift und von Publikationen sowie die öffentliche Auftritte im Mittelpunkt der Aushandlungen standen. Öffentlich inszeniert wurden insbesondere eine Befragung der WAZ sowie zwei Verhüllungen des Gebäudes der damaligen RAG-Zentrale in Essen. Gemäß den Statuten der EU dürfen sich keine Regionen um den Titel der Kulturhauptstadt bewerben, so dass eine Stadt als Bannerträgerin der Region für die Bewerbung des Ruhrgebiets ausgewählt werden musste. Anfang Februar 2004 forderte die WAZ ihre Leserinnen und Leser auf, in einer Telefonaktion darüber zu befinden, ob sie diese Rolle Bochum oder Essen anvertrauen wollten. Über 73.000 Anrufe gingen bei der Telefonhotline ein. Am Ende entschied Essen die Befragung mit einem hauch-

Abb. 2 Verhüllung des Hauptsitzes von Evonik Industries (damals RAG) in der Bewerbungsphase des Ruhrgebiets zur Kulturhauptstadt Europas im Mai 2004. (Foto: RUHR.2010/schacht 2)

dünnen Vorsprung von 346 Stimmen für sich und wurde anschließend auch von offiziellen Gremien nominiert. Am Tag vor der Begehung durch die Landes-Jury wurde dann am 18. Mai 2004 die erste Verhüllungs-Aktion durchgeführt. Unter dem Motto „100.000 Gesichter für das Ruhrgebiet" hatten sich ca. 40.000 Bürger fotografieren lassen, 2.500 dieser Portraits zierten nun das Hochhaus am Essener Hauptbahnhof (vgl. Abb. 2). Knapp zwei Jahre später, kurz vor der Entscheidung der Jury auf EU-Ebene, wurde eine weitere Kampagne lanciert. Die Bürger des Ruhrgebiets wurden dazu animiert, ihren Liebesbrief an die Region zu verfassen. Von den 48.000 Einsendungen ließ sich der Künstler Ottmar Alt zu seinem Bild „I love Ruhrgebiet" inspirieren, das am 15. März 2006 an der RAG-Zentrale enthüllt wurde. Der Bewerbungsprozess mündete schließlich im April 2006 in den Zuschlag für das Ruhrgebiet. Das am Ende sechsköpfige Team des ‚Bewerbungsbüros' bereitete dann die Gründung der RUHR.2010 GmbH vor, die im Dezember 2006 formal erfolgte, trieben in den darauf folgenden Monaten den Organisationsaufbau voran[1].

Im Jahr 2008 wurde auf einer Pressekonferenz mit dem „Buch 1" ein erster Programmentwurf der nach Konkretisierung dürstenden Öffentlichkeit vorge-

---

[1] Auf die im Zuge des Organisationsaufbaus entstehenden vielfältigen Handlungsprobleme kann hier nicht eingegangen werden. Vgl. dazu: Betz und Niederbacher (2011); Möll und Hitzler (2011); Betz (2012) und Hitzler et al. (2013).

stellt. Bis zu diesem Zeitpunkt waren 2.200 Projektanträge gesichtet, bewertet und eine Auswahl von 300 Projekten getroffen und in den Status von offiziellen Projekten erhoben worden. Das „Buch 1" wurde von vielen Seiten wegen seiner ‚schlechten Lesbarkeit' kritisiert. Gemeint waren damit nicht etwa sprachlich-stilistische Schwächen des im perfekten Marketing-Deutsch formulierten 160-Seiten-Konvoluts oder gar eine zu kleine Schrifttype, sondern vielmehr die schiere Fülle an Projekten, die in als ‚verkopft' wahrgenommenen Kategorien einsortiert und kaum priorisiert aufgelistet waren.

Ein Jahr später, im Herbst 2009, erschien dann das schon transparenter aufgebaute und wesentlich konkreter gehaltene „Buch 2". Um die 150 erwarteten Journalisten der Programmbuch-Pressekonferenz, auf die wochenlang die komplette Aufmerksamkeit der Organisierenden gerichtet war, mit einem druckfrischen Exemplar des ‚zweiten Hauptwerkes' ausstatten zu können, waren zur Sicherheit zusätzlich zur Expresslieferung durch ein Logistikunternehmen zwei Mitarbeiter des Nachts mit dem Dienstwagen in die Druckerei nach Koblenz gefahren. Es durfte nichts schief gehen. Alle der über 100 Mitarbeiter wurden angewiesen, zum Zwecke eines eindrucksvollen Raumeindruckes der Pressekonferenz beizuwohnen, sich aber bitte nicht an den für die Pressevertreter vorbehaltenen Häppchen zu bedienen. Als besonderes Ereignis der Pressekonferenz wurde per Videoschaltung live in die Co-Kulturhauptstadt Istanbul geschaltet, wo der auf Dienstreise befindliche Programmdirektor Karl-Heinz Petzinka die Kernelemente seines Programmbereichs vorstellte. Bei der nächsten Geschäftsführerbesprechung der RUHR.2010 GmbH lobte der Pressesprecher die landesweite Berichterstattung, man sei drei Mal in den „Heute-Nachrichten" vorgekommen.

Am 9. Januar 2010 fand schließlich die Eröffnungsfeier der Kulturhauptstadt statt, deren Ausgestaltung den Akteuren der RUHR.2010 GmbH von allen realisierten Projekten am meisten Kopfzerbrechen bereitet hat. In den unzähligen Ideenfindungs- und Planungstreffen, bei denen ständig neue Konzepte vorgeschlagen und verworfen wurden sowie ein Regisseur regelrecht ‚verschlissen' wurde, ging es stets um eine Balance zwischen drei Personengruppen: Gewissermaßen als ‚Nebenkriterium' für ein Eröffnungs-Gesamtkonzept musste der Eindruck vermieden werden, die Kulturhauptstadt-Eröffnung spiele sich ohne Beteiligung der Bevölkerung des Ruhrgebiets ab. Bei den verschiedenen in Erwägung gezogenen Konzepten war dies nicht immer gegeben, so dass am Ende die Variante eines Volksfestes auf dem Gelände des Welterbes Zollverein umgesetzt wurde. Außerdem wurden einige per Los ermittelte ‚normale Bürger' zur offiziellen Eröffnung eingeladen.

Eigentlich ging es aber während der Vorbereitung stets um zwei andere Zielgruppen: Zum einen um die in „VIPs" und „VVIPs" unterteilte Gruppe der Ehrengäste, sorgfältig ausgewählte und gezielt eingeladene sogenannte „Multiplikatoren", zu denen selbstverständlich auch die Journalisten zählten. Der Presse wurde dabei eine Sonderbehandlung zuteil; ihr wurde mit der „Presselounge" ein edel eingerichteter Aufenthalts- und Arbeitsbereich im architektonisch spektakulär anmutenden „SANAA-Gebäude" zur Verfügung gestellt, wohingegen die „VIPs" lediglich in beheizten Zelten untergebracht waren. Vertreter der Projektpartner und die Kulturhauptstadt-Beauftragten – also die die Kulturhauptstadt operativ tragenden Mitarbeiter der Arbeitsebene – wurden hingegen erst nach massiven Beschwerden mit einer Einladung bedacht. Die Gästeliste der offiziellen Eröffnung wurde über Monate hinweg akribisch ausgearbeitet und – im Gegensatz zu vielen anderen Datenbanken der RUHR.2010 GmbH – nahezu täglich aktualisiert.

Ebenso wichtig wie die Ehrengäste waren zudem die Produzenten, Redakteure, Kameraleute und Techniker des ZDFs. Denn es sollten spektakuläre Bilder live in die Welt gesendet werden, die bei einem Millionenpublikum Begeisterung erzeugen sollten. Hochkarätige Mitarbeiter des ZDFs waren bei den unzähligen Vorbereitungssitzungen vertreten, der grobe Rahmen wurde zwischen der kompletten Geschäftsführung der RUHR.2010 GmbH und dem ZDF-Intendanten bei einem Treffen in Mainz persönlich besprochen. Über all dem stand der Selbstanspruch, etwas noch nie vorher Gesehenes darzubieten. Es durfte nichts Konventionelles und Bekanntes gezeigt werden und es sollten natürlich alle bisherigen Kulturhauptstadt-Eröffnungen überboten werden. Das Eröffnungswochenende sollte der ‚große Aufschlag' in der Öffentlichkeit sein – so die oft gewählte Formulierung eines Geschäftsführers –, dessen Schwung sich durch das komplette Jahr ziehen sollte. Und, so muss man festhalten, spektakuläre Bilder sind den Kulturhauptstadt-Machern in der Tat auch gelungen. In die beeindruckende Kulisse der verschneiten Kokerei Zollverein wurde eine Tribüne mit 1.500 Plätzen gebaut, von der aus man die einstündige Show mit viel Tanz, Rhythmus, Musik, Licht, Feuer und emotionalen Bildern betrachten konnte (vgl. Abb. 3). In die Show eingebaut waren die Reden unter anderem des EU-Kommissions-Präsidenten Barroso, des Bundespräsidenten Köhler sowie des NRW-Ministerpräsidenten Rüttgers und der Auftritt von Herbert Grönemeyer, der unter Begleitung der Bochumer Symphoniker das für diesen Anlass eigens komponierte Lied „Komm zur Ruhr" aufführte (vgl. Abb. 3).

Es folgte ein Kulturhauptstadt-Jahr mit einer Reihe von besonders herausgestellten Höhepunkten: Theaterreise „Odyssee Europas", Schachtzeichen, Still-Leben Ruhrschnellweg, Symphonie der Tausend etc. Inhaltlich wurden die stattgefundenen Projekte in der Geschäftsführerbesprechung der RUHR.2010 GmbH selten diskutiert, dafür wurde regelmäßig der Pressespiegel analysiert und die bundesweit erscheinenden Sonderbeilagen von Zeitungen und Sonderhefte namhafter Magazine präsentiert. Nach der Katastrophe bei der Loveparade in Duisburg mit 21 Todesopfern, die zu den 300 Projekten im offiziellen Kulturhauptstadt-Programm

Abb. 3 Schlussbild der Show „Wir sind das Feuer" bei der Eröffnung der Kulturhauptstadt Europas RUHR.2010 auf dem Welterbe Zeche Zollverein beim Festakt am 9.1.2010. (Foto: Manfred Vollmer)

gehörte, war die Bestürzung und persönliche Betroffenheit der Kulturhauptstadt-Macher groß. Sehr schnell kam allerdings die Erkenntnis hinzu, dass die Loveparade-Katastrophe in der öffentlichen Wahrnehmung einen ‚Schatten' auf die Kulturhauptstadt werfen würde. Hierauf reagierend wurde in einer Erklärung die organisatorische Verantwortung zurückgewiesen und die Vergabe des Kulturhauptstadt-Logos an die Loveparade als „ideelle" Unterstützung bezeichnet[2]. Neben dem Wunsch nach schneller Aufklärung sahen die Organisatoren die positive Wahrnehmung der Kulturhauptstadt in der Öffentlichkeit gefährdet.

Die RUHR.2010 GmbH war bemüht, schon während des Kulturhauptstadt-Jahres Bilanz zu ziehen und ihr positives Fazit zu verbreiten. Hierzu diente

---

[2] Im Wortlaut hieß es in der „Erklärung der RUHR.2010 zur Loveparade", die über die Homepage sowie die Presse veröffentlicht wurde: „Die Loveparade trägt das Logo der Kulturhauptstadt. Veranstaltet wurde sie allerdings in Verantwortung der Lopavent in Duisburg. Schon 2007 und 2008 hat diese große Open-Air-Musikparty mehrere hunderttausend Besucher nach Essen und Dortmund gezogen. RUHR.2010 will zeigen, dass die Metropole Ruhr gerade auch für junge Menschen attraktiv ist und hat daher die Loveparade ideell unterstützt."

„Auf die Erzählung kommt es an ..."

insbesondere die halbtägige Halbzeit-Bilanz-Pressekonferenz im festlich hergerichteten Duisburger Mercatorsaal am 28. Juni 2010, bei der das komplette Team der RUHR.2010 GmbH das erste halbe Jahr der Kulturhauptstadt Revue passieren ließ, das Programm des zweiten Halbjahres präsentierte und die Anwesenden anschließend mit einem üppigen Buffet verwöhnte. Der Geschäftsführer Oliver Scheytt wird in der begleitenden Pressemitteilung mit den Worten zitiert:

> Jeden Tag haben wir unsere Besucher auf außergewöhnliche Entdeckungsreisen eingeladen. RUHR.2010 hat damit alle zum Staunen gebracht. Ob hoch anspruchsvolle Angebote wie die Odyssee Europa oder publikumswirksame Mitmachereignisse wie SchachtZeichen – das Ruhrgebiet wird als einzigartiger Kulturraum neu wahrgenommen. Unsere Programmstrategie ist voll aufgegangen.

Auch am Ende der Kulturhauptstadt wurde fleißig Bilanz gezogen. In einem 18 Seiten umfassenden Dokument „Wissenswertes über RUHR.2010" zur Abschlussbilanz-Pressekonferenz im Dezember 2010 wurde die Pressearbeit noch einmal in Zahlen zusammengefasst. Gleich auf der ersten Seite, lange vor der ersten Projekterwähnung, heißt es: „65.000 Medienberichte über RUHR.2010, mit einem Gegenwert von insgesamt 90.303.117 € (nur Print national). 225 Stunden (= neun Tage) (...) TV-Berichte allein über Still-Leben im Fernsehen – in über 200 Ländern! 396 Pressemitteilungen veröffentlicht (in 2010); 698 insgesamt seit 2005. 135 Pressekonferenzen (in 2010)." Einige weitere dort angegebene Zahlen: 30.000 Fans bei Facebook, 11.000 Abonnenten des 14-tägig erscheinenden Newsletters, 4.100 Twitter-Follower.

Im Jahr 2011 waren die Aktivitäten der RUHR.2010 GmbH durchaus noch nicht abgeschlossen. Neben der Schlussrechnung und der Abwicklung der Organisation, der Zuführung von Restmitteln in die ‚Stiftung RUHR.2010' und der Entfristung ausgewählter Projekte und deren Übergabe an die von nun an verantwortliche Ruhrtourismus GmbH und die Kultur Ruhr GmbH wurden noch zahlreiche aufwändig hergestellte Publikationen veröffentlich. Zum einen handelt es sich um mehrere Projektdokumentationen wie etwa die Bildbände „Ein Tag wie noch nie!" (Abb. 4; RUHR.2010 GmbH 2010a) über das Still-Leben Ruhrschnellweg, „SING – Day of Song: Die Dokumentation" (RUHR.2010 GmbH 2010b) über das gleichnamige Gesangsprojekt und „Schachtzeichen: Geschichten. Menschen. Ballone" (Bandelow et al. 2011) über das Projekt der Geschichtskultur, bei dem gelbe Ballone 300 ehemalige Schachtanlagen markierten.

Zum anderen wurden drei Publikationen herausgegeben, die einen Blick auf die Kulturhauptstadt als Ganze richteten. In der so genannten „Programmdokumentation" „Ruhr.2010. Die unmögliche Kulturhauptstadt" wird geschildert, „wie es zu der Kulturhauptstadt Europas gekommen und was daraus geworden ist (...). Alle

Abb. 4 Buchcover vom Still-Leben-Bildband „Ein Tag wie noch nie!"

Projekte, Informationen und Entwicklungen auf 240 Seiten inklusive zwei DVDs RUHR.2010-TV mit Hintergrundberichten und Interviews" (RUHR.2010 GmbH 2011: Klappentext). Die so genannte „Markendokumentation" „Ruhr. Vom Mythos zur Marke" dokumentiert ausführlich und mit viel Text auf knapp 180 Seiten die Marketing- und PR-Arbeit der RUHR.2010 GmbH. „RUHR.2010 hat", so heißt es im Vorwort, „mit seinem Programm eine große Geschichte des Wandels erzählt. Ihr roter Faden lautet: Das Ruhrgebiet ist zu einer europäischen Kulturmetropole geworden" (Frohne et al. 2011, S. 5). Drittens hat das Zentrum für Kulturforschung im Auftrag der RUHR.2010 GmbH den Evaluationsbericht „Mit Kultur zur Metropole?" veröffentlicht (Zentrum für Kulturforschung 2011).

2 Prä- und Rekonstruktion der Kulturhauptstadt

Die Konstruktion eines Events geschieht stets in einem mehrstufigen, komplexen Prozess, der sich analytisch als „Trajekt" betrachten lässt (vgl. Soeffner 1991), d. h. als ein auf ein bestimmtes Ereignis hin gerichtetes situationsübergreifendes Erzeugnis, in welches die einzelnen Akteure mit unterschiedlichen Positionen, Plänen, Aufgabenstellungen (in unterschiedlichen Arenen agierend) durch ihre Handlungen problemlösungsorientiert eingebunden sind. Die Trajekt-Struktur eines Events lässt sich nach Hitzler (2011, S. 15 ff.) grob in drei – in sich wiederum mehrfach ausdifferenzierte – (Haupt-)Phasen unterteilen. Zunächst erfolgt die (intentionale) Produktion der Voraussetzungen, also insbesondere die Planung, Finanzierung und das Management *im Vorhinein*. Es folgt die Konstruktion des Ereignisses *im Vollzug* als verwickelte „Dialektik des Miteinander-Machens [...] aller Beteiligten" (Hitzler 2011, S. 16) und abschließend die (attentionale) Rekonstruktion, Integration, Sinnsetzung und Verklärung derartiger Ereignisse *im Rückblick*.

Die Kulturhauptstadt-Organisierenden beschäftigten sich auch mit der technischen, personellen und inhaltlichen Realisierung des Großereignisses. Das Hauptaugenmerk war allerdings bereits Jahre vor dem eigentlichen Ereignis darauf gelegt, Erwartungen an das Kulturhauptstadt-Jahr zu wecken. Durch die öffentlichkeitswirksamen Verhüllungen des damaligen RAG-Gebäudes in Essen während der Bewerbung, durch die Vielzahl an Pressekonferenzen, den Programmpublikationen sowie relativ spät auch durch den Einbezug ‚neuer Medien' wie insbesondere Facebook und Twitter wurde bewusst versucht, einen Spannungsbogen aufzubauen. Die Eröffnungsfeier war dabei der Gipfel dieser ersten Phase. Die Teilnehmer der Feierlichkeiten standen nicht als Teilnehmer im Mittelpunkt der Überlegungen, sondern dienten als (Presse-)Multiplikatoren und als ‚Exquisit-Statisten' der Show auf dem Gelände der Kokerei Zollverein. Maßgeblich strukturiert wurde die Eröffnungsfeier der „Medienlogik" (vgl. Altheide und Snow 1979; Hepp und Krotz 2012, S. 8 ff.) des Fernsehens folgend, also orientiert an der technischen Realisierbarkeit, der Anschlussfähigkeit an Sehgewohnheiten des Fernsehzuschauers und der ‚Telegenität' – also der Möglichkeit spektakulärer Bilder – des Geplanten, wie es ähnlich auch für Boxwettkämpfe (Grenz und Pfadenhauer 2011, S. 192 f.) sowie für den Katholischen Weltjugendtag (Forschungskonsortium WJT 2007, S. 208) beschrieben wird. Das Bewusstsein für die mediale Inszenierung nahm dabei im Laufe der Planungsjahre immer weiter zu, die Akteure inkorporierten mit der Zeit regelrecht eine Medien-Perspektive und richteten ihr Handeln zunehmend daran aus (vgl. ähnlich zum Weltjugendtag: Hepp und Krönert 2009, S. 57 f.). Neben der Auswahl von Projekten und der Schaffung der (finanziellen, personellen, technischen etc.) Voraussetzungen glich die organisierende RUHR.2010 GmbH also bereits im Vorhinein weitgehend einer Medien- und Kommunikationsagentur und richtete sich – entgegen vielfacher Verlautbarungen, die Projekte und deren Umsetzung würden den Kern der Organisation bilden – immer weiter danach aus.

Während des eigentlichen Kulturhauptstadt-Jahres verwendeten die Organisatoren viel Aufmerksamkeit darauf, über die einzelnen Kulturhauptstadt-Projekte hinaus eine ausführliche Berichterstattung zu organisieren, um nicht zuletzt den Spannungsbogen zu halten und Erwartungen für kommende Ereignisse aufzubauen. Die eigentliche Umsetzung der verschiedenen Veranstaltungen und das unmittelbare Erleben der Teilnehmer im Vollzug wurde dabei weitestgehend anderen Akteuren überlassen. Vielmehr lag der Fokus darauf, durch die Berichterstattung ‚Sekundär-Erlebnisse' zu erzeugen, die Mediennutzer also medial vermittelt indirekt an den Ereignissen teilnehmen zu lassen. Das Ruhrgebiet ist durch seine in 53 Kommunen zergliederte Struktur mit über fünf Millionen Einwohnern und tausenden Akteuren im Kulturbereich zu komplex, um die kollektive Konstruktion eines solch vielschichtigen Events im (direkten) Vollzug, also durch das gemeinsame und unmittelbare Erleben des Ereignisses, zu ermöglichen. Ebenso lassen sich 300 Projekte mit über 5.500 Veranstaltungen nicht durch eine zentrale und zudem neu gegründete Organisation planen, umsetzen und steuern. Gleichwohl mussten sich die Kulturhauptstadt-Macher ständig öffentlich legitimieren. Für die Protagonisten der RUHR.2010 GmbH war die allmorgendlich gelieferte Presseanalyse eines ‚Media-Monitoring'-Dienstleisters das bevorzugte Sensorium für die Wirksamkeit ihrer die Arbeit. Dieses Instrument lieferte zwar tagesaktuelle und an der Seitenzahl eines PDF-Dokuments leicht ablesbare quantitative Rückmeldungen, war dafür aber unpräzise und berücksichtigte einseitig die Printmedien. Der Pressespiegel konnte allerdings durchaus gesteuert werden, nämlich durch eine immer professioneller und raffinierter werdende, die Pressevertreter umgarnende und stets neue Highlights versprechende Pressearbeit. So verloren die Macher im Verlauf des Kulturhauptstadt-Jahres die ‚Eventlogik' des primären Erlebnisses aus den Augen und konzentrierten sich immer mehr auf die ‚Medienlogik' und das sekundäre Erleben, wie es in den spektakulär anmutenden, fast immer dreistelligen Seitenzahlen des Pressespiegels ablesbar und anhand der unzähligen Zeitungsbeilagen und Sonderhefte haptisch spürbar schien (vgl. Abb. 5).

Dieser Wandel ist auch in Beschreibungen der eigenen Arbeit und selbst gesteckter Ziele ablesbar. Im „Gesellschaftsprofil" der RUHR.2010 GmbH aus dem Jahr 2007 wird die Kulturhauptstadt explizit als nicht reines Festivalevent definiert, „sondern vor allem als regionales Entwicklungsprojekt mit europäischer Dimension." Sie solle „einen Beitrag zur Entwicklung der ‚Metropole Ruhr' (…)

"Auf die Erzählung kommt es an ..." 63

Abb. 5 Zeitungsbeilage in der Frankfurter Allgemeinen Zeitung über die Kulturhauptstadt RUHR.2010 während einer Teamsitzung. (Foto: Jürgen Huhn/TU Dortmund)

sowohl im Bewusstsein der Bevölkerung im Ruhrgebiet, als auch in der Außenwahrnehmung" leisten. Zu den anschließend formulierten Zielen gehört die politische Integration der Region, die Stärkung der regionalen Identität sowohl in der Bevölkerung als auch der kulturpolitisch agierenden Akteure, Wachstumsimpulse für die Region und nicht zuletzt ein Imagewandel von der Industrieregion zur Kulturmetropole. Kurz vor der Liquidierung der RUHR.2010 GmbH wurde im Dezember 2012 eine zusammenfassende Broschüre verteilt, auf dessen Rückseite die Ziele der RUHR.2010 erneut formuliert werden:

> Die Metropole Ruhr sollte durch die Kulturhauptstadt ‚erfahrbar' gemacht werden, um darüber hinaus nachhaltige Strukturen durch Netzwerke und Investments in der Region zu etablieren. Erfahrbarkeit ließ sich dabei über ein geeignetes Programm und durch die professionelle Vermarktung der Metropole herstellen.

Aus einem regionalen Entwicklungsprojekt mit europäischer Dimension, so die ursprüngliche Zielsetzung, wurde also retrospektiv die Erfahrbarkeit der Region als zentrales Ziel proklamiert, die in der Broschüre mit einer große Menge an (oberflächlich beeindruckenden und leicht kommunizierbaren) Zahlen belegt wird.

Gleich zu Beginn heißt es unter der Überschrift „Die *wichtig*sten Fakten in *Kürze*" (Hervorhebung im Original):

> RUHR.2010 bot 300 Projekte mit über 5.500 Veranstaltungen. Zur Eröffnung am 9 und 10 Januar 2010 kamen 200.000 Menschen auf das Welterbe Zollverein, fast 2 Mio. Zuschauer verfolgten die Eröffnung am Fernseher. Die Veranstaltungen von RUHR.2010 hatten insgesamt 10,5 Mio. Besucher. Das größte Projekt *TWINS* umfasste weitere 100 Einzelprojekte zwischen den Städten der Metropole Ruhr und ihren europäischen/internationalen Partnerstädten aus 39 Ländern mit insgesamt 1.700 internationalen Partnern und Akteuren.

In der letzten Phase des Trajekts der Kulturhauptstadt folgte dann die Rahmung und Integration aller Ereignisse und Erlebnisse des Jahres. Dies begann mit der ersten Bilanzpressekonferenz im Sommer 2010 und fand seinen Höhepunkt im Dezember 2010, als die Presse zur Abschluss-Bilanz geladen wurde sowie das ‚Große Finale' stattfand. ‚Die Kulturhauptstadt' konnte es auf der Erlebnisebene nicht geben, denn jeder Besucher hatte sich über ein Jahr verteilt seine eigene, relativ (zusammenhang-)lose Erlebnisabfolge aus dem Programm zusammen gebastelt. Selbst der Programmdirektor der RUHR.2010 GmbH Jürgen Fischer, der wohl mit großem Abstand die meisten Projekte und Veranstaltungen besucht haben dürfte, kann nur einen Bruchteil der vierstelligen Zahl an Projekten tatsächlich gesehen und erlebt haben. Durch die hauptsächlich an die Fernsehzuschauer gerichtete Retrospektive im Rahmen der Abschlussfeier wurde genau hierauf reagiert: Eingebunden in ein (Medien-)Event wurden die einzelnen Erlebnisfragmente des Jahres zusammengeführt, durch die beeindruckende Kulisse, das Feuerwerk und die Statements der „Volunteers" emotional aufgeladen und im neuen Erlebnis alles Stattgefundene verklärend zu einem großen Gesamterlebnis integriert. Das Gebäude der Zeche Nordstern wurde dabei stellvertretend für die Orte der Industriekultur als Marken-Ikone der Kulturhauptstadt und der gesamten Region inszeniert, ähnlich wie Papst Benedikt XVI. beim Weltjugendtag 2005 in Köln zur Medienberühmtheit der ‚Marke Katholizismus' stilisiert wurde (vgl. Hepp und Krönert 2009, S. 39). Ebenso rahmend und integrierend sollten schließlich die Berichterstattung im Anschluss an die Abschluss-Bilanzpressekonferenz sowie die zahlreichen Publikationen im Jahr 2011 wirken.

3 Fazit

Events versprechen ein besonderes Erlebnis (Hitzler 2011, S. 12), und dies ist wörtlich zu nehmen. Nur wenn es den Organisatoren gelingt, durch Mittel des Marketings und der Öffentlichkeitsarbeit dieses Versprechen glaubhaft im Vorhinein zu vermitteln und eine Neugier weckende Erlebniserwartung zu evozieren, werden die Angesprochenen das Erlebnisangebot tatsächlich wahrnehmen. Sind die im Vorhinein erzeugten Erwartungen der Besucher zu hoch, so kippt das eigentliche Erleben des Ereignisses in gefühlte Langeweile und Alltäglichkeit. Es liegt hier also eine fragile Dialektik zwischen – medial evozierter – Erwartung und tatsächlichem Erlebnis vor, durch die Events als Erlebnisse kollektiv konstruiert und durch nachträgliche Verklärung rahmend stabilisiert werden. Die Trajekt-Struktur von Events, wie sie Ronald Hitzler (2011, S. 15 ff.) beschreibt, ist für den Fall der Kulturhauptstadt zu erweitern: Neben der technischen, personellen und inhaltlichen Planung und Vorbereitung des Events durch die Veranstalter gehört der Erwartungen weckende mediale Diskurs entscheidend zum Konstruktionsprozess von Events im Vorhinein dazu. Dieser muss von den Event-Machern angestoßen und durch mediale (Selbst-)Inszenierung im eigenen Sinne beeinflusst und stets weiter ‚angefeuert' werden. Den Medien kommt als Erweiterung der ‚Event-Öffentlichkeit' im Vollzug sowie als Bühne für Rekonstruktion und Verklärung im Nachhinein eine zentrale Bedeutung zu. Die mediale Konstruktion eines Events erfolgt somit über alle drei Phasen des Trajekts hinweg.

Die RUHR.2010 GmbH verschob den Fokus ihrer Aufmerksamkeit immer weiter hin zu ihrer medialen Präsenz. Sie war nicht primär Mega-Event-Macher in dem Sinne, dass ihre Mitarbeiter ein Mega-Event technisch und inhaltlich organisiert und damit die Voraussetzungen produziert hätten. Die konkrete Umsetzung und Durchführung all der Projekte und Veranstaltungen wurde stattdessen weitestgehend externalisiert. Bei mehreren Projekten waren die Verantwortlichen der RUHR.2010 GmbH – so konnotierten sie intern – selbst über die bloß mittelmäßige Umsetzung durch die Projektpartner überrascht. Die Äußerungen der Organisierenden in der Öffentlichkeit und in den Medien sowohl im Vorhinein als auch im Vollzug wie in der Retrospektive folgten stets einer Logik: Sie verdeutlichten die Außeralltäglichkeit dessen, was da kommen werde, was sei und was erlebt wurde – was und wie besonders es auch tatsächlich war. Die Akteure waren also stets bestrebt, die mehr oder weniger alltäglichen Veranstaltungen in öffentlich als solche wahrnehmbare Events umzuwandeln: Medial vermittelt wurde – frei nach dem Motto „auf die Erzählung kommt es an" – alles unter dem Namen „RUHR.2010– Kulturhauptstadt Europas" Stattfindende und Stattgehabte zum Event erklärt und verklärt und alles zusammen zu einem spektakulären Mega-Event vereint.

Literatur

Altheide, David L., und Robert P. Snow. 1979. *Media logic*. Beverly Hills: Sage.

Bandelow, Volker, Michael Moos, Sabine Radomsky, und Rolf Tiggemann 2011. *Schachtzeichen: Geschichten. Menschen. Ballone*. Essen: Klartext.

Betz, Gregor. 2008. Von der Idee zum Titelträger. Regionale Kooperationsprozesse des Ruhrgebiets bei der Bewerbung zur Kulturhauptstadt Europas 2010. In *Die Idee der Kulturhauptstadt Europas. Anfänge, Ausgestaltung und Auswirkungen europäischer Kulturpolitik*, Hrsg. Jürgen Mittag, 191–213. Essen: Klartext.

Betz, Gregor. 2012. Mega-Event-Macher. Organisieren von Großereignissen am Beispiel der Kulturhauptstadt Europas RUHR.2010. In *Erfolg mit nachhaltigen Eventkonzepten*, Hrsg. Cornelia Zanger, 161–179. Wiesbaden: Gabler.

Betz, Gregor, Ronald Hitzler, und Michaela Pfadenhauer. 2011. Zur Einleitung: Eventisierung des Urbanen. In *Urbane Events*, Hrsg. Gregor Betz, Ronald Hitzler und Michaela Pfadenhauer, 9–26. Wiesbaden: VS Verlag für Sozialwissenschaften.

Betz, Gregor, und Arne Niederbacher. 2011. Steuerung komplexer Projekte. Zur institutionellen Einbindung urbaner Mega-Event-Organisationen. In *Urbane Events*, Hrsg. Gregor Betz, Ronald Hitzler und Michaela Pfadenhauer, 319–334. Wiesbaden: VS Verlag für Sozialwissenschaften.

Ebertz, Michael N. 2000. Transzendenz im Augenblick. In *Events. Soziologie des Außergewöhnlichen*, Hrsg. Winfried Gebhardt, Ronald Hitzler und Michaela Pfadenhauer, 345–364. Opladen: Leske & Budrich.

Forschungskonsortium, WJT. 2007. Megaparty Glaubensfest. *Weltjugendtag: Erlebnis – Medien – Organisation*. Wiesbaden: VS Verlag für Sozialwissenschaften.

Franck, Georg. 1998. *Ökonomie der Aufmerksamkeit. Ein Entwurf*. München: Hanser.

Frohne, Julia, Katharina Langsch, Fritz Pleitgen, und Oliver Scheytt. 2011. Vorwort. In *Ruhr. Vom Mythos zur Marke. Marketing und PR für die Kulturhauptstadt Europas RUHR.2010*, Hrsg. Julia Frohne, Katharina Langsch, Fritz Pleitgen und Oliver Scheytt, 4–5. Essen: Klartext.

Gebhard, Winfried, Ronald Hitzler, und Michaela Pfadenhauer. 2000. Einleitung. In *Events. Soziologie des Außergewöhnlichen*, Hrsg. Winfried Gebhard, Ronald Hitzler und Michaela Pfadenhauer, 9–13. Opladen: Leske & Budrich.

Grenz, Tilo, und Michaela Pfadenhauer. 2011. Knockout. Das Risiko urbaner Marketing-Events unter Mediatisierungsbedingungen am Beispiel Boxen. In *Urbane Events*, Hrsg. Gregor Betz, Ronald Hitzler und Michaela Pfadenhauer, 187–200. Wiesbaden: VS Verlag für Sozialwissenschaften.

Häußermann, Hartmut, und Walter Siebel. 1993. Die Politik der Festivalisierung und die Festivalisierung der Politik. Große Ereignisse in der Stadtpolitik. In *Festivalisierung der Stadtpolitik. Stadtentwicklung durch große Projekte, Sonderheft 13 der Zeitschrift 'Leviathan. Zeitschrift für Sozialwissenschaft'*, Hrsg. Hartmut Häußermann und Walter Siebel, 7–31. Opladen: Westdeutscher Verlag.

Hepp, Andreas. 2011. Medienkultur. *Die Kultur mediatisierter Welten*. Wiesbaden: VS Verlag für Sozialwissenschaften.

Hepp, Andreas, und Maren Hartmann. 2010. Mediatisierung als Metaprozess: Der analytische Zugang von Friedrich Krotz zur Mediatisierung der Alltagswelt. In *Die Mediatisierung der Alltagswelt*, Bd. 1, 9–20, Hrsg. Andreas Hepp und Maren Hartmann. Wiesbaden: VS Verlag für Sozialwissenschaften.

Hepp, Andreas, und Veronika Krönert. 2009. Medien – Event – Religion. *Die Mediatisierung des Religiösen*. Wiesbaden: VS Verlag für Sozialwissenschaften.

Hepp, Andreas, und Friedrich Krotz, Hrsg. 2012. Mediatisierte Welten: Forschungsfelder und Beschreibungsansätze – Zur Einleitung. In *Mediatisierte Welten. Forschungsfelder und Beschreibungsansätze*, Hrsg. Friedrich Krotz und Andreas Hepp, 7–23. Wiesbaden: VS Verlag für Sozialwissenschaften.

Hitzler, Ronald. 2011. *Eventisierung: Drei Fallstudien zum marketingstrategischen Massenspaß*. Wiesbaden: VS Verlag für Sozialwissenschaften.

Hitzler, Ronald Gregor Betz, Gerd Möll, und Arne Niederbacher. 2013 Mega-Event-Macher. *Zum Management multipler Divergenzen am Beispiel der Kulturhauptstadt Europas RUHR.2010*. Wiesbaden: VS Verlag für Sozialwissenschaften.

Holzhauser, Nicole. 2011. „Wir verkaufen ein Erlebnis". Eventisierung als Gestaltungselemente des Strukturwandels am Beispiel eines Automobilunternehmens. In *Urbane Events*, Hrsg. Winfried Gebhardt, Ronald Hitzler und Michaela Pfadenhauer, 105–122. Wiesbaden: VS Verlag für Sozialwissenschaften.

Krotz, Friedrich. 2007. *Mediatisierung: Fallstudien zum Wandel von Kommunikation*. Wiesbaden: VS Verlag für Sozialwissenschaften.

Möll, Gerd, und Ronald Hitzler. 2011. Organisationsprobleme der kulturgetriebenen Transformation moderner Urbanität. Das Beispiel der europäischen Kulturhauptstadt RUHR.2010. In *Urbane Events*, Hrsg. Betz, Gregor, Ronald Hitzler und Michaela Pfadenhauer, 335–350.Wiesbaden: VS Verlag für Sozialwissenschaften.

Pfadenhauer, Michaela. 2008. *Organisieren. Eine Fallstudie zum Erhandeln von Events*. Wiesbaden: VS Verlag für Sozialwissenschaften.

Platzek, Wolfgang. 2001. Experten: Ruhrgebiet soll sich als Kultur-Hauptstadt bewerben. Dezernenten setzen auf die Vielfalt des Angebotes. In: Westdeutsche Allgemeine Zeitung vom 10.1.2001.

Prisching, Manfreid. 2011. Die Kulturhauptstadt als Groß-Event. In *Urbane Events*, Hrsg. G. Betz, R. Hitzler und M. Pfadenhauer, 85–102. Wiesbaden: VS Verlag für Sozialwissenschaften.

RUHR.2010 GmbH. 2010a. Ein Tag wie noch nie! Essen: Klartext.

RUHR.2010 GmbH. 2010b. SING – Day of Song: Die Dokumentation. Essen: Klartext.

RUHR.2010 GmbH. 2011. RUHR.2010. Die unmögliche Kulturhauptstadt. Chronik einer Metropole im Werden. Essen: Klartext.

Soeffner, Hans-Georg. 1991. Trajectory – das geplante Fragment. Die Kritik der empirischen Vernunft bei Anselm Strauss. In *Bios* 4 (1), S. 1–12.

Zentrum für Kulturforschung. 2011. Mit Kultur zur Metropole? Evaluation der Kulturhauptstadt Europas RUHR.2010. Essen: Klartext.

Teil II
Aneignungsprozesse in mediatisierten Konsumwelten

Amazon, Zalando und Co.: Schrei vor (Un)Glück!?

Mediatisiertes Konsumhandeln anhand von Reklamationserwartungen

Paul Eisewicht

1 Einleitung

Für Konsumentinnen eröffnet das Internet den Zugang zu einem schier grenzenlosen Marktplatz – mit neuen, preiswerten und exklusiven Angeboten, mit Möglichkeiten, sich über Anbieter und Produkte zu informieren und sich untereinander auszutauschen. Mit den Verheißungen, Okkasionen und Freiheiten der ‚bunten Warenwelt' in Online-Kaufhäusern wie Amazon und Zalando und Auktionshäusern wie Ebay gehen jedoch nicht nur Chancen, sondern auch Risiken einher. Wenn Lieferungen nicht ankommen, Produkte fehlerhaft sind oder Anbieter unerreichbar für Nachfragen bleiben, kann sich die Vorfreude schnell in Frustration wandeln. Konsumentinnen schreien mitunter auch dann – nur nicht vor Glück. Wie Konsumentinnen mit der Erwartung an diese Risiken umgehen und inwieweit diese mit der Verbreitung neuerer Medien zusammenhängen, ist Thema des ersten Teils dieses Aufsatzes. Wie am Beispiel dieses Gegenstandes ein handlungsorientiertes Verständnis von Mediatisierung entwickelt werden kann, wird im zweiten Teil skizziert.

Die wissenschaftliche Beschäftigung mit den Implikationen des neueren Medienwandels tritt mittlerweile sehr deutlich in den verschiedensten Disziplinen zu Tage. Auch in den Sozialwissenschaften wird breit diskutiert, was dieser Wandel mit sich bringt, was ihn auszeichnet und wie sich dadurch die Gegenstände und die Methoden der einzelnen Disziplinen verändern. Darüber hinaus werden

P. Eisewicht (✉)
Karlsruhe Institute of Technology, Lehrstuhl für Soziologie des Wissens,
76128 Karlsruhe, Deutschland
E-Mail: paul.eisewicht@kit.edu

Metaphern im Zuge des „Media Turn" auf ihre Verwendung für unseren Zugang zu Welt schlechthin elaboriert. Deutlich wird dies in den Beschreibungsversuchen von Informations-, Wissens- oder Netzwerkgesellschaft bei Daniel Bell, Peter F. Drucker und Manuel Castells oder der Mediengesellschaft, aber auch der Marktgesellschaft bei Ulrich Saxer und Nicolas Negroponte (im Überblick Imhof et al. 2004; Steinbicker 2011). Dabei scheinen vor allem mit der Verbreitung des Internet und dessen Nutzung eben diese Versuche zur Gesellschaftsbeschreibung noch einmal an Relevanz zu gewinnen.[1] In seiner Charakteristik scheint das Internet dabei herkömmliche Medienkategorisierungen zu kreuzen und wird infolgedessen als „Hybridmedium" (Höflich 1997) bzw. als „Medium erster und zweiter Ordnung" (Beck 2006) aufgefasst. Das Internet mit seiner dezentralen, netzwerkförmigen Struktur steht so ‚herkömmlichen' Massenmedien und deren Logik als etwas ‚Neues' gegenüber. Dabei hat diese neue Medientechnik in vermeintlich kurzer Zeit Einzug in den Alltag eines nahezu jeden gehalten.[2] Dass das Internet die Grenzen und Freiräume für Akteure ändert, dass Rollen wie die des Publikums und der Produzenten durchlässiger werden (vgl. dazu Gothe und Kirschner in diesem Band und am Beispiel Livestreaming: Kirschner 2012), dass also bei der Medienproduktion Veränderungen beobachtbar sind, kann als Common Sense gewertet werden. Ob es sich dabei aber um eine ‚hurrikanartige' Revolution oder eben doch um keine Medienrevolution handelt, bleibt dagegen undiskutiert.

Dabei gilt für diese ‚Medienrevolution' das, was auch schon Friedrich Nietzsche in seine Schreibmaschine tippt, wenn er 1882 an Heinrich Köselitz schreibt „Unser Schreibzeug arbeitet mit an unseren Gedanken" (Nietzsche 1982). Medien als Träger von Kommunikation bleiben in ihrer Wirkung nicht einfach nur auf die Reichweitenerweiterung und Archivierung von Kommunikationsinhalten begrenzt. Vielmehr ermöglichen und begrenzen Kommunikationsformen soziales

---

[1] Im Jahr 2011 waren 51 Mio. Bundesbürger regelmäßig online (vgl. ARD und ZDF 2012), darunter auch zunehmend Senioren. „14–29-Jährige sind zu 95 % online, dicht gefolgt von der Altersgruppe der 30–49-Jährigen, die das Internet zu 89 % nutzen. Damit liegt die Internetnutzung der 14–49-Jährigen auf sehr hohem Niveau und nähert sich der Bevölkerungsrepräsentativität immer mehr an" (Bitkom 2011, S. 8). Je nach Studie sind damit zwischen 79,9 % (Internet World Stats) und 73,3 % (ARD und ZDF 2012) der Bundesbevölkerung online.

[2] Vergleiche gegenüber anderen ‚neuen Medien' (zur Geschichte des Internet vgl. Castells 2001, S. 10.ff.) und der Verbreitung in ihrer Zeit können dabei m. E. nicht geliefert werden. Auch wenn z. B. Michael Kempe (2011, S. 23) schreibt, dass „kein anderes Medium zuvor [...] in so kurzer Zeit so viele Nutzer hinzugewonnen [hat]", so ist dies vor dem Hintergrund der Bevölkerungsunterschiede und der verschiedenen medientechnischen Infrastruktur zwischen unserer Zeit und z. B. Europa im 16. Jahrhundert zu betrachten, wenn man z. B. die Verbreitung des Gutenbergschen Buchdrucks betrachtet. Die Frage ist auch, ob man 20 Jahre WWW oder 40 Jahre Internet zu Grunde legt.

Handeln. Dies betrifft alle „Aufschreibsysteme" (Kittler 2004) von der Höhlenmalerei über den Buchdruck bis hin zu digitalen Medien unserer Zeit (Döring 2003; Beck 2006). Ob und welche Folgen die Verbreitung und Domestizierung (vgl. Hartmann 2008) von neuen Medien hat, dass ist die auch in diesem Sammelband zentral verhandelte Frage. Ein prominentes Programm, unter dem eine solche Beschäftigung stattfindet und das auch hier anleitend sein wird, ist das der Mediatisierungsforschung, in der es darum geht, wie ‚neue Medien' unseren Zugriff auf Welt und darin unser Handeln verändern.

Es soll zunächst gezeigt werden, welche spezifischen Erwartungen und Handlungsweisen beim Online-Shoppen rekonstruiert werden können. Die These, die veranschaulicht werden soll, besagt, dass sich Handlungsorientierung, -vollzug und bewertung beim Einkaufen in einer näher zu definierenden Art ändern, sobald diese Tätigkeit online stattfindet. Dies wird exemplarisch am Beispiel von Reklamationserwartungen und daran ausgerichtetem Konsumhandeln diskutiert. Mit dem Blick auf die handlungsanleitenden Wissensbestände des Konsumenten lässt sich formulieren, wie Mediatisierung des (Konsum-)Handelns angemessen konzipiert werden kann. Bezüglich des Reklamierens stellt sich damit die Frage, inwiefern eine allgemeine Handlungsform des Reklamierens gänzlich oder in Teilen verändert wird oder ob diese bestehen bleibt und nur auf Eigenheiten der Kommunikationsform und des Mediums abgestimmt wird. Bezüglich des Konsumierens stellt sich die Frage, ob durch das *Online*-Shoppen das Einkaufen in einer seiner Handlungsphasen (Entwurf, Vollzug, Erfahrung) verändert wird. Diese Veränderungen werden im Anschluss an Winfried Schulz – jedoch im Fokus auf das Handeln – als Akkommodation an mediatisierte Handlungskontexte interpretiert.

Dafür werden zunächst exemplarisch Erwartungen beim Online-Shoppen dargestellt, unter denen die Erwartung an mögliche Probleme infolge des Kaufs eine besondere Rolle einnimmt. Daran anschließend werden Konsumentenerwartungen an das Auftreten möglicher Probleme und das daran orientierte Konsumhandeln erläutert. Anhand der Folgen der Erwartung eines Reklamationsanlasses werden mögliche Mediatisierungseffekte diskutiert und anschließend kritisch an der Mediatisierungsdiagnostik reflektiert. Damit soll der Forderung von André Jansson gefolgt werden, Konsum vor dem jeweiligen medialen Hintergrund zu analysieren (vgl. Jansson 2002, S. 6).

Die folgenden Ausführungen stützen sich auf empirische Befunde eines DFG-geförderten Forschungsprojekts zum Reklamieren beim Online-Shopping, in dem Handlungsorientierungen und Strategien von Konsumenten in Bezug auf Reklamationsanlässe und -verläufe rekonstruiert wurden (vgl. Eisewicht 2013). Diesen Befunden liegen Daten zugrunde, die mittels leitfadengestützter, fokussierter Interviews (vgl. Helfferich 2005, S. 158 ff.), Selbstbeobachtungsprotokollen (vgl. Eisewicht und Grenz 2010) und teilnehmender Beobachtung (vgl. Girtler 2001, S. 65–146) erhoben wurden.[3] Zur Integration der unterschiedlichen Textsorten (vgl. Strauss 2004, S. 429) sowie zu deren Auswertung im Hinblick auf Praktiken und den ihnen zugrunde liegenden Handlungsorientierungen und Wissensbeständen kommt das Verfahren der Grounded Theory nach Anselm Strauss und Juliet Corbin (1990; vgl. Corbin und Strauss 2008) zum Einsatz (vgl. Strauss 2004; Strübing 2004). Denn hiermit liegt ein detailliertes Arbeitsprogramm zur Erhebung und Auswertung unterschiedlicher Datensorten vor, das dezidiert auf das Zusammenspiel von Handlungsweisen und Wissensbeständen in sozialen Situationen abhebt.[4]

2 Erwartungen beim Online-Shoppen

2.1 Neue Medien – neue Märkte

Von den gesamten Internetnutzern in Deutschland haben bereits 85 % (Bitkom 2011, S. 6) einmal online eingekauft.[5] Etwa die Hälfte der Online-Shopper kauft dabei mindestens alle 3 Monate (vgl. Kempe 2011, S. 24). Der Umsatz im Online-Handel (wie die Zahl der Online-Händler, vgl. Kempe 2011, S. 25) in Deutschland

---

[3] Zu allen Interviews, die mehr als 50 h aufgezeichnetes Gesprächsmaterial in Form von Transkripten umfasst, liegt der Schriftverkehr zwischen den befragten Personen und dem Adressaten vor, wobei der gesamte Datensatz mittels MaxQDA 2010 verwaltet wird. Die unterschiedlichen Verfahren der Datenerhebung zielen darauf ab, triangulativ möglichst umfassend Daten zu den von Konsumenten durchgeführten Teilschritten des Reklamierens zu gewinnen und damit den jeweiligen ‚Verkürzungen', also den inhärenten Problemen der jeweiligen Methode entgegenzuwirken, wie auch die Konsistenz der Arbeit zu sichern. Über die Interviews sollen vor allem die den Praktiken zugrunde liegenden Wissensbestände sowie generelle Einstellungen und Einschätzungen der Konsumenten zum Online-Shoppen und zu den Reklamationsabläufen zugänglich werden. Die Protokolle der Selbstbeobachtung sollen ergänzend dazu helfen, beiläufig ablaufende Denk- und Handlungsschritte möglichst zeitnah zu erfassen, die über Interviews kaum zugänglich sind. Die Protokolle und Audioaufzeichnungen teilnehmender Beobachtung dienen der Kontrastierung von über technische Kommunikationsmedien abgewickelten Reklamationen zu solchen an der Ladentheke.

[4] Dank hiermit an die Projektgruppe, die an der Datenerhebung und -auswertung beteiligt war: Tilo Grenz, Julian Schwäble, Dominic Eberhardt und Philip Grefe.

[5] Man kann in Bezug zur gesamten Internetnutzung also davon ausgehen, dass etwa zwei Drittel der Bundesbevölkerung Erfahrungen mit dem Online-Shopping gemacht haben.

wächst seit Jahren deutlich (HDE 2011; Heinemann 2012, S. 1 f.).[6] Dabei findet sich im Online-Handel eine Vielzahl an verschiedenen Anbietern, vom Multi-Channel-Retailer (der z. B. online, wie auch in Läden verkauft), reinen Online-Händler (z. B. Versandapotheken), über Ebay-Powerseller, Hersteller-Versender bis zu Händlern, die aus dem stationären Handel kommen, sowie zahlreiche Vertriebsformen[7] wie E-Shops, Malls, Marketplaces, Crowdfunding-Sites und Communities (vgl. Heinemann 2012, S. 13 ff.). Diese Komplexität im Marktangebot wird dadurch noch forciert, dass zunehmend mehr Bezahlungsarten angeboten werden, aber auch verschiedene Lieferungsarten und -anbieter zur Wahl stehen (vgl. ECC 2012). Darüber hinaus kaufen Kunden auch vermehrt online über Ländergrenzen hinweg und stoßen dabei auf weitere Herausforderungen (vgl. Pfadenhauer und Eisewicht 2013).

Beim Einkauf im stationären Einzelhandel hat der Kunde zumeist über das Service-Personal eine (mehr oder weniger persönliche) Beziehung zum Anbieter oder baut eine solche zumindest temporär auf (vgl. Falk und Campbell 1997). In dieser triadischen Beziehung können Probleme vom Mitarbeiter bearbeitet und damit kundenseitige Anliegen in organisationale Regelabläufe übersetzt werden (vgl. Hanekop und Wittke 2005). Beratung, Warenprüfung, Kauf-Verkauf-Prozess und spätere Beanstandungen sind in der gesprächsbasierten Interaktion aushandel- und korrigierbar. Beim Online-Shoppen wandelt sich diese triadische Dienstleistungsbeziehung des Kaufes in eine dyadische um (vgl. ebd.; Gutek et al. 2000, S. 321). An die Stelle des Service-Mitarbeiters treten durch Sales und Service Automation formalisierte und anonymisierte Kommunikationsformen wie Webshop-Interfaces, Formulare etc. Im Bereich des Online-Shopping sind damit die Gestaltung der graphischen Benutzerschnittstellen, der Aufbau und die Benutzerfreundlichkeit der Webshop-Interfaces maßgeblich für die Konsumentscheidung und -erfahrung (vgl. Lee et al. 2004). Als Hinweis darauf, dass sich bereits mit dem Wechsel zum Online-Shoppen trivial gesagt ‚Etwas' ändert, kann das Informationsverhalten beim (Online-)Kauf (vgl. u. a. Petersen und Merino 2003; Ratchford et al. 2001) gewertet werden. Die zunehmenden Möglichkeiten der Informationsbeschaffung und die Nutzung entsprechender Angebote (z. B. von Preis-

---

[6] Dies kann mit Gewöhnungs- und Erfahrungsprozessen bei Konsumenten, aber auch mit der Konsolidierung und Stabilisierung von Anbietern und der konkreteren rechtlichen Regulation des Wirtschaftsraums Internet zusammenhängen (vgl. E-Commerce Richtlinie der Europäischen Union, Europäisches Parlament und in Umsetzung dessen im BGB § 312b–312d).

[7] Shops sind Plattformen einzelner Anbieter; Marketplaces sind Plattformen, die verschiedene Anbieter versammeln, wie z. B. Auktionsplattformen; Malls integrieren vor allem verschiedene Produktgruppen und Communities sind informelle Verkaufsorte, wie Internetforen etc.

und Produktvergleichsseiten sowie Shopbots) treten an die Stelle des Service und bilden eine Voraussetzung für ‚bessere' – also den eigenen Konsumbedürfnissen entsprechende – Entscheidungen (vgl. Spann und Tellis 2006). Aufgrund dieser Beobachtung ist zu erwarten, dass Konsumenten beim Online-Shoppen auch andere Erfahrungen machen und dem folgend verschiedene Erwartungen ausbilden.

Dieser veränderte Erwartungsraum steht in Zusammenhang mit den Charakteristika von Internetkommunikation (vgl. u. a. Beck 2006; Döring 2003; zur Telekommunikation grundlegend vgl. Short et al. 1976). Vor allem drei Aspekte der Medienentwicklung sind hierbei grundlegend, die im Falle von Online-Kommunikation[8] noch einmal erheblich gesteigert sind. Raum[9]-zeitliche[10] und soziale[11] Entgrenzung führen zur Erhöhung der (eben nicht nur räumlichen, sondern auch zeitlichen und sozialen) Reichweite, Frequenz und Informationskapazität von Kommunikation (vgl. Wilke 1999, S. 51). Damit tritt zunehmend die Problematik zu Tage, wie unter diesen Bedingungen von Kommunikation (geteilte) Situationsdefinitionen zustande kommen (vgl. Quiring und Schweiger 2006, S. 16).

---

[8] In Anlehnung an Dürscheid (2005) wird hier der vernetzte Computer als das (technische) Medium aufgefasst, der wiederum in die technische Infrastruktur des Internet (vgl. Beck 2006, S. 19) eingebettet ist. Das Medium gibt dabei den Handlungsspielraum für kommunikative Äußerungen vor. In diesem „Computerrahmen" (Beck 2006, S. 27) findet sich dann eine Vielzahl von Kommunikationsformen (vgl. Dürscheid 2005), wie z. B. Forenpost, Tweet, Chatnachricht etc., welche weitergehende Spezifikationen hinsichtlich Zeichentyp, Anzahl der Kommunikationspartner, Kommunikationsrichtung etc. darstellen. Innerhalb dieser Kommunikationsformen können sich dann wiederum bestimmte Formen kommunikativen Austauschs manifestieren.

[9] Über das Internet wird die Reichweite und Übertragungsgeschwindigkeit von Kommunikation (schriftlicher und mündlicher Art) beschleunigt. Gerade auch durch mehrsprachige Websites und die Verbreitung des Englischen als (noch) am weitesten verbreitete ‚Verkehrssprache' in einem multilingualen Internet (vgl. Graddol 2006) werden dabei auch Grenzüberschreitungen befördert, erleichtert und mitunter maskiert (vgl. Pfadenhauer und Eisewicht 2013).

[10] Online-Kommunikation, vor allem wenn sie asynchron ist, kann zeitliche Differenzen überbrücken. Nachrichten (und z. B. Bestellungen) können jederzeit abgeschickt werden. Auch ist Kommunikation z. B. nicht an Öffnungszeiten gebunden und auch nicht daran, dass der Empfänger zeitgleich verfügbar ist. Darüber hinaus werden Kommunikationsinhalte dezentralisiert archivier- und gegebenenfalls abrufbar.

[11] Online-Kommunikation, gerade wo sie losgelöst von körperlichen und mündlichen Informationsträgern ist (vgl. Quiring und Schweiger 2006, S. 16), maskiert teilweise soziale Unterschiede im Austausch untereinander. Diese partielle Anonymität (vgl. Turkle 1995) entkoppelt durch Standardisierung und Interface-Führung bestimmte Nutzungen vom direkten Austausch mit einem Gegenüber (vgl. Hanekop und Wittke 2005) und senkt so Hemmschwellen, z. B. beim Online-Kauf.

Dies betreffend wird auch die Frage virulent, wen der Handelnde wieweit als Gegenüber annimmt (vgl. bereits Short et al. 1976, S. 65 ff.) und ob es sich dabei um einen Anderen oder lediglich um ein technisches Verarbeitungssystem handelt.[12] Umso offener für die subjektive Deutung die Situation ist, umso mehr nimmt die Unsicherheit beim Online-Shoppen infolge der Entgrenzungsaspekte von internetbasierten Kommunikationsformen zu (vgl. Beck 2006, S. 12) und umso bedeutsamer wird das angewandte und in Metakommunikationen enthaltene Rahmungswissen (vgl. Soeffner 1986, S. 76).

2.2 Erwartungsproblematik beim Online-Shopping

Mit den durch diese Entgrenzungen beförderten, scheinbar ‚unbegrenzten' Konsummöglichkeiten steigt jedoch auch das Enttäuschungsrisiko (vgl. Schulze 1997, S. 63 ff.) massiv an: Zum einen können Produkte im elektronischen Markt nicht mit allen Sinnen vor-betrachtet werden; zum anderen verbinden sich mit dem eigentlich so einfachen und rund um die Uhr möglichen Online-Einkauf eine Vielzahl problemanfälliger (zuweilen verdeckter) Zwischenschritte, wenn z. B. ein Kundenprofil mit Zahlungsinformationen erst angelegt werden muss, damit überhaupt gekauft werden kann. Dies befördert, dass Probleme beim Online-Shoppen öfter auftreten können und dass, um dieses Enttäuschungsrisiko zu minimieren, Konsumenten ihr Handeln daraufhin ausrichten. Als schwerwiegendere Probleme können dabei solche gelten, die Konsumenten zum Anlass nehmen, nach dem Kauf wieder Kontakt mit dem Anbieter aufzunehmen.[13] Nicht nur Reklamationen, sondern auch Unzufriedenheitsäußerungen von Kunden generell werden – z. B. über Produktbewertungen, Foren und Verbraucherblogs – im Internet sichtbarer (vgl. Canhoto und Clark 2011; Stauss et al. 2011, S. 4; Gothe und Kirschner in diesem Band). Als Reklamieren soll dabei idealtypisch verstanden werden:[14] Die infolge einer

---

[12] Dies ist gerade dann problematisch, wenn sich die Frage stellt, ob der Handelnde jemanden erreicht bzw. wem er sich gegenüber sieht, wenn er automatisierte und modularisierte Antworten erhält, die nicht als solche erkannt werden. Oder wie Krotz (1995, S. 447) schreibt: „dass also *die Differenz zwischen technisch vermittelter interpersonaler und medien- sowie computerbezogener Kommunikation verschwindet.*"

[13] Laut dem Deutschen Industrie- und Handelskammertag (DIHK) wird im Online-Handel jeder siebte Artikel zurückgeschickt (DIHK 2010). Von Unternehmen wird diese Praxis mitunter als „schon fast zum Volkssport mutierter Spaßkauf" (DIHK 2010, S. 5) bezeichnet.

[14] In den Wirtschaftswissenschaften (vgl. Stauss und Seidel 2007) und der Linguistik (vgl. Schnieders 2005) bildet die Grundlage des Reklamationsverständnisses die Fixierung der Rechte des Käufers im Bürgerlichen Gesetzbuch (BGB 2012 § 437). Insofern sich im

Erwartungsenttäuschung von einem Kunden initiierte Kontaktaufnahme und mit einer Kompensationsforderung verbundene Problemdarstellung gegenüber einem Anbieter nach dem abgeschlossenen Kauf.[15]

Angesichts der häufigeren Reklamationen und Unzufriedenheitsbekundungen stellt sich damit die Frage, ob beim Online-Shopping häufiger Probleme auftreten als im stationären Handel und worauf dies gegebenenfalls zurückgeführt werden kann. Generell scheinen aus dem uns vorliegenden Material heraus zwei Faktoren relevant, die darauf hindeuten, dass ein erhöhtes Risiko bzw. eine Schwierigkeit bei der Einschätzung von Angeboten beim Online-Shopping besteht, da: a) aufgrund der Eigenheiten von Online-Kommunikationsformen eine größere Unsicherheit bezüglich bestimmter Konsumgüter existiert, die aufgrund der Kanalreduktion nicht eingehend geprüft werden können. Und da b) dies auch für die Einschätzung von Anbietern gilt, die vergleichsweise einfach ein Geschäft im Internet eröffnen können – wohingegen z. B. ein Laden in einer Straße zunächst aufgrund von Lage und Erscheinung Hinweise für den Konsumenten gibt. Mit anderen Worten, die Entgrenzung im Internet befördert einen komplexeren und undurchsichtigeren Markt (mit Anbietern, die von Privatpersonen, Briefkastenfirmen, bis zu Konzernen aus aller Welt reichen). Damit ist zunächst das Enttäuschungsrisiko bei Online-Angeboten, das von der Kundin als Reklamationsanlass interpretiert werden kann, höher einzuschätzen.[16]

Konfliktraum juristischer Auseinandersetzung informelle Einigungen finden, die unabhängig von rechtlichen Satzungen erfolgen, bleibt es dabei eine empirische Frage, wie weit ein rechtlicher Reklamationsbegriff der sozialen Realität (und dem Interesse anderer Disziplinen) genüge tut. In der (konsum-)soziologischen Beschäftigung spielen Abweichungen von einem idealen (aber nicht zwingend typischen) Konsumprozess eine deutlich untergeordnete Rolle bzw. werden gar nicht erst verhandelt (vgl. Hellmann 2010).

[15] Anhand dieser Elemente lässt sich zeigen, dass Kunden bereits bei der Initiation einer Reklamation (kompetent) typisch auftretende Probleme bearbeiten müssen. Als Anforderung lassen sich daraus ableiten a) die Identifikation eines Adressaten und die kommunikative Konstruktion einer Verantwortlichkeit dieses Adressaten für diesen spezifischen Reklamationsanlass, b) die Formulierung eines Anlasses als triftig und einer entsprechend dieses Anlasses gerechtfertigten Forderung sowie c) die Adressierung an eine konkrete Kontaktstelle über eine entsprechend gewählte oder zugewiesene, gesuchte und gefundene Kommunikationsform. Die Entscheidung, zu reklamieren und diese gegenüber einem Anbieter zu formulieren, steht damit am Ende einer Reihe von Interpunktionen, an denen sich der unzufriedene Kunde entscheiden kann, das Problem auf andere Art und Weise zu lösen, zu ignorieren etc.

[16] Entsprechende rechtliche und anbieterseitige Maßnahmen, wie z. B. großzügig erscheinende Rückgaberegelungen, scheinen eine Reaktion auf diese Problematik zu sein.

Konsumenten kaufen nun entweder entsprechende Produkte nicht (und nur bestimmte, wie z. B. Online-Tickets, die sie sofort ausdrucken können), konzentrieren sich auf etablierte und bekannte ‚Referenzanbieter' oder sie kaufen unter dem Risiko eventueller Probleme (z. B. das Kleid, das nicht sitzt; der Anbieter, der unerreichbar wird etc.). Das heißt, maßgeblich entscheidet das Wissen des Konsumenten über das Vertrauen in entsprechende Angebote, wie das folgende Zitat illustriert[17]:

> Das ist eine gute Frage, weil das steht teilweise in den Bewertungen mit drinnen, da stand bei [Informationsseite], da war eine sehr, sehr heftige Diskussion über die Vertrauenssituation von [Anbieter]. Da war es ungefähr fifty fifty. Die Hälfte hat gesagt, [Anbieter] totaler Scheißladen, nie wieder dort bestellen, die andere hat gesagt, bei mir war alles super. Das ist natürlich eine Frage, was macht man. In solchen Kommentaren entwickelt sich so eine Verkaufsstellung natürlich nicht. Ich glaube, da spielt man dann vielleicht auf Risiko, das ist natürlich auch ein Fakt, [...] so kommt meine Ware denn an. Man bezahlt ja im Gegensatz zu einem Geschäft, bezahlt man vorher das Geld und kriegt dann irgendwann mal die Ware. Im Geschäft nimmt man die Ware legt sie auf die Kasse bezahlt und hat, da läuft es ja anders. Ja, da muss man dann halt einfach entweder so viel Vertrauen aufbringen oder seine Fähigkeiten bei Reklamierungen gut einschätzen, dass man dann sowas wagt. Ich hab, da ich letzteres als gut eingeschätzt habe, habe ich es einfach mal gewagt, (I7)

Dabei ist – neben einem Grundvertrauen – vor allem eine erhöhte, externe Informationssuche sowie Erfahrung in der Distanzprüfung von Gütern (also ohne haptische Prüfung z. B. bei Kleidung) ausschlaggebend für die Entscheidung, ob auch unter diesen Risiken (und in Bewertung der Informationen, die einem zugänglich sind) online gekauft wird.[18] Gerade bei Letzterem spielt auch die Erfahrung mit dem Online-Shoppen, das Wissen über Anbieter, das man mit entsprechenden Hilfsmitteln zur Produktbewertung erhält und die Erfahrung mit dem Produkt eine große Rolle. Generell scheint beim Online-Shoppen aufgrund des Risikos ein höheres Monitoring beim Kauf notwendig (und über Informationsseiten auch möglich). Vor allem erfahrene Online-Shopper betreiben hier einen hohen Aufwand, indem sie einerseits darauf achten, was bzw. dass sie überhaupt kaufen und andererseits dementsprechend (vergleichsweise umfangreiche) Recherchen bezüglich der Konsumgüter betreiben. Dabei geht es den potentiellen Käufern darum, mitunter verdeckte Risiken zu vermeiden und zu gesicherten Kaufentscheidungen zu kommen, wie im folgenden Zitat deutlich wird:

---

[17] Die Zitate sind zur besseren Lesbarkeit hinsichtlich der Interpunktion bearbeitet.
[18] Generell scheint es im Material drei Hauptgründe für Online-Shopper zu geben, online zu kaufen: ein niedrigerer Preis, die Bequemlichkeit und eine als höher wahrgenommene Exklusivität der Güter.

> Auf [Anbieter] kann es sein, dass manche Händler ihre Produkte so einstellen per Copy and Paste; also Spezifikation vom Hersteller. Und dann gucke ich einfach, stimmt das. Manchmal stimmt es einfach nicht oder manchmal ist es zu kurz, dass ich irgend einen Daten-, also einen Datensatz, dass der mir fehlt. Bleiben wir mal bei einer Kamera, da steht nur dabei, hat USB. Dann will ich wissen, ist es USB eins Punkt eins, eins Punkt zwei. Also bei eins kann ich es dann gleich knicken, wenn ich vier Gigabyte rüberschieben [möchte] (I12)

Die in diesem Zitat zum Ausdruck kommende Sorgfalt beim Online-Shopping steht in Kontrast zu Käufern, welche in derartigen Situationen auf ein entsprechendes ‚Monitoring' ihrer eigenen Handlungen verzichten und dabei in Routinehandlungen verdeckte Risiken (z. B. Kosten) nicht beachten. Befördert wird das Problem (in diesem Falle in eine sogenannte Abo-Falle zu gehen) dadurch, dass im Internet mitunter verschiedene Nutzungsweisen kurz hintereinander genutzt werden (z. B. informieren, konsumieren, kaufen):

> Das ist dann schon immer, wenn ich so ermüdet bin, dass ich sage: < Brichst du es jetzt ab oder sagst du naja, jetzt war ich schon auf fünf Folgeseiten, jetzt stimmst du halt da auch noch mal zu und sagst okay, I accept und fertig > . [...] Man kriegt so einen Widerstand, so < AAAH, geh weg Formular > und deswegen ist man dann irgendwann so erschöpft und sagt: < Wo jetzt noch ein Häkchen? Okay, da jetzt auch noch ein Häkchen. > . [...] Ich bin da gerade mal am rumsurfen und so weiter und dabei bin ich eben auch am Einkaufen, auch wenn ich das gar nicht so realisiere. [...] Da bist du irgendwie höchstens halb aufmerksam und dann unterläuft dir so was. (I2)

Neben der durch die Eigenheiten der Online-Kommunikation bedingten Unsicherheit beim Online-Shoppen lässt sich ein weiterer Hinweis auf (von der Situation an der Ladentheke) unterschiedliche Erwartungen beim Online-Shoppen rekonstruieren, der dadurch charakterisiert werden kann, dass im Online-Shoppen durchaus eine höhere Bereitschaft besteht, Güter zurückzuschicken und zu reklamieren. Dies hat zum einen mit den medialen Eigenheiten zu tun, zum anderen aber auch mit der sozialen Entgrenzung (u. a. dadurch, dass sozialstrukturelle Merkmale von Käufer und Verkäufer nicht in situ präsent sind, weil beide zumeist über Interfaces vermittelt – wenn überhaupt – interagieren). Im Kontrast dazu steht die wahrgenommene Verpflichtung als Käufer gegenüber dem Verkaufspersonal an der Ladentheke:

> Durchgefallen, eingepackt. Ich habe mich noch nie, und ich schicke viel zurück, noch nie hat jemand angerufen und gesagt < Warum haben Sie denn die schöne Bluse zurückgebracht? > . Während, wenn ich in ein Geschäft gehen würde, würde ich, ich würde es einfach in einem normalen Geschäft nicht tun. Weil, entweder ich habe es gekauft, dann muss ich meine Sinne zusammen haben, ich bin alt genug ((überlegend)) < Ach wissen sie, ich habe das vorige Woche gekauft, gefällt mir doch nicht > , da guckt sie mich an und sagt < Aber das stand ihnen doch so fabelhaft > . Da würde ich sagen < Ja, sie haben ja recht. > (I1)

Beim Kauf an der Ladentheke wird also eine höhere (Selbst-)Verpflichtung angenommen, wohingegen beim Online-Shoppen die Zerdehnung von Kauf und Erhalt bzw. Prüfung als Berechtigung dafür herangezogen wird, bei Erwartungsenttäuschungen Ware zurückzugeben:

> Du freust dich darauf, das ist das Eine. Und das Zweite ist, gut dann denkst du jetzt nicht unbedingt noch mal darüber nach, aber dann bekommst du es und dann bist du in einer anderen *emotionalen Situation*. [...] So, dann kommt es, dann freust du dich beim Auspacken und dann kannst du es ja noch mal in einer ganz anderen Situation entscheiden, egal ob das nun Kleidung ist oder irgendetwas anderes. Ob das vielleicht einfach ein Momentgefühl war. ((überlegend)) Und dann kannst du es prüfen und dann kannst du es ohne Gewissensbisse [zurück schicken; Anm. P.E.], weil das ja zum Verkaufskonzept dazugehört. (I1)

Die Eigenheiten des Online-Shoppens bringen Vorteile für den Anbieter (z. B. Ladenmiete und Lagerkosten zu sparen), gehen aber auch mit einem höher eingeschätzten Risiko beim Käufer einher, der sich daher zunehmend berechtigt fühlt, Konsumgüter nach eingehender Nutzung bzw. Prüfung reklamieren zu können. Deutlich wird dies in den Konnotationen des Systems ‚Online-Verkauf mit Rückgabe', welches ohne Gewissensbisse genutzt werden kann. Eine Rückgabe wird dergestalt in den Handlungsentwurf des Kaufens einbezogen. Das heißt, es lässt sich die begründete Annahme formulieren, dass die Situation beim Online-Kauf die Erwartungen der Kunden an das Konsumgut beeinflusst. Berührt davon ist auch die Reklamationsbereitschaft.

2.3 Handlungsprobleme beim Online-Reklamieren

Kommt es nach dem Kauf und Erhalt der Ware dazu, dass der Kunde diese zurückgeben will, dann stellen sich für ihn reklamationsspezifische Handlungsprobleme, die im Online-Kontext einige Besonderheiten aufweisen.

Das Problem des Zugangs: Im Unterschied zur Ladenadresse markiert die Webadresse eines Online-Shops keinen physischen Ort, den der Kunde im Problemfall aufsuchen kann. Im Unterschied zur Postadresse eines Versandhandels ist die Internetseite eines Online-Shops auch nicht direkt adressierbar. Vielmehr muss dessen Seitenarchitektur auf eine Adresse hin durchsucht werden. Im Online-Shop kann die Kontaktaufnahme dadurch erschwert sein, dass gar kein oder lediglich ein formalisierter Kontaktweg (z. B. ein Online-Formular) vorgesehen ist.

> Ich hab es über die Web-Seite versucht, aber die Auftragsnummer, die ich gekriegt hab, die man dort auf der Web-Seite, da kann man dann eben einfach normalerweise eingeben, wer man ist und muss aber seine Auftragsnummer eingeben. Und da kam dann immer, dass die Authentifizierung fehlgeschlagen ist, dass ich also keine E-Mail

hinschicken kann. Dann wollte ich da anrufen, das hat auch nicht geklappt. Und dann hab ich ein Fax aufgesetzt, hab es hin faxen wollen, kam auch eine fehlerhafte Meldung, dass das Fax nicht versendet werden konnte. (I3)

Häufig wird auf Websites von Online-Shops also durchaus eine Kontaktmöglichkeit offeriert, über die sich aber keineswegs problemlos ein Zugang zum Anbieter eröffnet, weil die Kontaktadressen intendiertermaßen oder aufgrund technischer Probleme ins Leere laufen. Wie das vorhergehende Zitat veranschaulicht, wird Kunden aber nicht selten sogar über verschiedene Kommunikationsdienste (Online-Formular, E-Mail, Telefon, Fax und zunehmend auch Chat usw.) ein Zugang angeboten. Allerdings sind die Kommunikationswege eben jeweils mit spezifischen Implikationen versehen: Online-Formulare zwingen meist zur Auswahl von Kategorien in Pulldown-Menüs, der E-Mail-Kontakt wird nicht selten durch do-not-reply-Meldungen reguliert, Hotlines wie Chats sehen bestimmte Zeiten der Erreichbarkeit vor usw. Im Gegensatz zur Situation im Laden bringt diese Distanzkommunikation die Ungewissheit mit sich, ob die Kontaktaufnahme erfolgreich war.

2.4 Das Problem der Problemdarstellung und Kompensationsaushandlung

Im Unterschied zur Reklamation an der Ladentheke ist der Vorgang des Reklamierens beim Online-Shopping schon im einfachsten Fall eines (grundsätzlich oder durch den Transport oder durch die Inbetriebnahme) beschädigten Konsumguts dadurch erschwert, dass das „schadhafte Objekt" (vgl. Goffman 1973, S. 313) nicht demonstrativ in die Situation eingebracht – das Kleid nicht auf die Ladentheke gelegt, der MP3-Player nicht vorgeführt – werden kann. Ein Problem, das sich dem Kunden material und sinnlich darstellt (wie z. B. ein eingelaufenes Kleid, ein beschädigter MP3-Player), muss daher in der Distanzkommunikation verbalisiert bzw. vertextet werden.

Überdies müssen die vom Anbieter in der jeweiligen Kommunikationsform gesendeten Antworten de-kodiert, d. h. – auch hinsichtlich ihres verklausulierten juristischen Sachverhalts – entschlüsselt werden, wofür eine gewisse Lesefähigkeit bezüglich des (Sub-)Textinhalts und der kommunikationsformspezifischen Eigenheiten, z. B. E-Mail-Header, Signaturen etc., erforderlich ist. Wie die folgende Interviewstelle zeigt, ist es gerade vor dem Hintergrund einer quantitativ zunehmenden und verstärkt individualisierten Kundenansprache (vgl. Zentes und Schramm-Klein 2008, S. 372 ff.) überhaupt erst erforderlich, dass der Kunde registriert, mit seinem Reklamationsfall adressiert worden zu sein.

Außer, dass diese E-Mails auf meinen E-Mail-Account gelaufen sind. Aber da [Service-Anbieter] ungefähr jeden zweiten Tag eine E-Mail mit irgendwas, < Bewerten sie dies. > und < Hier neues Angebot. >, ist eigentlich bei mir so die Masche als gelesen markieren, vergessen. So ist diese E-Mail irgendwie untergegangen und irgendwann ging einfach in meiner WG das Internet und Telefon nicht mehr. (I22)

Hier erweist sich das oben beschriebene Zugangsproblem insofern als verschärft, da der Kunde nicht nur klären muss, wen er adressieren muss, sondern als sich ihm im Weiteren auch nicht erschließt, dass er adressiert wird (was mitunter einen Wechsel zwischen Kommunikationsformen und Medien einschließt). In Situationen an der Ladentheke sind dagegen kommunizierte Inhalt auch para- und nonverbal eingebettet, woraus sich dem Kunden unmittelbar erschließt, dass er sich in einer Interaktionssituation befindet.

Im Unterschied zur Beschwerde im Allgemeinen ist beim Reklamieren zusätzlich eine Kompensation intendiert. Aus Sicht des unzufriedenen Konsumenten verläuft die Interaktion dann ideal, wenn seine Problemartikulation zum von ihm beabsichtigten Ausgang führt, und das heißt in der Regel: wenn seiner Kompensationsforderung möglichst umstandslos entsprochen wird. Den Gegensatz zu einem solchen „bestätigenden Austausch" (vgl. Goffman 1982, S. 99) bildet der Ablehnungsbescheid, der den Kunden zum Abbruch der Reklamation oder zum Einspruch motivieren kann. Typische Gegenstände der Aushandlung sind dabei:

a. die *Zuständigkeit* des adressierten Gegenübers (liegt z. B. der Verlust einer Sendung in der Schuld des Anbieters oder der Zustellfirma);
b. die *Triftigkeit* der Erwartungsenttäuschung (verfügt ein erworbenes Gerät überhaupt über die vom Kunden erhoffte Funktion und/oder wurde ihm diese in Aussicht gestellt);
c. die *Legitimität* der Kompensationsforderung (ist z. B. die Forderung eines Austauschgeräts rechtmäßig oder kann der Anbieter ein Recht zur Ausbesserung in Anschlag bringen);
d. der *Umfang* der Kompensation (müssen z. B. anfallende Kosten für die Zustellung beim Austausch eines Gerätes vom Kunden oder dem Anbieter getragen werden?).

3 Antizipation von möglichen Reklamationsanlässen

Aufgrund der beschriebenen Problemlage beim Online-Shoppen kommt es vor, dass Kunden mögliche Reklamationsanlässe antizipieren und ihr Handeln an dieser Erwartung ausrichten, um das Risiko entsprechender Konsumprobleme zu reduzieren. Grundlegend können dabei aus dem empirischen Material zwei idealtypische Ausprägungen rekonstruiert werden. Der Kunde kann aufgrund seiner Vorannahmen zu dem Schluss kommen, dass a) ein Problem mit einer gewissen Wahrscheinlichkeit auftreten kann und somit eine Kontaktaufnahme mit dem Anbieter oder Hersteller nach dem Kauf wahrscheinlich wird, d. h. in gewissen Maßen *einberechnet* werden muss.[19] In diesem Falle wird eine mögliche Reklamation bereits bei oder nach dem Kauf bzw. Erhalt berücksichtigt. Und er kann b) davon ausgehen, dass ein möglicher Reklamationsanlass nicht zu erwarten ist und das Auftreten eines solchen eine *Enttäuschung* (dieser Annahme) darstellt. Ob eine Reklamation antizipiert wird oder nicht, hat dabei Folgen für die subjektive Wahrnehmung beim Auftreten eines Mangels (also für den Grad der Enttäuschung), den wahrgenommenen Reklamationsaufwand und die Umgangsweisen mit dem Produkt bei Erhalt bzw. die Handlungsschritte beim Auftreten eines Fehlers.

Grundlegend für die Einstellung des Konsumenten gegenüber einer potentiellen Reklamationssituation ist dabei zum einen die erwartete Qualität des Produktes (und der begleitenden anbieterseitigen Handlungsschritte), zum anderen der dafür notwendige, vor allem finanzielle Aufwand, den der Konsument seiner Einschätzung nach zu leisten hat, um an ein Produkt entsprechender Qualität zu kommen.[20] Gemäß der konsumentenseitigen Bewertung und Gewichtung der vorliegenden, erinnerten oder in Erfahrung gebrachten Wissensbestände erwächst im Konsu-

---

[19] Es handelt sich also um eine tendenziell erwartbare Reklamation, womit nicht gemeint ist, dass die Erwartungsenttäuschung des Reklamierenden in diesem Falle wegfällt. Dies gilt insoweit, als dass die Berücksichtigung eines eventuellen Reklamationsanlasses sich auf das Ausmaß der Erwartungsenttäuschung auswirkt, zumeist aber nicht auf die Tatsache, ob diese vom Konsumenten als solche wahrgenommen wird. Des Weiteren ist für Reklamationen typischerweise eine Problemexplikation (sprich: zumindest die *Darstellung* einer Erwartungsenttäuschung) erforderlich.

[20] Der zu leistende Aufwand und die erwartete Qualität lassen sich aus dem Material heraus aus je drei Aspekten der individuell gewichteten konsumrelevanten Wissensbestände konzipieren. Darunter fallen erstens Annahmen über das Konsumgut. Dies meint Erwartungen an Qualität und Fehlerfreiheit des Kaufgegenstandes hinsichtlich der den Konsumenten interessierenden Eigenschaften und des Funktionsumfangs, aber auch die Preisspanne, in der Güter entsprechenden Funktionsumfangs und angestrebter Qualität verfügbar sind, sowie mögliche Folgekosten, die zur Gewährleistung der Nutzung notwendig werden können. Zweitens das Wissen über den jeweiligen Anbieter. Der Konsument verfügt über Annahmen zu Unternehmensabläufen und -strategien, z. B. zu Kaufmodalitäten, Bezahlmöglichkeiten, Lieferdiensten, Reklamationsanforderungen, die für ihn im Austausch mit dem Anbieter, beim Informieren, Kaufen, Nachfragen und Reklamieren relevant werden können. Drittens selbstbezogene Vorannahmen hinsichtlich der Nutzung. Damit ist gemeint, inwiefern der Kaufgegenstand den je eigenen Nutzenserwartungen entspricht und der Konsument meint, über die für die Nutzungsabsicht notwendigen Fähigkeiten zu verfügen.

menten eine Erwartungshaltung bezüglich der Qualität des Kaufes hinsichtlich des Produktes bzw. der Dienstleistung, der Abwicklung durch den Anbieter und der eigenen Nutzung sowie gegenüber dem notwendigen Aufwand, den Kaufgegenstand selber nutzen bzw. weiter nutzen zu können. Schätzt der Konsument z. B. die Qualität oder den Preis des Konsumguts im Vergleich zu anderen Angeboten und Anbietern als niedrig ein, dann steigt damit die Erwartbarkeit des Auftretens eines Reklamationsanlasses.

3.1 Reklamieren bei antizipierten Reklamationsanlässen

Insofern Konsumenten erwarten – oder eben nicht erwarten –, dass sie mitunter nach dem Kauf enttäuscht werden und sich wieder an den Anbieter wenden müssen, lassen sich verschiedene Strategien im Umgang mit dem Kaufgegenstand beobachten. Bei erwarteten Reklamationsanlässen gehen Konsumenten deutlich sorgfältiger mit dem Kaufgegenstand um, dokumentieren ausführlicher Kauf und Nutzung desselben und sind generell informierter über austauschorientierte Eigenheiten des Anbieters (Rückgabemodalitäten etc.). Verpackung wird z. B. nicht sofort entsorgt, sondern aufbewahrt, evtl. angebrachte Schilder bei Textilien, Schutzfolien bei Displays etc. werden, sofern sie die Nutzung nicht zu stark einschränken, so belassen, bis die erwartbaren Fehler(quellen) überprüft und weitestgehend ausgeschlossen sind. Generell wird der Kaufgegenstand entsprechend des erwarteten Anlasses sorgfältiger geprüft, wobei Konsumenten entsprechend der antizipierten Fehler und Probleme aufmerksamer im Umgang mit dem Kaufgegenstand sind. Zusätzlich werden für die Reklamation benötigte Requisiten, wie Bestell- und Rechnungsbescheide, notwendige Informationen für den Anbieter oder Hersteller, wie organisatorisch erforderliche Kunden- und Bestellnummern, Kundenkarten oder Ähnliches vom Konsumenten im Falle eines erwartbaren Reklamationsanlasses vorgehalten. Darüber hinaus sind Konsumenten typischerweise bei erwartbaren Reklamationsanlässen weitgehender über Kontaktmöglichkeiten gegenüber dem Anbieter und über rechtliche und anbieterseitige Reklamationsmodalitäten informiert.

Die Antizipation der Möglichkeit, die Dienstleistung oder das Produkt beim Anbieter oder Hersteller unter Umständen reklamieren zu müssen, führt nicht nur zu einem sorgfältigeren Umgang mit dem Produkt, sie wirkt sich auch auf die Einstellung gegenüber dem Produkt aus. So wird durch die Erwartbarkeit eines Reklamationsgrundes z. B. das Gefühl der Vorfreude gedämpft, da eine vollständige Nutzung entsprechend der eigenen Vorstellung nicht oder nur für kurze Zeit gewährleistet ist und das Produkt zunächst reklamiert, d. h. eventuell dem Anbieter oder Hersteller zurückgegeben bzw. zurückgeschickt werden muss. Auch sind die für eine Reklamation notwendigen Handlungsschritte – wie z. B. das postalische Zurückschicken der Ware – meist vorbereitet und in den Alltag des Konsumenten integriert. Damit ist das Empfinden der Reklamation als Störung des Konsumalltags niedriger und damit auch das Maß der Enttäuschung im Falle einer notwendigen Reklamation. Begleitende negative Emotionserfahrungen wie z. B. Verärgerung, Enttäuschung etc. und die Motivation, diese Erwartungsenttäuschung zu artikulieren, sind daher weit weniger stark ausgeprägt. Man kann zusammenfassend festhalten, dass die Antizipation einer möglichen Reklamation bereits beim Kauf deutliche Unterschiede in den Konsumpraktiken und Einstellungen zeitigt. Kommt es dann zu einer Reklamation, zielt diese eher auf Ersatz oder Rückgabe der Ware, da ein generelles Interesse an der Verwendung des (fehlerfreien) Produktes beim Käufer unterstellt werden kann.[21] Entsprechend des höheren Wissensstandes um Reklamationsmodalitäten und mögliche Reklamationsabwicklungen zeigen Konsumenten in Fällen antizipierter Reklamation eine Tendenz zur Regelkommunikation (d. h. der Nutzung anbieterseitig vorgegebener und vorstrukturierter Adressierungen wie z. B. Formulare etc.) gegenüber dem Anbieter, da die Motivation zur Frustrationsdarstellung oder zur Formulierung einer über das Normalmaß hinausgehenden Kompensationsforderung geringer ausfällt. Dementsprechend ist zu vermuten, dass Reklamierende in diesem Fall auch von einer größeren Wahrscheinlichkeit des Erfolgs der Reklamation ausgehen und sich entsprechend ihres höheren Wissenstandes befähigter fühlen, zu reklamieren. Mitunter reklamieren entsprechend erfahrene Konsumenten auch häufiger, da das vorbereitete und damit selbstverständlicher ablaufende Reklamieren als eine (bestimmte) Produkte begleitende, nahezu alltägliche Handlungspraxis angesehen wird.

Im Gegensatz dazu ist bei einem nicht erwarteten Reklamationsanlass ein weniger sorgfältiger Umgang mit dem Produkt, ein niedrigerer Informationsgrad bezüglich anbieterseitiger Modalitäten etc. wahrscheinlicher, da der Konsument davon ausgeht, mit Erhalt der Ware oder der Dienstleistung in keinen weiteren Kontakt mit dem Anbieter oder Hersteller treten zu müssen. Das Wissen über Reklamationsanforderungen und Kontaktmöglichkeiten ist dementsprechend geringer ausgeprägt. Kommt es doch zu einem Reklamationsanlass, ist hier mit einer stärker ausge-

---

[21] Dies ist anzunehmen, da es nicht zum Akt des Kaufens kommen würde, wenn der Konsument nicht eine irgendwie geartete Vorstellung davon hätte, warum er etwas konsumieren möchte. Sofern das Haben-Wollen allerdings besonders hoch ausgeprägt ist und die Nutzung der Ware in Relation zum aufgetretenen Mangel als hinnehmbar gesehen wird, kann es sein, dass eine Reklamation gegenüber dem Anbieter oder Hersteller ausbleibt, weil entweder der Produktmangel auf Basis des eigenen Wissens behoben oder aber als nicht relevant bewertet wird.

prägten Erwartungsenttäuschung zu rechnen. Folglich kann vermutet werden, dass die Motivation zur Äußerung dieser Erwartungsenttäuschung sowie der Grad der Emotionalität beim Reklamieren stärker ausgeprägt sind. Wenn eine Reklamation nicht erwartet wird, gestalten sich die entsprechenden Handlungsschritte aufwendiger. Auftretende Reklamationen werden infolge des hierfür notwendigen höheren Informations- und Handlungsbedarfs stärker als Störung des Konsumalltags (und damit der Selbstverständlichkeit gelingenden Konsumierens) wahrgenommen.

Hier zeigen sich weitreichende Folgen von reklamationsbezogenen Vorannahmen für die Strategien des Kaufens, Konsumierens und Reklamierens auf Seiten des Konsumenten. Dies kann soweit gehen, dass entsprechend der umfassenden Informationsrecherche und Vorbereitung vor und während des Kaufes erwartete Probleme gar nicht erst auftreten und sozusagen entsprechende Negativerwartungen ‚enttäuscht' werden:

> Ich nutze auch ganz oft diese Preissuchmaschinen, und bei den Preissuchmaschinen ist es eben auch so mittlerweile, dass da auch ein Kundenrating ist. Also Leute bewerten den Shop, ob der zuverlässig geliefert hat, ob es Probleme gab und so was. Und wenn ich dann diese Listen durchgehe mit den Tiefstpreisen, dann nehme ich auch nicht immer den tiefsten, wenn der schlecht bewertet wird, sondern warte, bis ich wirklich einen gefunden habe, der günstig ist, aber eben auch gute Bewertung hat. Und dann gibt es ja noch diese Trust-Siegel und weiß der Geier was alles, da achte ich auch darauf. Da denke ich wirklich, dass es dann daran liegt dass ich eben keine schlechte Erfahrung gemacht habe mit Services und so, weil ich eben dann doch darauf achte. (I5)

Dieser Handlungstypus – der infolge von Reklamationserwartungen und Risiken beim Online-Shoppen ein daran orientiertes, komplexes Konsumhandeln an den Tag legt und dabei für sich spürbar diese Risiken minimiert – ist vor allem für die Diskussion von Mediatisierungseffekten ein besonders spannender Fall.

4 Mediatisierung von Konsumhandeln

Entsprechend des empirischen Materials findet sich vor allem bei erfahrenen und häufigen Online-Shoppern die Einstellung, dass Reklamationsanlässe antizipiert werden. Wir haben dabei die begründete These, dass dies hinsichtlich der eingangs beschriebenen medienspezifischen Charakteristika des Online-Shoppens interpretiert werden muss. Folglich stellt sich die Frage, ob und wie diese Beobachtungen beim Online-Shoppen als sozialer Wandel von im gesellschaftlichen Wissensvorrat etablierten Kommunikations- und Interaktionsformen – hier im Konsumhandeln – beschrieben werden können (vgl. Krotz 1995). In der letzten Zeit werden Ergebnisse dazu in der Forschung zur Mediatisierung (vgl. Couldry 2008; Hjarvard 2008; Krotzund Hepp 2012; Lundby 2009; Schulz 2004) verhandelt.[22]

4.1 Neue Medien – neues Handeln: Mediatisierungskonzepte

Um die hier beschriebenen begründeten Annahmen der Veränderung des Reklamierens und damit des Konsumhandelns in Online-Kontexten fassbar zu machen, bietet sich u. a. Winfried Schulz' (2004) konzeptionelle Unterscheidung zwischen Extension, Substitution, Amalgamation und Akkommodation an, um die graduellen Folgen des Medienwandels zu verdeutlichen:[23]

- Mit Extension (Schulz 2004, S. 88) ist zunächst die Erweiterung von Kommunikationskapazitäten über Zeit und Raum gemeint (vgl. Wilke 1999, S. 51). Wie ein Megaphon dazu dient, mehr Adressaten zu erreichen, als mit der bloßen Stimme, erweitert das Internet die Reichweite von Kommunikation.
- Konsumenten können das Internet nutzen, um sich Angebote zu erschließen, die für sie nicht ohne weiteres erreichbar wären. Sie können zudem im Falle einer Reklamation vor allem über asynchrone Kommunikationsformen wie E-Mail Anbieter zu jeder Zeit an jedem Ort zu erreichen versuchen.[24]

---

[22] Inwieweit ein kultureller Wandel auf medientechnische oder auf soziale Dynamiken zurückzuführen, medienspezifisch oder gesellschaftlich übergreifend ist, bleibt aufgrund der Komplexität der dazu notwendigen Analyse abschließend kritisch zu bewerten. Vorsicht ist geboten Auffälligkeiten ‚voreilig' kommunikativen Kontexten zuzuschlagen. Peter Sieber, der sich mit Schulaufsätzen aus knapp einem Jahrhundert befasst, führt z. B. die Verbreitung konzeptioneller Mündlichkeit auf gesellschaftliche Prozesse, wie Individualisierung und damit einhergehende Ansprüche an Authentizität und Bedeutung eigener Erfahrungen, zurück (vgl. Sieber 1998, S. 201 ff.). D. h. hier wird ein Wandel der Art und Weise der Kommunikation in Medien nicht auf einen übergreifenden Medienwandel zurückgeführt, sondern an andere gesellschaftsdiagnostische Konzepte angeschlossen.

[23] Hjarvard (2008, S. 114 f.) differenziert zusätzlich zwischen einer starken und einer schwachen Form der Mediatisierung. Damit unterscheidet er, ob sich die Mediatisierung (als Extension, Substitution, Amalgamierung und Anpassung) auf zentrale oder begleitende Handlungen bezieht. Als direkte, starke Form bezeichnet er medienvermittelte Tätigkeiten, die zuvor ohne Medieneinsatz erfolgten, wie z. B. ein Schachspiel im Internet. Als indirekte, schwache Form fasst Hjarvard, wenn eine Kernaktivität von umgebenden medienvermittelten Aktivitäten beeinflusst wird, wie z. B. unternehmenseigene Fernsehkanäle in Fast-Food-Restaurants. Bezüglich des Online-Shoppens bzw. Reklamierens ist also zunächst von einer starken Mediatisierung auszugehen, wohingegen medial angereicherte Kauf- und Reklamationssituationen z. B. an der Ladentheke als schwache Form gewertet werden können.

[24] Es handelt sich also um eine chancenhafte Extension, da der Anbieter entsprechend auch erreicht werden, d. h. gegenüber dem Kundenanliegen reagieren muss, damit eine Reklamationsinteraktion zu Stande kommt.

- Substitution (Schulz 2004, S. 88 f.) bezeichnet dagegen die Ersetzung sozial vermittelter durch medienbezogene Aktivitäten. Hierunter fällt z. B. das Schachspielen gegen computergesteuerte Gegenspieler (sogenannte Bots), die menschliche Mitspieler ersetzen und damit die Aktivität Schachspielen verändern.
- Beim Online-Shoppen agieren Kunden typischerweise gegenüber einem Interface, welches sie bedienen. Online-Shoppen ist als eine über das Interface vermittelte dyadische Dienstleistungsbeziehung zwischen Anbieter und Kunden sozial entgrenzt, da hier ein direktes Gegenüber, ein Mitarbeiter zunächst entfällt. Dies trifft bei Reklamationen vor allem bei standardisierten und formalisierten Rückgaben ebenso zu. Typischerweise wird jedoch beim Reklamieren die dyadische in eine triadische Dienstleistungsbeziehung mit Service-Mitarbeiter zurück transformiert. Dies geschieht zumeist aufgrund der Aushandlungsbedürftigkeit der Situation – d. h. für gewöhnlich muss auch eine Rückgabe angenommen, müssen organisationale Vorgaben erfüllt, Anlässe und Forderungen akzeptiert werden.
- Amalgamation (ebd.: 89) meint darüber hinaus die Vermischung von medienbezogenen Aktivitäten mit anderen Praktiken. Hierunter fällt nach Schulz z. B. das Zeitunglesen in der Straßenbahn, das Fernsehschauen beim Essen usw.
- Amalgamationen beim Konsumieren finden sich vor allem beim Kaufen, wenn vor Ort im Laden über Smartphones Produktbewertungen online abgerufen werden, aber auch beim Reklamieren, wenn Online-Bewertungen und anderweitige Informationen in die Face-to-Face-Interaktion eingeholt werden.
- Dass sich wiederum Handelnde an die Medienumgebungen anpassen, fasst Schulz konzeptuell als Akkommodation (ebd.: 89 f.) auf. Dabei befinden sich oft Mediatisiertes und Mediatisierendes in einer wechselseitigen Steigerung. Konsumsoziologisch handelt es sich um den u. E. nach interessantesten Fall. Bei Schulz wird Akkommodation jedoch vor allem aus strukturtheoretischer Perspektive gefasst. Dies geht – wie noch gezeigt wird – mit der Reflexivität von Anbieter- und Kundenverhalten einher. Für eine konsumsoziologische Mediatisierungsforschung ist hier jedoch ein handlungstheoretisch unterfütterter Akkommodationsbegriff hilfreich, wie er folgend vorgestellt wird.

4.2 Mediatisierung von Konsumhandeln – eine konsumsoziologische Perspektive

Zunächst können die Antizipation von Reklamationsanlässen und die daran orientierten Handlungsweisen als Akkommodation seitens der Konsumenten – infolge gemachter oder vermittelter Erfahrungen beim Online-Shopping und damit wahrgenommener Risiken – interpretiert werden. Akkommodation kann des Weiteren in zweifacher Hinsicht differenziert werden. Zum einen als Akkommodation, welche in den konkreten Handlungsphasen beim Konsumieren deutlich wird und an den wahrgenommenen Konsumproblemen beim Online-Shoppen orientiert ist, zum anderen hinsichtlich wechselseitiger Beeinflussung von Anbietern (Produkte zugänglich zu machen, zu bewerben, aber auch mitunter Kunden zu übervorteilen) und Kunden (Informationen über Produkte und Anbieter zu erhalten und Konsumrisiken zu bearbeiten).

4.3 Akkommodation als Transformation von Erwartungen, Entwürfen und Vollzügen von Handeln

Mediatisierung wird in der Forschungsliteratur vorrangig als gesellschaftsweiter kultureller Wandel verstanden. Dementsprechend werden Veränderungen vor allem auf der Aggregationsebene rekonstruiert. Konsumsoziologisch – d. h. auf das Konsumhandeln in den einzelnen Phasen von Bedürfnisentstehung, Informationssuche, Kaufentscheidung, Kauf, Nutzung und Entsorgung bezogen – interessant ist dabei, den Aspekt der Akkommodation phänomenologisch-handlungstheoretisch erweitert zu verstehen. Dies soll im Folgenden heißen, dass das Handeln sich verändert, wenn es in und vermittelt durch technische Medien geschieht. Angelehnt an Alfred Schütz' Explikation des Handlungsbegriffs (vgl. Schütz und Luckmann 1979, 1984) soll Mediatisierung heißen die Transformation von sozialem Handeln durch Medien a) hinsichtlich der Erwartungen, an denen dieses Handeln ausgerichtet und entsprechend entworfen wird, b) hinsichtlich der Handlungsschritte und den zur Verfügung stehenden Handlungsmustern und c) hinsichtlich der Bewertung der Ergebnisse der abgeschlossenen Handlung. Dabei kann angelehnt an Hjarvards (2008, S. 114 f.) Unterscheidung in schwache und starke Formen der Mediatisierung unterschieden werden, ob medienspezifische Handlungselemente zur Handlungsform Reklamation hinzutreten (schwache Form) oder ob die Handlungsform derart verändert wird, dass das Handeln nicht mehr als Reklamieren bezeichnet werden kann – und mitunter eine neue Handlungsform entwickelt wird oder zur Anwendung kommt (starke Form).

Der neuere Medienwandel zeitigt hier insoweit kulturelle Folgen, zumindest deutet unser Datenmaterial darauf hin, dass Konsumprobleme nach dem Kauf gerade bei häufigen Online-Shoppern zunehmend erwartet und dementsprechend Reklamationen praktiziert werden. Kunden erwarten aufgrund der medialen Eigenheit des Online-Shoppen (Konsumgüter nicht in situ prüfen zu können) und der Struktur des Marktes (Anbieter von Privatpersonen bis hin zu Konzernen aus aller Welt, die vergleichsweise kostengünstig Waren anbieten können) das Auftreten bestimmter Probleme und orientieren ihr Handeln daran. Dies kann als schwache Form der Mediatisierung von Reklamieren gewertet werden. Dabei wird jedoch nicht die Handlungsform des Reklamierens an sich transformiert.

Darüber hinaus lassen sich im empirischen Material Hinweise finden, dass bei diesen erfahrenen Online-Shoppern auch das Konsumhandeln dezidiert an Reklamationserwartungen ausgerichtet ist. Dies kann das Konsumhandeln generell anleiten, ohne dass Reklamationen auftreten (starke Form). Als präventives Konsumhandeln soll hier ein solches bezeichnet werden, wenn Konsumenten ihr Handeln an der Antizipation möglicher Reklamationsfälle ausrichten und darauf hin orientieren, dass Reklamationsfälle gar nicht erst auftreten (und nicht darauf, im Fall einer Reklamation kompetent tätig zu werden). Mitunter treten Reklamationsanlässe dann auch nicht auf (aber die Konsumentscheidung ist daran orientiert). Hier handelt es sich nicht nur um bestimmte Fähigkeiten (Wissen über Informationsseiten, Kommunikationsformen etc.), sondern auch um eine Bereitschaft, diese zu nutzen und mitunter nicht zu kaufen (Angebote und Anbieter eine zeitlang zu beobachten), sich weitergehend zu informieren, beim Kauf den Transport über den Lieferdienst zu verfolgen, das Produkt sorgfältig zu überprüfen etc.

Die zunehmende Komplexität des Konsumhandelns, intensivere Recherchen und eine Form der Selbstüberwachung (sprich: bewusst darauf zu achten, dass und was man online einkauft), um nicht ‚trügerischen' Schnäppchen zu folgen, aber auch eine Beobachtung des Marktes und der Anbieter etc. können dabei als handlungsseitiges Komplement zu immer unüberschaubareren und komplexer werdenden Märkten gewertet werden, um das Enttäuschungsrisiko (vgl. Schulze 2005, S. 63 ff.) beim Online-Shoppen zu reduzieren. Die beiden folgenden Interviewstellen veranschaulichen dieses Handlungsmuster:

> Ich habe mir nicht alle 180 Produktbewertungen durchgelesen. Man liest sich ja meistens die beste oder sagen wir mal die besten zehn und dann die schlechteste durch und guckt dann, wie sind die geschrieben, wie seriös beschreibt derjenige die Bewertung, wie sehr kann man dem vertrauen. Weil, wie ich schon betont habe, Internetshopping ist halt viel Vertrauen. Erstens muss man dem Shop vertrauen, zweitens muss man dem Produkthersteller vertrauen und drittens sollte man sich doch selber vertrauen, dass man das richtige kauft ((lacht)). Und, ja, da kam ich dann halt unter Einbeziehung all der Informationen dann zu dem Urteil, dass der Kauf zu erwägen wäre, dass der sich lohnt und gerechtfertigt [ist], dass es ein Schnäppchen ist. (vgl. I7)
> Eigentlich google ich immer alles. Und auch immer explizit in den Foren, in denen ich eben weiß, dass da kein Quatsch geschrieben wird. Es gibt so ein paar Foren, die kenne ich mittlerweile, und da stelle ich auch manchmal meine Fragen, wenn ich jetzt irgendwas Neues kaufen möchte und will das bewertet wissen und irgendwelche Erfahrungsberichte. Dann recherchiere ich da auch wirklich, wie die Geräte sind. Ich meine, ich habe ja diese 14 Tage, wenn ich online kaufe, irgendwas zu testen, aber will natürlich nicht den Ärger haben, dass dann zu testen, wieder einzupacken, wieder

zurückzuschicken und dann wieder was zu bestellen. Und dann dauert es ja auch ein bißchen, bis ich dann eben mein Gerät habe und dann will ich dann vorher schon wissen < Was ist gut > , wenn ich es denn nicht schon testen kann. Und das kann ich dann bestellen, und da recherchiere ich dann schon ein bißchen. (I5)

Als kompetent Konsumierende verstehen sich Akteure dann, wenn sie wenige oder keine Reklamationsfälle haben und dies auch auf ihr präventiv an möglichen Reklamationen (mitunter auch anderen möglichen Konsumproblemen) ausgerichtetes Handeln zurückführen.

4.4 Akkommodation als Reflexivität von anbieter- und kundenseitigem Handeln

Diese Veränderungen im Konsumhandeln können zum anbieterseitigen Handeln in Kontrast gesetzt werden. Konsumenten suchen entsprechend medientechnischer Limitierungen und Möglichkeiten nach Wegen, Konsumrisiken zu bearbeiten. Sie nutzen diese ihnen zugänglichen Möglichkeiten aber auch, um entsprechend ihr Anliegen bei Anbietern vor- und durchzubringen. Anbieter reagieren darauf und stellen Informationsangebote bereit, versuchen aber auch, diese – wenn sie als nachteilig erachtet werden – zu limitieren.[25]

In einer gegenseitigen reflexiven Steigerung installieren Anbieter Barrieren und Regelkommunikationen, bemühen sich mitunter, unzufriedene Konsumentinnen in der Menge unsichtbar zu machen (vgl. Galanova 2011, S. 65) und unerwünschte, emotionalisierte Kommunikation zu neutralisieren (vgl. Grenz und Eisewicht 2013). Unzufriedene Konsumentinnen lernen an diesen Strukturen und entwickeln Umgehungsstrategien, sich zu informieren und gegebenenfalls ihr Anliegen vorzubringen. Dies kann dazu führen, dass Verhalten, was durch diese Strukturen ‚außen vor' bleiben soll, in gesteigerter Intensität dem Anbieter gegenüber vorgebracht wird, findige unzufriedene Konsumentinnen also anbieterseitige Maßnahmen versuchen zu de-neutralisieren.

Mit Anthony Giddens (vgl. Beck et al. 1996; Giddens 1995) ließe sich mit Blick auf diese reflexive Steigerung beschreiben, wie mit zunehmender Diffusion von Customer-Relationship-Management-Maßnahmen (und aufgrund der entsprechenden kundenseitigen Erfahrungen damit oder durch Berichte anderer Kunden über den Anbieter, Kontaktmöglichkeiten, Callcenter-Strukturen etc.), Konsumenten Handlungsstrategien entwickeln und anwenden, um reklamationsbezogene

---

[25] Ein Beispiel hierfür ist m. E. die Bemühung von Hoteliers und Hotelketten, potentielle Kunden von Hotelbewertungs- und -buchungsseiten ‚wegzulocken', indem auf firmeneigenen Seiten gleiche oder aber günstigere Konditionen geboten werden.

Entscheidungen des Anbieters (hinsichtlich der Verantwortlichkeit für das Problem, der Triftigkeit desselben und der dafür zu leistenden Kompensation) zu ihren Gunsten zu beeinflussen. Ein Beispiel dafür wäre ein kundenseitiges Verhalten, das auf die Service-Diskriminierung und das Outsourcen von Kundenkontakten über Call-Center reagiert (z. B. durch Versuche, andere, höher positionierte oder als kompetenter wahrgenommene Ansprechpartner zu erreichen) und damit anbieterseitige Entscheidungen – nicht nur über Reklamationsfälle, sondern z. B. auch über Kaufangebote – für den Kunden positiv beeinflusst.

Ein solches Verhalten kann als Anzeichen dafür gesehen werden, dass Kunden die Grenzen von Service-Diskriminierungen zu ihren Gunsten zu verschieben suchen. Und wären sie damit erfolgreich (gegenüber dem Anbieter als ‚wertvoller', ‚gefährlicher', ‚einflussreicher' zu erscheinen, als sie es unter anderen Gesichtspunkten wären), dann ließe sich begründet von einem typischen Fall von Reflexivität in der Moderne und damit einer unbeabsichtigten Nebenfolge (z. B. Reklamierende, die erfolgreich sind, indem sie CRM-Maßnahmen zu ihren Gunsten nutzen bzw. deren Funktionsweise in ihr Handeln einbeziehen) eines Rationalisierungsprozesses (anbieterseitig Reklamationsbearbeitungen nach Kundenwert zu diskriminieren und zu organisieren, aber auch Informations- und Kaufmöglichkeiten entsprechend wirtschaftlich zu Gunsten des Anbieters zu regulieren) sprechen. Oder mit Giddens (1995, S. 54) gesprochen: „Die Reflexivität des Lebens in der modernen Gesellschaft besteht darin, daß soziale Praktiken [hier: Konsumhandeln einschließlich Reklamieren; Anmerkung P.E.] ständig in Hinblick auf einlaufende Informationen über ebendiese Praktiken [hier: CRM-Konzeptionen, Einsichten aus der Marktforschung, Ergebnisse aus der Beschwerdeforschung, Hinweise von Verbraucherschützern u. a.] überprüft und verbessert werden, so dass ihr Charakter grundlegend verändert wird."[26] Die Frage nach der Veränderung der sozialen Praktiken, wie sie im Mediatisierungsdiskurs bereits implizit ist, stellt sich hier im Kontext der Dynamik der Anbieter-Kunden-Beziehung und der gegenseitigen Einflussnahme erneut.

5 Zusammenfassung

Die Veränderungen des Konsumhandelns im Kontext von Online-Shopping sind, wie zu zeigen versucht wurde, vielfältig und gravierend. Die Konsumbedingungen in Onlinekontexten transformieren konsumentenseitige Erwartungen an

---

[26] Dies gilt wechselseitig, da sich auch Anbieter auf diese Anpassungen der Kunden wiederum anpassen, Sicherungssysteme, wie detaillierte Kundenakten etc. anlegen usw.

das Konsumhandeln und daran orientierte Handlungsentwürfe. Dabei gehen Konsumerfahrungen in den Wissensvorrat als Erfahrungen ein und leiten zukünftiges Handeln an. Konsumentinnen ändern ihre Orientierungen hinsichtlich Preisklassen und Anbieterpräferenzen. Sie greifen auf Recherchestrategien und Argumentationsmuster zurück, die sie z. B. beim Reklamieren entworfen, sich angeeignet und angewandt haben.

Reklamieren „ist das Zeichen eines Problems und eine Routine im Prozess der Störungsüberwindung und der Wiedergutmachung" (Galanova 2011, S. 72). Mit der Orientierung des unzufriedenen Konsumenten an der Beseitigung oder der Vermeidung von Warenmängel – gleichwohl welche Form diese annimmt – und dem Einfluss von Shopping- und Reklamationserfahrungen auf Konsumorientierungen ist Reklamieren dann nicht nur lediglich „Unzufriedenheitskommunikation" wie Olga Galanova (2011) es bezeichnet, sondern eine Form von (problemorientiertem) Konsumhandeln. Dergestalt als Form „problemlösenden Handelns" (vgl. Heuberger 1992) greifen Konsumenten dabei auf (Re-)Konstruktionen zurück, anhand derer sie in der Isolierung relevanter Kontexte Sachverhalte zu generalisieren suchen (vgl. ebd.: 106 ff.), um Konsumprobleme adäquat und angemessen zu bearbeiten und darin (und nicht im Unterlassen von Problemlösungsversuchen oder Umdeuten des Problems) zu überwinden, d. h. zu beheben. Neben der konsumsoziologischen Lesart von Konsum in seiner symbolischen Funktion (subjektiv-hedonistisch oder sozialstrukturell-sozialisatorisch bestimmt) kann – so wurde hier hinsichtlich der Folgewirkungen des neueren Medienwandels argumentiert – eine Perspektive auf Konsumhandeln unter dem Aspekt von Handlungsproblemen und deren Bearbeitung mit Hilfe von Routinen und Reparaturmechanismen gewinnbringend sein.

Literatur

ARD, und ZDF. 2012. ARD/ZDF Onlinestudie 2011. Ausgewählte Ergebnisse. http://www.ard-zdf-onlinestudie.de. Zugegriffen: 9. März 2013.
Beck, Klaus. 2006. *Computervermittelte Kommunikation im Internet*. München: Oldenbourg.
Beck, Ulrich, Anthony Giddens, und Scott Lash. 1996. *Reflexive Modernisierung. Eine Kontroverse*. Frankfurt a. M.: Suhrkamp.
BITKOM Bundesverband Informationswirtschaft, Telekommunikation, und neue Medien e. V. 2011. Netzgesellschaft. Eine repräsentative Untersuchung zur Mediennutzung und dem Informationsverhalten der Gesellschaft in Deutschland. Berlin: Bitkom.
Canhoto, Domingos, und Ana Isabel Clark. 2011. The state of complaint management research – Review and research directions. Paper presented at the Academy of Marketing Conference 2011, Liverpool, July.

Corbin, Juliet, und Anselm Strauss. 2008. *Basics of Qualitative Research.* 3. Aufl. Thousand Oaks: Sage.
Couldry, Nick. 2008. Mediatization or mediation? Alternative understandings of the emergent space of digital storytelling. *New Media & Society* 10 (3): 373-391.
DIHK, Deutscher Industrie-, und Handelskammertag e. V. 2010. *Auswertung der Umfrage zur Praxis des Widerrufs im Fernabsatz bei Warenlieferungsverträgen auf der Basis von 385 Rückantworten.* Berlin: DIHK.
Döring, Nicola. 2003. Sozialpsychologie des Internet. *Die Bedeutung des Internet für Kommunikationsprozesse, Identitäten, soziale Beziehungen und Gruppen.* Göttingen: Hogrefe.
Dürscheid, Christa. 2005. Medien, Kommunikationsformen, kommunikative Gattungen. In *Linguistik* Online 22, 1/05.
Eisewicht, Paul. 2013. *Reklamieren als Form kompetenten Konsumhandelns.* Universitätsdissertation (in Vorbereitung).
Eisewicht, Paul, und Tilo Grenz. 2010. Towards the methodical fixation of fragmented and elusive social proceedings in the context of the internet: Considerations on complains due to online computer shopping. Conference paper presented at the ESA Midterm Conference paper presented at the ESA Midterm Conference (RN 20 ‚Qualitative Methods') on ‚Innovating Qualitative Research: Challenges and Opportunities', Bayreuth.
Falk, Pasi, und Colin Campbell, Hrsg. 1997. *The Shopping Experience.* Sage: London.
Galanova, Olga. 2011. *Unzufriedenheitskommunikation. Zur Ordnung sozialer Un-ordnung.* Wiesbaden.
Giddens, Anthony. 1995. *Konsequenzen der Moderne.* Suhrkamp: Frankfurt a. M.
Girtler, Roland. 2001. *Methoden der Feldforschung.* Wien: Böhlau.
Goffman, Erving. 1973. Asyle. *Über die soziale Situation psychiatrischer Patienten und anderer Insassen.* Frankfurt a. M.: Suhrkamp.
Goffman, Erving. 1982. *Das Individuum im öffentlichen Austausch. Mikrostudien zur öffentlichen Ordnung.* Frankfurt a. M.: Suhrkamp.
Graddol, David. 2006. English Next. *Why global English may mean the end of „English as a foreign language".* o. O.: British Council.
Grenz, Tilo, und Paul Eisewicht. 2013. Emotionen beim Reklamieren infolge von Online-Shopping. In *Transnationale Vergesellschaftungen. Verhandlungen des 35. Kongresses der Deutschen Gesellschaft für Soziologie in Frankfurt am Main 2010,* Hrsg. Hans-Georg Soeffner. Wiesbaden: VS & Cd-Rom.
Gutek, Barbara A., Cherry Bennett, Anita D. Bhappu, Sherry Schneider, und Loren Woolf. 2000. Features of Service Relationships and Encounters. *Work and Occupations* 27 (3): 319-351.
Handelsverband Deutschland e. V. 2011. *Zahlenspiegel 2011.* HDE: Berlin.
Hanekop, Heidemarie, und Volker Wittke. 2005. Der Kunde im Internet. In *Der Kunde in der Dienstleistungsbeziehung,* Hrsg. Heike Jacobsen und Stephan Voswinkel, 193-217. Wiesbaden: VS.
Hartmann, Maren. 2008. Domestizierung 2.0: Grenzen und Chancen eines Medienaneignungskonzeptes. In: *Theorien der Kommunikations- und Medienwissenschaft. Grundle-*

gende Diskussionen, Forschungsfelder und Theorieentwicklungen, Hrsg. Carsten Winter, Andreas Hepp und Friedrich Krotz, 401–416. Wiesbaden: VS.

Heinemann, Gerrit. 2012. *Der neue Online-Handel. Erfolgsfaktoren und Best Practices.* Wiesbaden: Gabler.

Helfferich, Cornelia. 2005. Die Qualität qualitativer Daten. *Manual für die Durchführung qualitativer Interviews.* Wiesbaden.

Hellmann, Kai-Uwe. 2010. Konsumsoziologie. In: *Handbuch Spezielle Soziologien,* Hrsg. Georg Kneer und Markus Schroer, 179–195. Wiesbaden: VS.

Heuberger, Frank. 1992. Problemlösendes Handeln. Zur Handlungs- und Erkenntnistheorie von George Herbert Mead, Alfred Schütz und Charles Sanders Peirce. Frankfurt am Main: Campus.

Hjarvard, Stig. 2008. The mediatization of society. A theory of the media as agents of social and cultural change. *Nordicom Review* 29 (2): 105–134.

Höflich, Joachim R. 1997. Zwischen massenmedialer und technisch vermittelter interpersonaler Kommunikation. Der Computer als Hybridmedium und was die Menschen damit machen. In: *Computernetze – ein Medium öffentlicher Kommunikation,* Hrsg. Klaus Beck und Gerhard Vowe, 85–104. Berlin: Spiess.

Imhof, Kurt, Roger Blum, Heinz Bonfadelli, und Otfried Jarren, Hrsg. 2004. *Mediengesellschaft. Strukturen, Merkmale, Entwicklungsdynamiken.* Wiesbaden: VS.

Jansson, André. 2002. The mediatization of consumption. Towards an analytical framework of image culture. *Journal of Consumer Culture,* 2 (1): 5–31.

Kempe, Michael. 2011. *Ungeplante Käufe im Internet.* Wiesbaden: Gabler.

Kirschner, Heiko. 2012. Massively Multiviewer. Mediatisierte Live-Erlebnisse am Beispiel Livestream. In: *Techniken der Zugehörigkeit. Karlsruhe: KIT Scientific,* Hrsg. Paul Eisewicht, Tilo Grenz, und Michaela Pfadenhauer, 77–92.

Kittler, Friedrich. 2004. *Aufschreibsysteme 1800/1900.* München: Fink.

Krotz, Friedrich. 1995. Elektronisch mediatisierte Kommunikation. *Überlegungen zur Konzeption einiger zukünftiger Forschungsfelder der Kommunikationswissenschaft. Rundfunk und Fernsehen* 43 (4): 445–462.

Krotz, Friedrich, und Andreas Hepp, Hrsg. 2012. *Mediatisierte Welten. Forschungsfelder und Beschreibungsansätze.* Wiesbaden: VS.

Lee, Se-Jin, Wei-Na Lee, Hyojin Kim, und Patricia A. Stout. 2004. A comparison of objective characteristics and user perception of web sites. *Journal of Interactive Marketing* 4 (2): 61–75.

Lundby, Knut, Hrsg. 2009. *Mediatization. Concepts, changes, consequences.* New York.

Nietzsche, Friedrich. 1982. Brief an Heinrich Köselitz in Venedig. Online unter: http://www.nietzschesource.org/eKGWB/search/single_result. Zugegriffen: 05. März 2013.

Petersen, Robert A., und Maria C. Merino. 2003. Consumer information search behavior and the internet. *Psychology & Marketing* 20 (2): 99–121.

Pfadenhauer, Michaela, und Paul Eisewicht. 2013. Organisierte Unzufriedenheit. Gemeinsame Bekämpfung von Unsicherheit infolge transnationalen wirtschaftlichen Handelns. In: *Transnationale Vergesellschaftungen. Verhandlungen des 35. Kongresses der Deutschen Gesellschaft für Soziologie in Frankfurt am Main 2010,* Hrsg. Hans-Georg Soeffner, 415–428. Wiesbaden.

Quiring, Oliver, und Schweiger Wolfgang. (2006). Interaktivität – ten years after. Eine Bestandsaufnahme und ein Analyserahmen. Medien und Kommunikationswissenschaf 54 (1): 5–24.
Ratchford, Brian T., Debarata Talukdar, und Myung-Soo Lee. 2001. A model of consumer choice of the internet as an information source. *International Journal of Electronic Commerce* 5 (3): 7–21.
Schnieders, Guido. 2005. *Reklamationsgespräche. Eine diskursanalytische Studie*. Tübingen: Mohr.
Schulz, Winfried. 2004. Reconstructing mediatization as an analytical concept. *European Journal of Communication*, 19 (1): 87–101.
Schulze, Gerhard. 1997. *Die Erlebnisgesellschaft. Kultursoziologie der Gegenwart*. Frankfurt am Main: Campus.
Schütz, Alfred, und Luckmann Thomas. 1979. *Strukturen der Lebenswelt*. Bd. 1. Frankfurt a. M.: Suhrkamp.
Schütz, Alfred, und Luckmann Thomas. 1984. *Strukturen der Lebenswelt*. Bd. 2. Frankfurt a. M.: Suhrkamp.
Short, John, Williams Ederyn, und Christie Bruce. 1976. *The social psychology of telecommunications*. London: John Wiley.
Sieber, Peter. 1998. *Parlando in Texten. Zur Veränderung kommunikativer Grundmuster in der Schriftlichkeit*. Tübingen: Max Niemeyer.
Soeffner, Hans-Georg. 1986. Handlung – Szene – Inszenierung. Zur Problematik des „Rahmen-Konzeptes" bei der Analyse von Interaktionsprozessen. In *Kommunikationstypologie. Jahrbuch des Instituts für Deutsche Sprache*, Hrsg. Werner Kallmeyer„ 73–91. Düsseldorf: Schwann.
Spann, Martin, und Tellis, Gerard J. 2006. Does the internet promote better consumer decisions? The case of Name-Your-Own-Price-Auctions. *Journal of Marketing* 70 (1): 65–78.
Stauss, Bernd, und Seidel Wolfgang. 2007. Beschwerdemanagement. Unzufriedene Kunden als profitable Zielgruppe. 4. Aufl. München: Carl Hanser.
Stauss, Bernd, Dornach Frank, und Coenen Christian. 2011. Zufriedenheitsmanagement in Deutschland. Von der Messung zur Unternehmenssteuerung. Studienzusammenfassung. http://www.servicebarometer.com/de/tl_files/SB/content/downloads/KZMStudie_Zusammenfassung.pdf. Zugegriffen: 20. Marz 2013.
Steinbicker, Jochen. 2011. Zur Theorie der Informationsgesellschaft. Ein Vergleich der Ansätze von Peter Drucker, Daniel Bell und Manuel Castells. Wiesbaden: VS.
Strauss, Anselm L. 2004. Methodologische Grundlagen der Grounded Theory. In *Methodologie interpretativer Sozialforschung. Klassische Grundlagentexte*, Hrsg. Jörg Strübing und Bernd Schnettler, 429–451. Konstanz: UVK.
Strauss, Anselm, und Corbin Juliet. 1990. *Basics of qualitative research. Grounded theory procedures and techniques*. London: Sage.
Strübing, Jörg. 2004. *Grounded theory: Zur sozialtheoretischen und epistemologischen Fundierung des Verfahrens der empirisch begründeten Theoriebildung*. Wiesbaden: VS.

Turkle, Sherry. 1995. *Life on the screen: Identity in the age of the internet.* New York: Simon & Schuster.

Wilke, Jürgen. 1999. Informationsverbreitung und Informationsnutzung im Wandel der Zeit. In Information *und Informationsrezeption*, Hrsg. Gunnar Roters, Walter Klingler, und Maria Gerhards, 49–61. Baden-Baden: Nomos.

Zentes, Joachim, und Schramm-Klein Hanna. 2008. Multi-Channel-Retailing und Interaktives Marketing. In *Interaktives Marketing. Neue Wege zum Dialog mit Kunden*, Hrsg. Christian Belz, Marcus Schögel, Oliver Arndt, Verena Walter, 368–381. Wiesbaden: Gabler.

Mediatisierte Konsumwelten als Evokationen virtueller Vergemeinschaftung. Das Beispiel Collaborative Consumption

Jessica Pahl

1 Einleitung

Das Konzept der „Collaborative Consumption" steht für den gemeinschaftlichen und nachhaltigen Konsum bzw. das Teilen persönlicher Dinge (z. B. Fahrzeuge, Kleidung oder Wohnraum). Triebkraft dieser Entwicklung sind in der jüngeren Vergangenheit Online-Plattformen, die das Teilen, Tauschen und Verkaufen zwischen einer großen Anzahl von Personen organisieren. Diese Mediatisierung traditioneller Verkaufssituationen unterscheidet sich gegenüber anderen etablierten Online-Dienstleistern dadurch, dass Collaborative Consumption-Plattformen ihren Nutzern zusätzlich ein großes Spektrum verschiedener Interaktions- und Kommunikationsformen (z. B. Foren) offerieren. Die User haben somit die Möglichkeit, auf Grundlage von interessenbasierter (z. T. ‚Off-Topic'-) Kommunikation, Teil einer virtuellen „Social Community" zu werden. Darüber hinaus wird den Teilnehmern derartiger Konsumwelten der Freiraum geschaffen, Produktpräsentationen zu individualisieren, also Nutzerprofile mit Hilfe medialer Selbstinszenierungen zu schärfen bzw. zu personalisieren. In diesem Beitrag wird eine Fallstudie zum Kommunikations- und Inszenierungsverhalten von Usern auf einer kostenlosen Online-Tauschbörse für Kleidung, Accessoires und Selbstgemachtes vorgestellt. Dabei soll im Besonderen untersucht werden, welche mediatisierten (Selbst-)Inszenierungsmöglichkeiten und Vergemeinschaftungspotentiale die Online-Variante von Collaborative Consumption für ihre Nutzer bereithält.

J. Pahl (✉)
TU Dortmund, Lehrstuhl für Allgemeine Soziologie, 44221 Dortmund, Deutschland
E-Mail: jessica.pahl@fk12.tu-dortmund.de

2 Collaborative Consumption

Der Begriff „Collaborative Consumption"[1], eingeführt von Marcus Felson und Joe L. Spaeth (1978), beschreibt folgendes Phänomen:

> [E]vents in which one or more persons consume economic goods or services in the process of engaging in joint activities with one or more others. [...] For example, drinking beer with friends, eating meals with relatives, driving to visit someone or using a washing machine for family laundry are acts of collaborative consumption. (Felson und Spaeth 1978, S. 614)

Felson und Spaeth begreifen Konsumhandlungen als eingebettet in ein übergeordnetes Netz aus allgemeinen Routinepraktiken und menschlichen Neigungen, wie dem Wunsch nach gemeinschaftlichen Aktivitäten:

> Consumer behavior reflects not only [...] individual expressions [of personal inclinations] but also the efforts by people to engage in joint activities with others. (Felson und Spaeth 1978, S. 616)

Collaborative Consumption entsteht damit immer dann, wenn bestimmte Versorgungshandlungen mit anderen (neigungsbasierten) Routinehandlungen, wie sozialem oder sexuellem Kontakt, Freizeit- oder Familienaktivitäten, ein Bündnis eingehen. Die gemeinsame Konsumhandlung ist demnach im Normalfall nicht ein Produkt marktwirtschaftlicher Überlegungen, sondern eine natürlich emergierende Eigenschaft menschlicher Routinen und Neigungen[2].

Während Collaborative Comsumption bei Felson und Spaeth eine Versorgungssituation, an der mehrere Akteure partizipieren, beschreibt, die in einem ‚analogen' Umfeld entsteht, welches entscheidend durch grundlegende gemeinschaftliche Routinehandlungen (bzw. Neigungen zu diesen) geprägt ist, kennzeichnen diesen Begriff in der Folge zwei gegensätzliche Entwicklungen: Zum einen konzentriert sich im Zuge der Begriffsrezeption der allgemeine Fokus zunehmend auf die ökonomische Dimension partizipativ-kollaborativen Konsums – also, mit Felson und Spaeth gesprochen, darauf, wie Unternehmen eine Nische in unseren alltäglichen Routinehandlungen besetzen (können). Zum anderen kann eine insbesondere über das Internet vermittelte radikale Mediatisierung vieler traditioneller

---

[1] Bislang gibt es keine einheitliche deutsche Übersetzung für diesen Terminus – „Konsum im Verbund" stellt eine Möglichkeit dar.

[2] Gleichwohl können Unternehmen lernen, sich diese Handlungsbeziehungen zu Nutze zu machen: „The successful entrepreneur [...] learns how to carve a niche for his goods and services within the larger system of routine activities" (Felson und Spaeth 1978, S. 616).

Interaktionssituationen zwischen Käufer und Verkäufer – dies umfasst insbesondere auch aktiv-partizipative, kollaborative Situationen auf Seiten des Käufers – beobachtet werden[3]. Eine solche Bereicherung der Verkaufssituation um internetbasierte „Peer-to-Peer Marketplaces" eröffnen dem Nutzer ein bisher unbekanntes Interaktions- und Kommunikationsspektrum (z. B. in Foren, Chatrooms, etc.). Diese Freiheiten werden bewusst von Unternehmen implementiert, um den Plattformnutzern ein Gefühl gemeinschaftlicher Teilhabe zu vermitteln – so betont Nike's „Brand President" Charlie Denson:

> [Consumers] want to be part of a community, whether it's a digital community or a virtual community, or whether it's a physical community. They want to feel like they're a part of something. They want to be engaged. (Denson 2007)

Dieses ökonomische Kalkül – „[the] need to offer experience, not just products" (Botsman und Rogers 2011, S. 201) – eröffnet den Nutzern aber gleichzeitig auch Möglichkeiten der Vergemeinschaftung abseits der eigentlichen Verkaufshandlungen. In diesem Beitrag soll gezeigt werden, wie in Folge dieser aktuellen Entwicklung angebotene Freiräume von Nutzern aktiv mit neuen Inhalten gefüllt, Profile geschärft und virtuelle ‚Freundeskreise' anhand gemeinsamer Interessen und kollektiv geteilter Erfahrungen gebildet werden. Diese Vergemeinschaftungsereignisse vollziehen sich in relativer Unabhängigkeit zur eigentlichen Konsumhandlung.

3 „Consumption" und „Prosumption"

Das Konzept der Collaborative Consumption ist eng mit der Figur des Prosumers verknüpft. Diese von Alvin Toffler (1980) kreierte Wortschöpfung aus *„Producer"* und *„Consumer"* bezeichnet einen Konsumenten, der bei der Fertig- bzw. Bereitstellung bestimmter Sach- und Dienstleistungen *mit*produziert. Es geht dabei weniger um den Grad der Beteiligung des Konsumenten, denn mehr um einen „veränderten Modus der Vermittlung von Produktion und Konsumtion" (Hanekop und Wittke 2010, S. 96). Prosumtion liegt demnach vor, wenn Güter und Dienstleistungen nicht (ausschließlich) für den marktförmigen Austausch, sondern für den (eigenen) Gebrauch bereitgestellt werden (also wenn nicht „production for exchange", sondern „production for use" angestrebt wird). Die Figur des Prosumenten führte Toffler seinerzeit vor dem Hintergrund der „Invisible Economy"

---

[3] Zur Entwicklung von Collaborative Consumption (insbesondere im Internet) seit den 1960er Jahren, vgl. CC (2012).

(Toffler 1980, S. 267) ein, d. h. im Kontext der Diskussion um den hohen Anteil von (unbezahlter) mehr oder weniger ‚unsichtbarer' Heim- und Eigenarbeit am Bruttosozialprodukt der USA. Dieser „Aufstieg des Prosumenten", so die Prognose Tofflers, werde das ökonomische Denken moderner Gesellschaften nachhaltig verändern, da im Zuge einer wachsenden Bedeutung von Selbstbedienungs- und Do-it-yourself-Prozessen (statt eines passiven Konsumierens) immer mehr auf die Mit-Produktion von Konsumenten gesetzt wird[4] – in Tofflers Worten: „[T]he rise of the prosumer changes the entire economic landscape" (ebd., S. 283).

Aktuell wird das Konzept der Prosumtion im Bereich der Internetökonomie und insbesondere in Zusammenhang mit dem so genannten ‚Web 2.0' (O'Reilly 2005) bzw. ‚Mitmach-Web' (Tapscott und Williams 2006) diskutiert, in welchem die partizipativen Möglichkeiten von Usern nahezu unbegrenzt sind. Diese Rezeption von Tofflers Ansatz konzentriert sich vornehmlich auf eine Analyse internetbasierter Innovationsprozesse, der Beziehung zwischen Nutzern und Unternehmen sowie den sich aus diesem Wechselverhältnis ergebenden Konsequenzen (vgl. u. a. Hanekop et al. 2001; Seybold et al. 2001; Voß und Rieder 2005; Meckel 2007; Bruhn und Strauss 2009; Blättel-Mink und Hellmann 2010). Als paradigmatisch für die wachsenden Möglichkeiten der Beteiligung von Usern an der Produktion öffentlicher Güter und Dienstleistungen können Plattformen wie Wikipedia oder Open Source-Software betrachtet werden. Diese Beispiele stehen für eine „neue Qualität der Anwender-/Kundenintegration" (Hanekop und Wittke 2008, S. 11) in Innovationsprozessen. Innovation wird dabei im Verweis auf ein gestiegenes Interesse an Kundenbedürfnissen und Innovationszuwachs als ‚interaktive Wertschöpfung' (Reichwald und Piller 2006) oder ‚Open Innovation' (Chesbrough 2003; Chesbrough et al. 2006) begriffen. Dem Aspekt der *kommerziellen* Wertschöpfung des Users seitens der Anbieter wird von diesen Autoren besondere Aufmerksamkeit geschenkt: Nach von Hippels (2005) „User Innovation-Ansatz" werden User als die besseren Innovatoren in/von Unternehmen betrachtet. Andere begreifen diese als „arbeitende Kunden", deren unentgeltliche Wertschöpfung gleichwohl kritisch zu hinterfragen ist (vgl. Voß und Rieder 2005).

Der allgemeine Fokus in der Diskussion um die neue aktive Rolle von Kunden/Nutzern bzw. die wachsende Nutzerpartizipation in internetbasierten Dienstleistungsprozessen liegt damit auf dem ökonomischen Nutzen dieser Entwicklung (sowohl für die User als auch für die Unternehmen). Hier werden z. B. (kritische)

---

[4] Mit ‚Selbstbedienung' und ‚Do-it-yourself' meint Toffler neben Selbsthilfe-Angeboten bspw. alltagspraktische Tätigkeiten wie Selbstbedienung in Supermärkten oder beim Tanken: „Getting the customer to do part of the job – known to economists as ‚externalizing labor costs'" (Toffler 1980, S. 270).

Fragen nach dem Spektrum sinnvoller Implementierung von Nutzerpartizipation in die Unternehmensorganisation sowie nach dem Potential von konsumentengesteuerter Produktverbesserung gestellt. Die Erforschung der Nutzerperspektive begrenzt sich analog dazu auf eine Analyse utilitaristisch-ökonomischer Entscheidungsgrundlagen partizipativer Handlungen[5]. Fragen nach außerökonomischen Gründen dieser vielschichtigen Handlungen werden dabei selten berücksichtigt. Angesichts des jüngst durch Online-Dienstleister offerierten großen Spektrums an verschiedenartigen Interaktions- und Kommunikationsformen für aktiv sich beteiligende Nutzer soll daher nun im Folgenden versucht werden, das bisher vernachlässigte Vergemeinschaftungspotential dieser neuen mediatisierten Verkaufssituationen – wohlgemerkt in Verbindung mit, aber gerade auch *abseits der eigentlichen Konsumhandlungen* – stärker in den Fokus zu rücken.

4 Konsum und virtuelle Vergemeinschaftung

Viele Unternehmen entdeckten in den letzten zehn Jahren das Internet als Plattform, um ihren (potentiellen) Konsumenten eine Stimme zu geben. Partizipative internetbasierte Produktmitgestaltung, z. B. durch Crowd-Sourcing (vgl. Gothe/Kirschner in diesem Bandd), kann (sofern sich die Unternehmen und die Anbieter dafür öffnen) jedoch auch weitreichende, oft unvorhersehbare Konsequenzen für die Unternehmensausrichtung haben. Ein Beispiel hierfür ist der Gedanke der Nachhaltigkeit:

> Sustainability is often an unintended consequence of Collaborative Consumption. It is unintended in the sense that the initial or driving motivation for a company or the consumer may not be about ‚being green'. As eBay announced on Earth Day in 2008, ‚We never set out to be a green business, we realized it's intrinsic.' These positive unintended or unexpected consequences happen because sustainability and community are an inherent, inseparable part of Collaborative Consumption and not an afterthought or add-on. (Botsman und Rogers 2011, S. 74)

Solche nicht intendierten Konsequenzen von aus Collaborative Consumption-Netzwerken müssen, so die These dieses Beitrags, nicht in direktem Zusammenhang mit dem jeweiligen Unternehmen bzw. einem bestimmten Produkt stehen. Vielmehr bietet sich den Nutzern von Internetplattformen die Möglichkeit, angebotene Freiräume der Mitgestaltung mit eigenen Inhalten zu füllen und sich

---

[5] Eine Ausnahme stellt beispielsweise der Ansatz von Woermann (2010) zur Prosumtion in der Freeskiing-Szene dar.

auf Grundlage gemeinsamer Interessen fernab der Unternehmensinteressen zu vergemeinschaften.

4.1 ‚Online-Flohmarkt' ohne Standgebühren

Die Internetplattform www.kleiderkreisel.de wird von der ‚Web Information Company' *Alexa* als eine kostenlose internetbasierte „Tauschbörse für Kleidung, Accessoires und Selbstgemachtes mit Community und Forum" (Alexa 2013) klassifiziert. Nach dem Vorbild der 2008 von Justas Janauskas in Litauen gegründeten Mutterseite www.manodrabuziai.lt entsteht die deutsche Version der Kleidertauschbörse unter dem Namen Kleiderkreisel.de im Jahr 2009[6]. Derzeit sind ca. 510.000 Mitglieder registriert, die etwa 3 Mio. Artikel verkaufen, tauschen oder verschenken. Kleiderkreisel.de ist damit Deutschlands größter ‚online Flohmarkt' für Kleidung[7] und rangiert laut *Alexa* (2013) aktuell auf Platz 345 der meistabgerufenen Seiten in Deutschland. Die Unternehmensphilosophie stützt sich nach eigener Aussage auf das Konzept der Collaborative Consumption und im Besonderen auf das Buch *What's mine is yours* von Botsman und Rogers (2011)[8]. Die Betreiber der Plattform rufen dazu auf, zu benutzen, statt zu besitzen, also das ‚Wie' des Konsums, nicht den Konsum selber umzudenken (vgl. Schönau 2012). Kleiderkreisel.de grenzt sich in diesem Zusammenhang von anderen Online-Handelsplattformen (wie z. B. Ebay und Amazon) dadurch ab, dass hier nur Privatverkäufe zu festen Preisen stattfinden sollen und eingestellte Artikel nicht meistbietend versteigert werden dürfen:

> Der gewerbliche Handel ist auf Kleiderkreisel ausnahmslos verboten. Bitte nur Privatverkäufe! [...]Kleiderkreisel ist kein Auktionshaus! Beim Verkauf bekommt jeder Artikel einen Festpreis und wird nicht meistbietend versteigert. [...] Kommerzielle Verlinkungen zu anderen Webseiten sind nicht erlaubt. [...] Werbung jeglicher Art [durch User] ist auf kleiderkreisel.de verboten. (Kleiderkreisel 2013a)

---

[6] Dem Gründungsmythos zufolge trafen zwei Freundinnen aus Deutschland auf einer Reise durch Osteuropa auf Justas Janauskas, welcher sie für sein Geschäftskonzept begeisterte, „gegen den verschwenderischen Konsum der Wegwerfgesellschaft zu kämpfen" (Schönau 2012).

[7] Alle Angaben Stand 31.10.2012.

[8] Es handelt sich hierbei um eine Hybridform folgender, nach CC (2012) klassifizierter, Collaborative Consumption-Typen: ‚Reuse Marketplace', ‚Swap Trading Marketplace' und ‚Person-to-Person Social Network'.

Zudem betonen die Macher der Seite mehrfach, dass Kleiderkreisel.de durch die so genannte ‚Social Community' der Plattform und das angegliederte Forum „viel mehr als nur eine Handelsplattform" (Schönau 2012) darstellt. Laut der Nutzerstatistiken auf *Alexa* befindet sich die Seite Kleiderkreisel.de weiterhin im Wachstum: Die tägliche Reichweite stieg zwischen Juni und August 2012 um 41 %. Die vornehmlich aus Deutschland aufgerufene Website wird hauptsächlich von weiblichen Usern genutzt:

> Compared with all internet users, the site's audience tends to be female; they are also disproportionately childless users under the age of 35, browsing from work who have postgraduate educations. (Alexa 2013)

Die Website von Kleiderkreisel.de ist äußerst transparent. Registrierte Nutzer haben im Vergleich zu Nicht-Mitgliedern keinen Informationsvorteil: Alle Unterseiten – sowohl das Forum, die Artikel als auch die Userprofile – sind *vollständig* einsehbar. Wer sich auf Kleiderkreisel.de registriert, weiß damit im Vorhinein, was und wer ihn auf der Seite erwartet[9]. Als Mitglied besteht zusätzlich die Möglichkeit, an Konsumhandlungen mit anderen Mitgliedern teilzuhaben sowie eigene Beiträge im Forum zu verfassen.

Startseite: Die Kleiderkreisel.de-Startseite ist relativ schlicht gehalten mit weißem und hellgrauem Hintergrund (vgl. Abb. 1). Direkt ins Auge fällt die symmetrische Anordnung von Bildern auf denen Kleidungsstücke – teilweise mit und teilweise ohne Personen – abgebildet sind. Am unteren Rand der Bilder befindet sich jeweils eine Preisangabe. Manche Artikel haben links neben der Preisangabe ein Symbol mit zwei Pfeilen, die kreisförmig angeordnet sind. Dieses Symbol markiert die Aktion „Tauschen" auf der Website. Durch die Anordnung der Pfeile wird Bezug auf den Namen der Plattform ‚Kleiderkreisel' genommen. Bewegt man den Cursor über eines der Bilder, offenbaren sich weitere Informationen zum abgebildeten Artikel, wie Bezeichnung und Größe des Artikels (z. B. „gelbes Kleid in M") sowie der Standort des Anbieters. Über den Bildern befindet sich eine Leiste mit dem Kleiderkreisel-Logo. Das Logo ist zusammengesetzt aus drei Teilen: einer Sprechblase mit einem weißen Kleid vor einem aus bunten Dreiecken bestehenden Hintergrund sowie den in dunkelgrau gehaltenen Worten „Kleider" und „Kreisel". Das Logo visualisiert damit grundlegende Aspekte der Unternehmensphilosophie: Die Seite bietet Kleidung, diese Kleidung ‚kreiselt' von einem Ort zum nächsten, und es wird sich verbal über Kleidung ausgetauscht. Zudem werden mit dem Kleid im Logo direkt (potentielle) weibliche User adressiert. Bewegt man den Cursor ein

---

[9] Inwieweit diese Offenheit von Kleiderkreisel.de mit datenschutzrechtlichen Bestimmungen vereinbar ist, ist indes eine andere Frage, welche an dieser Stelle nicht diskutiert werden kann.

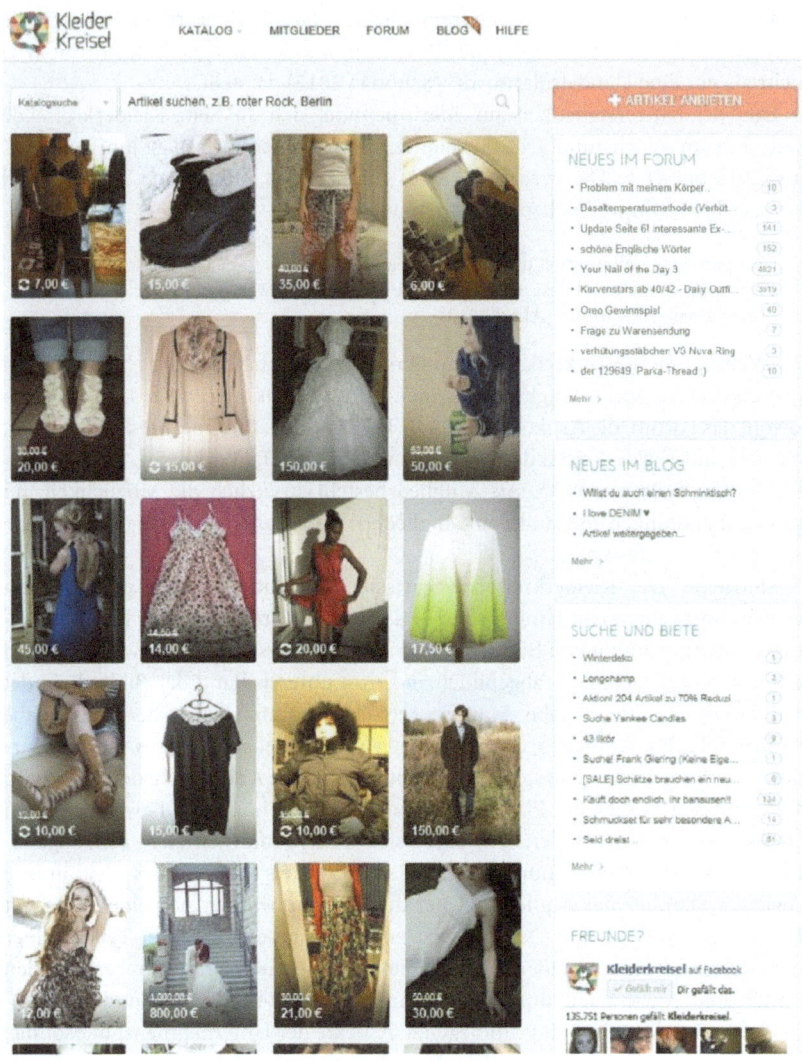

Abb. 1 Screenshot der Kleiderkreisel.de-Startseite (Ausschnitt)

Stück nach rechts auf den „Katalog", öffnet sich ein Fenster mit einer Auflistung von Kleidung in verschiedenen Kategorien (Oberkategorien wie Damen-, Herren und Kindermode, jeweils mit der Anzahl an verfügbaren Artikel, sowie weitere

Subkategorien, wie z. B. „Schuhe", „Accessoires" oder „Kleider"). Rechts daneben verweisen die Begriffe „Mitglieder", „Forum", „Blog" (letzteres ist mit dem Schriftzug „Neu" am oberen rechten Rand gekennzeichnet) und „Hilfe" auf weitere Handlungsmöglichkeiten auf der Seite. Am rechten Rand der Startseite befindet sich ein rosa unterlegter Block, in dem „Artikel anbieten" steht. Sofern der Betrachter nicht Mitglied ist, befindet sich unter diesem Button ein blau unterlegter Block, der mit dem Slogan „Hier kannst du gebührenfrei Kleidung tauschen, verkaufen oder verschenken. Mach mit und kämpfe stilvoll gegen Verschwendung" (Kleiderkreisel 2013c: 3) zum Mitmachen aufruft (nicht in Abb. 1), sowie jeweils drei gleich große und weiß unterlegte Blöcke: „Neues im Forum", „Suche und Biete" sowie „Freunde?". Unter ersterem sind in einer Liste untereinander die Überschriften der neuesten Beiträge im Forum zu sehen – rechts neben jedem so genannten ‚Thread' (also einer Abfolge von Beiträgen zu einem Thema) befindet sich die Anzahl der bisher geposteten Beiträge zum angegebenen Thema. Der letzte Punkt „Mehr…" verweist auf weitere Threads, die im Kleiderkreisel.de Forum aktuell besprochen werden. Das gleiche Prinzip gilt für den zweiten Block. Darunter befindet sich der dritte Block „Freunde?", der – mit dem entsprechenden Logo – auf die Kleiderkreisel.de-Facebookseite verweist. Hier kann direkt der „gefällt mir"-Button gedrückt werden, um sich auf Facebook mit Kleiderkreisel zu ‚befreunden'. Darunter sind mehrere Reihen Profilbilder von weiteren Facebook-Nutzern abgebildet, denen Kleiderkreisel ebenfalls ‚gefällt'. Über den Bildern befindet sich die Anzahl derer, denen Kleiderkreisel.de auf Facebook ‚gefällt' (136.000 Personen). Unten rechts auf der Seite (nicht in Abb. 1) sind die Nationalflaggen von Litauen, Deutschland und Tschechien aufgereiht, durch deren Anklicken man auf die jeweiligen ‚Mutter-' oder ‚Tochter-Homepages' gelangt. Ganz oben auf der Seite (nicht in Abb. 1) befindet sich ein schmaler dunkelgrauer Streifen, in den auf der linken Seite ein kleines Icon in Diagrammform eingelassen ist, bei dessen Berühren mit dem Cursor eine Statistik zu aktuellen Mitgliederzahlen aufpoppt.

Sobald sich ein Mitglied mit seinem Mitgliedsnamen und seinem Passwort direkt auf die Seite bzw. über einen Facebook-Login angemeldet hat, erscheint eine neue Leiste: Der User hat nun einen direkten Blick auf neue Nachrichten in seinem „Briefkasten" (die in der Regel in Form von Anfragen zu Artikeln bestehen), auf die Anzahl seiner „Lieblingsartikel"[10], auf die Artikelanzahl im eigenen Katalog, sowie auf das eigene Profil.

Artikelseite: Die nächste Option, die sich von der Startseite aus bietet, ist entweder der Blick ins Forum oder in den umfassenden Kleiderkreiselkatalog. Wählt

---

[10] Diese Funktion ähnelt z. B. der „Wunschliste" auf Amazon bzw. der Beobachtungsfunktion auf Ebay.

man eines der Bilder auf der Startseite aus, öffnet sich ein neues Fenster, das vom Aufbau her der Startseite gleicht – lediglich die Anordnung der Bilder wird durch ein einzelnes Artikelbild ersetzt, das neben Titel-, Größen- und Farbangaben des Artikels Informationen zum Einstellungsdatum, zur Anzahl seiner Aufrufe, zur Verhandlungsoption (verkaufen, tauschen, verschenken) und zur durchschnittlichen Antwortzeit, die der Anbieter des Artikels erfahrungsgemäß benötigt, um Anfragen zu beantworten, bereithält. Es besteht die Möglichkeit, bis zu fünf Bilder zu einem Artikel hochzuladen und zu präsentieren.

Diese Artikelpräsentation wird von den Usern oft dazu genutzt, sich in besonderen Posen oder auch vor speziell ausgewählten Kulissen darzustellen[11] (vgl. Abb. 1). Derartige (Selbst-)Inszenierungen gehen weit über die bloße Ablichtung des zu verkaufenden Kleidungsstücks hinaus und dienen weniger dem Ziel, den jeweiligen Artikel zum bestmöglichen Preis zu verkaufen, als vielmehr dazu, das eigene Profil zu personalisieren und zu individualisieren, seinen Lifestyle zu vermitteln und nicht zuletzt, um von anderen Usern ‚gesehen' zu werden. Oft steht der Aufwand für eine solche Inszenierung (z. B. mit Requisiten wie Masken und Perücken), zum Teil einhergehend mit der Entwicklung einer ganzen Szenerie (z. B. einer Picknicksituation), in deutlichem Missverhältnis zu dem ökonomischen Nutzen einer solchen Handlung – bewegen sich die meisten Artikel (wenn sie überhaupt zum *Verkauf* angeboten werden) doch in einer Preisspanne zwischen 2 und 15 €.

Darüber hinaus lichten viele Nutzer den eigenen Wohnraum bei ihren Artikelpräsentationen mit ab. Die Feststellung, dass durch die „technischen Medien [...] immer mehr soziale Wirklichkeit dargestellt und vermittelt" (Raab et al. 2010, S. 196) wird, lässt sich also mühelos mit Verweis auf Kleiderkreisel.de bestätigen: Hier wird die private Wohnung zu einem Schauplatz der Öffentlichkeit – eine Öffentlichkeit, welche in diesem Fall nicht nur Mitglieder der Plattform-Community, sondern das gesamte Internet umfasst. Der gewährte Blick in die eigenen vier Wände (auf die Poster an den Wänden, die Bücher im Regal und die eigene Bettwäsche etc.) ermöglicht mit nur einem Bild, relevante Aspekte (d. h. persönliche Interessen, Charaktereigenschaften, Szenezugehörigkeiten und persönliche Erlebnisse) von sich mitzuteilen und anderen die Möglichkeit zu geben, (mentale) Gemeinsamkeiten zu entdecken[12]. Es zeigt sich, dass besonders solche Artikelpräsentationen,

---

[11] Selbstredend fotografieren auch einige User ihre Kleidungsstücke nicht am Körper, sondern z. B. auf dem Boden liegend.

[12] Außerdem wählen viele User Fotos von besonderen Ereignissen, an denen sie den zum Verkauf oder Tausch stehenden Artikel getragen haben, als Artikelbilder aus (z. B. die eigenen Hochzeitsbilder beim Verkauf des Hochzeitskleides), um anderen gleichzeitig ein Gefühl davon zu vermitteln, was ihnen dieser Artikel wann und wo bedeutet hat.

welche anderen diese besonderen Einblicke in das ‚analoge Wesen' des Nutzers ermöglichen, von den Plattform-Mitgliedern gehäuft aufgerufen und kommentiert werden. Zudem können User bei solchen visuell-ästhetisch eindeutig ‚geprägten' Profile leichter die Entscheidung treffen, wen der Mitglieder sie über die Funktion „FINDE ICH GUT" in ihre ‚Freundesauswahl' aufnehmen und somit auch für andere sichtbar zur Schau stellen.

Eine weitere Besonderheit weist das Artikelbewertungssystem auf: Selbst nichtregistrierte Betrachter eines Artikels können diesen per Anklicken mit einem so genannten „yeah!" versehen und dadurch (positiv) bewerten. Worauf sich diese auch zwischen registrierten Mitgliedern anonym übermittelte „yeah!"-Bekundung bezieht, bleibt jedoch unklar (so könnte es sich beispielsweise auf das PreisLeistungsverhältnis oder auf die ästhetische Abbildung des Artikels selber beziehen bzw. eine Sympathiebekundung des Anbieters darstellen). Als registriertes Mitglied kann man zudem in direkte Interaktion mit dem Anbieter treten, indem man diesem z. B. seine Meinung unter die Abbildung des Artikels postet, den Artikel auf seine eigene Favoritenliste setzt (der Artikel erscheint dann im eigenen Profil unter der Rubrik „Lieblingsartikel") oder diesen bei Kauf- oder Tauschinteresse (über einen „Anfragen"-Button) anschreibt. Darüber hinaus kann der Artikel bei dem Plattform-„Kommando" gemeldet werden. Diese Option bietet sich an, sofern die von den Betreibern aufgestellten Transaktionsregeln verletzt wurden.

Auf der rechten Seite direkt neben dem ausgewählten Artikel bekommt man einen Überblick über die Profilseite des Anbieters. Dies umfasst das Profilbild des Users und eine knappe Auflistung der wichtigsten Daten: Username, Wohnort, Artikelanzahl, sowie die in Form von ‚Daumen-Zeichen' (Daumen hoch = positiv, Daumen waagerecht = neutral und Daumen runter = negativ) abgebildeten Bewertungen. Diese Bewertungsfunktion hat ähnlich wie bei anderen Online-Verkaufsportalen die Funktion, gegenseitiges Vertrauen unter Transaktionspartnern zu generieren, die sich im Regelfall nicht kennen:

> Kleiderkreisel.de lebt von seinen Mitgliedern und deren Vertrauen zueinander. Es ist natürlich nicht leicht sich auf jemand komplett Fremden zu verlassen, deshalb haben wir das Bewertungssystem entwickelt und bitten dich, es auch zu benutzen. (Kleiderkreisel 2013d)[13]

---

[13] Laut Kleiderkreisel.de dient „[d]ie Bewertungsfunktion [...] der Information über erfolgreiche oder gescheiterte Transaktionen und damit über die Zuverlässigkeit anderer Mitglieder. Die Bewertungen müssen objektiv und begründet sein. Der Missbrauch (Spaß- oder Rachebewertung) ist verboten" (Kleiderkreisel 2013c). Zur vertrauensgenerierenden Rolle von ‚online reputation systems', vgl. Botsman und Rogers (2011, S. 217–220).

Profilseite: Die Profilseiten auf Kleiderkreisel.de sind alle nach dem gleichen Schema aufgebaut. Das von den Machern der Seite zur Verfügung gestellte Format besteht aus dem Usernamen, einem Profilbild sowie einem persönlichen Steckbrief, der neben den bereits auf der Artikelseite einsehbaren Informationen noch um Angaben zum Alter, der Dauer der Mitgliedschaft, des letzten Anmeldedatums, sowie zu den erworbenen und weitergegebenen Artikeln erweitert wird. Darüber hinaus können die User die Adresse ihrer eigenen Website – in der Regel ein privater Blog – angeben und in eigenen Worten z. B. etwas über sich, ihre Kleidungsstücke, die Gründe, warum sie diese verkaufen/tauschen/verschenken möchten oder über ihre eigenen Regeln zu Transaktionshandlungen schreiben. Seit Mitte 2012 gibt es zudem die Möglichkeit, sich über eine SCHUFA-Prüfung seine Identität bestätigen zu lassen und so neben den für alle sichtbaren Bewertungen bereits abgeschlossener Transaktionen, (noch mehr) Vertrauen zu generieren[14]. Dieser Identifikationsaufforderung kommen jedoch nur sehr wenige User nach. Im Gegensatz zu anderen Handelsplattformen bevorzugen die Kleiderkreiselmitglieder vielmehr den direkten Kontakt mit anderen als vertrauensgenerierende Maßnahme.

Eine weitere Funktion auf der Profilseite ist die Angabe derjenigen User, die ‚ich gut finde' und die ‚mich gut finden' – ein Analogon zu ‚Social Network'-Freundeskreisen. An jedes Profil ist zudem – soweit vorhanden – der eigene Katalog des Users angegliedert. Außerdem finden sich Links zu allen Threads, die der User im Forum selber eröffnet hat. Der Blick auf die Profilseite eines Users lässt damit erste Einschätzungen zur Qualität seiner angebotenen Artikel sowie – anhand seiner Bewertungen – Rückschlüsse zu seiner Vertrauenswürdigkeit bzw. Stellung unter der Gesamtheit der Nutzer zu.

4.2 Gemeinsamkeit oder Gemeinschaft?

Die Plattformbetreiber betonen, dass denjenigen, die Teil dieser „täglich wachsenden *Gemeinschaft*" sein möchten, bei der Produktpräsentation wie Profilgestaltung keine Grenzen in puncto Entfaltung der „eigenen Kreativität" gesetzt werden:

> Das eigene Profil und die angebotenen Produkte lassen sich individuell mit Bild und Text gestalten, so bekommt jedes Kleidungsstück ein Gesicht und eine Geschichte. Dadurch hebt kleiderkreisel.de das starre Käufer-Verkäufer Schema auf und regt täglich zum kreativen Austausch an. (Schönau 2012)

---

[14] Diese Funktion ist längst von anderen Handelsplattformen wie Ebay bekannt. Alle Mitglieder, die diese Möglichkeit der SCHUFA-Prüfung noch nicht wahrgenommen haben, werden mit dem Satz „Die Identität wurde noch nicht bestätigt" etikettiert.

Nach dem Selbstverständnis der Plattformbetreiber trägt diese Bereitstellung gestalterischer Freiräume (sowohl in Bezug auf Artikel-, als auch auf Profildarstellungen) ein Potential zur Vergemeinschaftung der User in sich. Obgleich dieses Angebot u. a. bei der Wahl des Profilbildes von den Usern aktiv genutzt wird, um sich selbst zu inszenieren, anderen Mitgliedern Einblicke in ihr Leben und ihren Lifestyle zu ermöglichen und nicht zuletzt um in der Masse der User aufzufallen, ist zu hinterfragen, ob Collaborative Consumption dieser Art wirklich Vergemeinschaftung und partizipative Zugehörigkeit ermöglicht oder nicht nur zum Austausch von Wissensbeständen und zum Abgleich von Gemeinsamkeiten unter Mitgliedern einer virtuellen Community beiträgt.

Jüngere Untersuchungen des Vergemeinschaftungspotentials von Internet-Communities (vgl. Eisewicht und Grenz 2012; Grenz und Eisewicht 2012) weisen darauf hin, dass nicht jede dieser ‚Communities' uneingeschränkt der Status einer Gemeinschaft zugesprochen werden kann, da es sich hierbei eher um lockere (um Kerne geteilter Interessen gruppierte) Gesellungsgebilde handelt, deren konstitutive Merkmale nicht ein explizites Zusammengehörigkeitsgefühl von individuell empfundener sozio-emotionaler Qualität unter den Mitgliedern beinhalten. Nach diesem insbesondere von Hitzler (1998, 2008, 2013) hervorgehobenen Charakteristikum von Vergemeinschaftung in der Gegenwartsgesellschaft gründet sich ein sinnlich-emotional erlebtes ‚Wir-Gefühl' zwischen Mitgliedern der Gemeinschaft auf der gemeinsamen Erfahrung geteilter Wertvorstellungen und Praktiken. Erfüllt das sich um Verkaufs- bzw. Tauschhandlungen abspielende Interaktionsgeschehen zwischen Usern auf der Plattform ‚Kleiderkreisel' dieses Kriterium?

Die Kleiderkreisel-User eint im Regelfall ihr *gemeinsames Interesse* für Kleidung und Mode. Sofern dieses Merkmal als kleinster gemeinsamer Nenner *aller* User begriffen wird, kann es nicht als hinreichend dafür angesehen werden, mit bestimmten Mitgliedern (und mit anderen eben nicht) näheren Kontakt aufzunehmen. Derjenige, der die Plattform zur direkten (virtuellen) Interaktion nutzen will, benötigt darum weitere Distinktionskriterien bzw. Informationen über die anderen Mitglieder. Es sind diese neuen Inhalte, die den Nutzern ermöglichen, insbesondere über einen visuell-ästhetischen Abgleich von User-Profilen und -Katalogen ein gemeinsames Interessensspektrum zu erfahren. Diese Erfahrungen sind nach der oben angeführten Begriffsdefinition aber noch nicht ausreichend, um in diesem Fall von einer virtuellen Vergemeinschaftung zwischen Usern der Plattform sprechen zu können. Um die Frage zu beantworten, ob die Mitglieder von Kleiderkreisel.de neben geteilten Interessen und einem intensiven Austausch von (Sonder-)Wissensbeständen ein Zusammengehörigkeitsgefühl der oben beschriebenen Art entwickeln und damit möglicherweise den entscheidenden Schritt hin zu einer Vergemeinschaftung im engeren Sinne vollziehen können, werden im Folgenden die vielfältigen Aktions- und Interaktionsweisen der Plattformmitglieder an einem ganz bestimmten Ort potentiell gemeinschaftsstiftender Interaktion – dem Forum der Plattform – dargestellt.

Forum Das Forum von Kleiderkreisel.de bietet die Möglichkeit, sich über unterschiedlichste Themen auszutauschen. Es soll, nach Angabe der Betreiber, ein virtueller Ort sein, an dem man „rund um Fashion, Trends, Lifestyle, Eco Alternativen und Do-it-yourself Ideen diskutiert. Mit einer Community aus zahlreichen Modebloggern und -liebhabern prägt das Portal die neue Form des Social Shoppings und dies mit großem Erfolg" (Schönau 2012). Die Plattformbetreiber regeln das Interaktionsgeschehen im Forum lediglich durch das Gebot, sich an diesem Ort ‚politisch korrekt' zu verhalten und keine Rechtsverletzungen bzw. strafbare Handlungen zu begehen (vgl. Kleiderkreisel 2013k). Präzise Vorgaben zur inhaltlichen Ausrichtung des Forums werden nicht getätigt, lediglich der sogenannte „Kleiderkreisel-Kuschelkurs" (vgl. Kleiderkreisel 2013b) bzw. die „Nettiquette" mit fünf Grundsätzen zum kommunikativen Umgang miteinander im Forum soll gewahrt werden. Insgesamt gibt es im Forum sechs übergeordnete Kategorien, die aktuell etwa 70.000 verschiedene Threads beinhalten. Einige (aus mehreren Threads bestehenden) Unterkategorien, wie etwa der ‚Off-Topic'-Bereich weisen eine Gesamtzahl von über 500.000 Beiträgen auf, woran sich bereits ein besonders reger Austausch der Kleiderkreisel-User ablesen lässt. Die User finden hier nicht nur von den Plattformbetreibern selbst bereitgestellte Informationen über Kleiderkreisel.de (z. B. Ankündigungen, neue Funktionen auf Kleiderkreisel.de, etc.), sondern sie haben hier auch die Möglichkeit, sich über (ihre eigenen) Produkte rund um das Thema Mode auszutauschen (z. B. andere User auf spezielle ‚Sales' in ihren Katalogen aufmerksam zu machen oder Shoppingtipps auszutauschen) oder auf dem so genannten „Flohmarkt" solche Artikel anzubieten oder Gesuche zu schalten, die nicht nach Maßgabe der Richtlinien über Kleiderkreisel.de selber eingestellt werden dürfen (also z. B. zum Verkauf/Tausch von Möbeln).

Interessant ist, dass einen großen Anteil an der Gesamtzahl der Beiträge solche Threads haben, die sich *nicht* (unmittelbar) auf das zentrale Kleiderkreisel-Thema ‚Mode und Kleidung' beziehen. Für diese neuen Kontexte nehmen Mitglieder spezifische Wertsetzungen vor, anhand welcher themenbezogene Handlungs- und Interaktionsweisen der Mitglieder ausgerichtet und bewertet werden sollen[15]. Unter diesen Typus von Beiträgen fallen solche, in denen User andere Mitglieder suchen, die mit ihnen zu einem speziellen Thema (z. B. ‚Postkarten', ‚Kosmetik'

---

[15] Für die Bedeutung von Wertsetzungen für Vergemeinschaftungsprozesse, vgl. u. a. Hitzler (1998), Hitzler und Niederbacher (2010), Grenz und Eisewicht (2012).

oder ‚Wandertagebücher') wichteln – also wo ein Überraschungsgeschenk an eine unbekannte Person verschenkt wird, um von einem anderen Unbekannten selbst ein Geschenk zu erhalten und überrascht zu werden. Ein solcher Aufruf wird von den Thread-Erstellern zumeist von einem ausgearbeiteten Regelkatalog eingeleitet (bspw. einem Steckbrief, der Präferenzen und Abneigungen des Users umfasst oder Handlungsanleitungen zum Tausch unter den jeweiligen Mitgliedern bereithält). Als Zugangsvoraussetzung zur Teilhabe an solchen und ähnlichen über das Forum organisierten Aktionen wird in der Regel eine gewisse Mindestanzahl positiver Bewertungen durch andere Mitglieder festgelegt[16].

Andere abseits des Kleiderkreisel-Hauptthemas entstehende Threads weisen einen deutlichen ‚Selbsthilfe-Charakter' auf: So kommt es häufig vor, dass Mitglieder im Forum anderen ihre (in der Regel: Beziehungs-)Probleme mitteilen und an diesem virtuellen Ort des Zusammentreffens Hilfe und/oder Verständnis suchen. Das Forum wird zudem als Wohnungsbörse (vgl. Thread-Titel in der Form „Suche WG-Zimmer in Berlin!"), zur Studienberatung (z. B. durch Auskünfte zur „besten Studienstadt") oder als Partnervermittlung von den Mitgliedern genutzt. Eine weitere Besonderheit des Kleiderkreisel.de-Forums ist die hohe Anzahl an Threads, in denen User zur ‚Individualisierung' ihres virtuellen Gegenübers aufrufen: Der Thread „Zeigt her eure Wohnung" stellt ein solches Beispiel dar, in denen User sich gegenseitig dazu auffordern, (neben der Artikelpräsentation auch im Forum) fotografisch dokumentiert Einblicke in ihren privaten Wohnraum zu gewähren. Dabei können sie zugleich markieren, mit welcher Raffinesse sie ihre Wohnungen einrichten oder mit welchem Können sie fotografieren. Damit ergreifen die User die Möglichkeit, sich nicht nur auf ihren Profil- und Artikelseiten, sondern auch im Forum als „unverwechselbare kreative Subjekte" (vgl. Reckwitz 2012) in ihrer ‚Offline-Lebenswelt' zu inszenieren.

Die Nutzer von Kleiderkreisel.de füllen so den ihnen angebotenen virtuellen Entfaltungsfreiraum in den Foren (interessenbasiert) mit unterschiedlichsten neuen Inhalten, mit den Spuren ihres unverwechselbaren ästhetischen Selbst sowie mit eigenen Wertvorstellungen aus. Dabei entsteht ein vielschichtiges und dezentral geregeltes Netzwerk aktiv-partizipativer Interaktion, welches, wie nun gezeigt wird, das Potential besitzt, zur Entwicklung einer von der Betreiberkonzeption der ‚Community' partiell autonomen ‚Wir-Identität' zu führen.

In den Foren kann ähnlich, wie auch auf Profil- und Artikelseiten jeder einzelne Beitrag mit einem anonymisierten „yeah!" versehen werden, um z. B. Zustimmung

---

[16] Bei anderen Interaktionsreglementierungen im Forum fordern User z. B. dazu auf, nicht einsilbig (z. B. mit „tauschen?"), sondern mit vollständiger Ansprache und Verabschiedung mit anderen Mitgliedern der virtuellen Gemeinschaft in Kontakt zu treten.

zu einer Useraussage zum Ausdruck zu bringen. Der Versuch der Plattformbetreiber, angelehnt an das strengere Bewertungssystem des Transaktionsgeschäfts, im Forum ebenfalls einen zusätzlichen „Fail-Button" (zur möglichen negativen Bewertung anderer Nutzer) einzuführen, scheiterte. Die User diskutierten angeregt und z. T. sehr emotional in einem eigens dafür eröffneten Thread namens „Fail-Button" sowie in vielen anderen Bereichen des Forums über dieses von den Administratoren der Seite ihrer Meinung nach unrechtmäßig oktroyierte neue Interaktionsreglement[17]. Der Widerstand der Kleiderkreisel.de-Nutzer markiert das in Internet-Communities weit verbreitete Phänomen, dass Mitglieder äußerst „sensibel auf die Einflussnahme der Unternehmen, die ihre Selbstorganisation einschränken oder ihnen Unternehmenspläne aufzwingen wollen" (Hanekop und Wittke 2010, S. 110 f.), reagieren, da sie implizit davon ausgehen, dass ihre Beteiligung an der Gestaltung der Online-Plattform diese zu *ihrer* macht. Bei der hier vorliegenden Umstrukturierung ‚von außen' wurde insbesondere kritisiert, dass es nun möglich sei, anonymisiert und ohne schriftlichen Kommentar Abneigung gegen andere User und deren Beiträge zu äußern. Auch wenn es diese Funktion der negativen Etikettierung auf vielen ‚Web 2.0'-Anwendungen gibt (wie z. B. auf www.webfail.at), so ist sie unter den Kleiderkreisel.de-Mitgliedern explizit unerwünscht. Nach regen Protesten wurde diese neue Funktion nach kurzer Zeit wieder entfernt, der Thread „Fail-Button" (und damit das ‚virtuelle Gedächtnis') jedoch auch gelöscht. Auf Nachfragen eines Users für den Grund der Einführung verweist ein Administrator im Forum auf ein technisches Problem und betont, dass auf Kleiderkreisel.de nie ein solcher Button eingeführt werden sollte:

> Ihr werdet vermutlich schon bemerkt haben, dass es seit heute morgen [sic] einen [...] Button [mit einem nach unten zeigenden Daumen] im Forum gibt. Aufgrund eines technischen Fehlers beim Update letzte Nacht hat sich diese Funktion, die eigentlich nur für das Forum auf unserer litauischen Mutter-Plattform manodrabuziai.lt gedacht war, nun auch bei Kleiderkreisel eingeschlichen. Wir hatten nie vor hier einen Fail Button einzuführen und werden die Funktion daher auch so schnell wie möglich wieder auf KK entfernen. Bitte entschuldigt die Verwirrung, wir geloben Besserung. (Kleiderkreisel 2013e)[18]

---

[17] So stellt ein User fest: „Finde es absolut sinnfrei, in einem FORUM einen „Yeah" und „Fail" Button einzurichten, denn in Foren geht es doch wohl um Diskussionen und Beiträge? Da sollte Zuspruch oder eine Rückmeldung in schriftlicher Form erfolgen und nicht in Form eines Buttons. Da geht für mich der Forums Gedanke „[sic] flöten" (Kleiderkreisel 2013f). Ein anderer User antwortet auf einen Thread zum Thema „[W]as frühstückt ihr gerade?" mit „[I]ch frühstücke wut [sic] über den fail-button" (Kleiderkreisel 2013g).

[18] Nach erneuter Rückfrage eines Users nach den eigentlichen Absichten einer solchen Einführung, wird lediglich erneut auf „technisches Zeug" (Kleiderkreisel 2013e) verwiesen.

Die litauische und tschechische Kleiderkreisel-Plattformen verfügen beide über einen „Fail-Button", ebenso die kürzlich angelaufene malaiische Version www.friendlyfashion.my. Angesichts der flächendeckenden Einführung dieser neuer Funktion auf allen nationalen Plattformen erscheint die Lesart, dass der deutsche Anbieter als Reaktion auf den ausgelösten großen Protest gegen den „Fail-Button" diesen wieder entfernt hat, deshalb plausibler.

Die deutsche Seite verfügt mit ca. 500.000 Mitgliedern über weitaus mehr User als alle anderen Seiten zusammen[19]. Unter diesen Mitgliedern konnte sich im Laufe der Zeit auf Grundlage bewährter Routinehandlungen eine ‚Forenkultur' etablieren, die aus das ‚Basisinteresse' an Mode transzendierenden neuartigen, spezifischen (Sonder-)Wissensbeständen und reglementierenden Wertsetzungen bestehen, welche die User als *ihre Interaktionskultur* begreifen. Dieses potentielle ‚Wir-Gefühl' schließt im Besonderen solche kollektiven Einstellungen darüber mit ein, wie man mit den anderen Teilnehmern der virtuellen ‚Community' interagieren sollte (d. h. wie man von anderen innerhalb der Gemeinschaft behandelt werden will und welche Reaktionen man sich von diesen wünscht). Diese Einstellungen werden sozusagen als moralischer Kern der Gemeinschaft als schützenswert erachtet. Es zeigt sich, dass die Mitgliedergemeinschaft von Kleiderkreisel.de auf Grundlage der *eigenmächtigen* Ausfüllung kommunikativer Freiheiten mit neuen (der thematischen Ausrichtung der Plattform gegenüber fremden) Inhalten und Interaktionsregeln für sich das Recht ableitet, Änderungen etablierter Interaktionsformen nur aus der Gruppe heraus – und nicht von außerhalb – vornehmen zu dürfen. Die Teilhabe an diesem Wissens- wie Wertespektrum wird von den Kleiderkreisel.de-Mitgliedern, welche das Forum als zentralen Treffpunkt virtueller Vergemeinschaftung aufsuchen, mit einer besonders intensiven sozio-emotionalen Qualität wahrgenommen. Eine Empfindung, welche stark genug ist, kollektive Schutzmechanismen auszulösen oder Mitglieder dazu zu ermutigen, mit Hilfe von Threads wie „Jetzt für's Ruhrgebiet! Suche Mädels um was zu unternehmen" (Kleiderkreisel 2013h), „Mädels für eine wahre Freundschaft gesucht" (Kleiderkreisel 2013i) oder „Suche Flohmarktbegleitung" (Kleiderkreisel 2013j) sich nicht nur virtuell, sondern auch offline mit anderen Gleichgesinnten zu vergemeinschaften.

Die Beteiligung von Usern an der Bereitstellung öffentlicher Güter und Dienstleistungen im so genannten ‚Mitmach-Web' (Tapscott und Williams 2006) offenbart damit im Fall von internetbasierten Collaborative Consumption-Anbietern wie Kleiderkreisel.de eine bisher unbeachtete Facette von Toefflers Konzept der Prosumption. Diese neuen Plattformen zeichnen sich durch eine Form der

---

[19] Die litauische Mutterseite verfügt über 150.000 Mitglieder, die tschechische über 60.000 und die malaiische Website über 9.000 Mitglieder.

Anwenderintegration aus, welche, wie z. B. bei von Hippel (2005), als Grundlage unentgeltlicher Wertschöpfung des Users (insbesondere im Sinne einer Vergrößerung des Innovationspotentials) und somit als marktwirtschaftliches Kalkül begriffen werden kann. Eine solche Bereitstellung unbegrenzt partizipativer Möglichkeiten bietet gleichsam aber für die im virtuellen Raum interagierenden Prosumenten – d. h. für alle User, welche Güter und Dienstleistungen virtueller wie materieller Art anbieten und konsumieren – die Chance, angebotene Freiräume (wie z. B. Foren) nicht nur eigenmächtig mit Leben zu füllen, sondern sich in diesen in partieller Unabhängigkeit vom ‚Großen Bruder' zu vergemeinschaften. Abseits der eigentlichen Dienstleistungs- bzw. Konsumhandlungen können Prosumenten so Orte virtueller Zusammenkunft errichten, die Möglichkeiten für intensive Zugehörigkeitserlebnisse eröffnen.

5 Schlussbemerkungen

Internetbasierte Collaborative Consumption-Plattformen, wie die hier vorgestellte Website Kleiderkreisel.de, basieren auf der Idee, nachhaltig innerhalb einer Gemeinschaft von Gleichgesinnten online zu konsumieren. Sie grenzen sich so von herkömmlichen Konsumptionspraktiken (nach dem Motto ‚Besitzen statt Benutzen') ab und betonen zugleich die Art und Weise, wie sie dies tun – nämlich modern, weil digital, und stilvoll. In dieser Unternehmensphilosophie liegt ein besonderes Verführungspotential verborgen, sich dieser virtuellen Community anzuschließen: Ganz bewusst offenbart sich im Fall von Kleiderkreisel.de für zukünftige Mitglieder bereits vor der Anmeldung ein uneingeschränkter Blick auf alle Inhalte der Website. Es soll den Betrachtern mit größtmöglicher Transparenz vor Augen geführt werden, dass sie auf dieser Plattform nicht nur Verkaufs- und Tauschhandlungen vornehmen, sondern auch Teil einer breitgefächerten Interessengemeinschaft werden können:

„Tauschen, Verkaufen, Verschenken – das ist das Credo der jungen Onlineplattform kleiderkreisel.de. Jedoch ist kleiderkreisel.de noch viel mehr als nur eine Handelsplattform. Hier können Modeinteressierte sich austauschen, Ideen teilen, sich Tipps einholen und werden nicht selten zu echten Freunden" (Schönau 2012).

Mit Blick auf diese (durch uneingeschränkte Einblicke in die Gemeinschaft gestützte) Inaussichtstellung kann den Usern die Bereitschaft zur aktiven Teilhabe an der ‚Social Community' dieser Plattform bereits vor Ihrer Anmeldung zugesprochen werden. Darüber hinaus erfüllt Collaborative Consumption im Internet weitere Bedürfnisse der User. So betritt der Prosumer im Zuge der Teilhabe an einer Gemeinschaft virtueller Collaborative Consumption-‚Aktivisten' ein ‚elektronisches Panoptikum' (vgl. Hitzler 2009): Die Nutzer stehen gewissermaßen unter Dauerbeobachtung durch andere Mitglieder, Plattformbetreiber, aber auch durch *Nicht-Mitglieder*. Dadurch werden zugleich die ‚exhibitionistischen' Bedürfnisse einer großen Anzahl von Plattform-Usern befriedigt, die bereitwillig ihre privaten Wohn- und Schlafräume – d. h. das „Hinterbühnengeschehen" (vgl. Goffman 1959) – bildlich inszenieren.

Die zunehmende Mediatisierung traditioneller ‚analoger' Interaktionssituationen zwischen Käufer und Verkäufer eröffnet letzterem neben neuen Konsumwelten auch neue virtuelle Freiräume, in denen er sich entfalten, gebündelt große Mengen an persönlichen Informationen bereitstellen und die Anderer einsehen kann. So weist das vorgegebene Interaktionsreglement der hier näher dargestellten Online-Tauschbörse einen auffällig geringen Verpflichtungsgrad auf: Es gibt weder eine Gewinnbeteiligung, noch regelt die Plattform das Interaktionsgeschehen – die Mitglieder der Kleiderkreisel.de-Gemeinschaft müssen ihre Transaktionen völlig eigenständig organisieren. Diese partizipativ-gestalterische Freiheit der User erlangt im virtuellen Raum des Forums eine neue eigenständige Dimension der Selbstinszenierung. Hier wird die erschlossene Konsumwelt von Plattform-Usern um Wissensgebiete und Wertvorstellungen erweitert, welche weit über eine ökonomische Ausrichtung der Web-Dienstleistung hinausreichen. Auf Grundlage dieser neuen Inhalte und geteilten Erfahrungen bietet die Seite Kleiderkreisel.de ihren Mitgliedern die Möglichkeit, sich zu vergemeinschaften und Freundeskreise zu bilden. Die Mitglieder einer solchen Gemeinschaft können damit in ihrem Gegenüber nicht mehr nur Jemanden sehen, der wie sie an der angebotenen marktwirtschaftlichen Nische der Plattform Interesse zeigt, sondern eine Person, deren Geschichte – ihre Erlebnisse, Hobbies, Wertvorstellungen und ihr gesamter Lifestyle – mit der eigenen potentiell Übereinstimmungen aufweist.

Auch wenn dieser Prozess des ‚Community-Building' von den Plattformbetreibern initiiert (bzw. die technische Grundlage dazu geschaffen) wird, so generiert er in seinem Verlauf emergierende und unbeabsichtigte soziale Phänomene, in deren Folge die Betreiber nicht mehr unmittelbar als Teil der virtuellen Gemeinschaft zwischen Gleichgestellten (sozusagen auf gleicher Augenhöhe) wahrgenommen werden. So zeigt der hier angeführte Fall, dass, wenn das gemeinschaftliche Selbstbewusstsein der ‚Community' hinreichend gefestigt ist, die von den Plattformbetreibern angebotene Möglichkeit zur partizipativen Mitbestimmung von den Unsern als ein legitimes Recht auf Vertretung von Eigeninteressen der Gruppe umgewertet und aktiv eingefordert werden kann. Die gemeinschaftlich gestaltete virtuelle Nische begreift ihre Existenz dann in relativer Unabhängigkeit zur angegliederten Konsumwelt sowie zum Angebot der Betreiber, mit Gleichgesinnten in Interaktion treten zu *dürfen*. Es bleibt abzuwarten, welche ökonomischen Konsequenzen eine solche Entwicklung hin zu einer partiellen Selbstbestimmung der User für Collaborative Consumption-Anbieter im Internet hat.

Literatur

Blättel-Mink, Birgit, und Kai-Uwe Hellmann, Hrsg. 2010. *Prosumer Revisited. Zur Aktualität einer Debatte*. Wiesbaden: VS.
Botsman, Rachel, und Roo Rogers. 2011. *What's mine is yours. How collaborative consumption is changing the way we live*. New York: HarperCollins.
Bruhn, Manfred, und Bernd Strauss, Hrsg. 2009. *Kundenintegration. Forum Dienstleistungsmanagement*. Wiesbaden: Gabler.
Chesbrough, Henry. 2003. *Open innovation: The new imperative for creating and profiting from technology*. Boston: Harvard Business School Press.
Chesbrough, Henry, Wim Vanhaverbeke, und Joel West. 2006. *Open innovation: Researching a new paradigm*. Oxford: Oxford Univ. Press.
Eisewicht, Paul, und Tilo Grenz. 2012. Online Communities als Gemeinschaften? Ein Blick auf semantische Verkürzungen und Probleme. In *Transnationale Vergesellschaftungen. Verhandlungen des 35. Kongresses der Deutschen Gesellschaft für Soziologie in Frankfurt am Main 2010*, Hrsg. Soeffner, Hans-Georg. Wiesbaden: VS Verlag.
Felson, Marcus, und Joe L. Spaeth. 1978. Community structure and collaborative consumption: A routine activity approach. *American Behavioral Scientist* 21:614–624.
Goffman, Erving. 1959. *The presentation of self in everyday life*. New York: Doubleday.
Grenz, Tilo, und Paul Eisewicht. 2012. Taking the leap of faith. Gemeinsamkeit, Zugehörigkeit und Zusammengehörigkeit im Spiegel der Technik. In *Techniken der Zugehörigkeit*, Hrsg. Eisewicht, Paul, Grenz, Tilo und Pfadenhauer, Michaela, 239–259. KIT Karlsruhe: Scientific Publishing.
Hanekop, Heidemarie., Andreas Tasch, und Volker Wittke. 2001. „New Economy" und Dienstleistungsqualität: Verschiebungen der Produzenten- und Konsumentenrolle bei digitalen Dienstleistungen. *SOFI-Mitteilungen* 29:73–92.
Hanekop, Heidemarie, und Volker Wittke. 2008. Die neue Rolle der Anwender in internetbasierten Innovationsprozessen. In *Arbeits- und Industriesoziologische Studien 1*, 7–28. http://www.ais-studien.de/uploads/tx_nfextarbsoznetzeitung/070508_hanekop_wittke_kurz_03.pde.
Hanekop, Heidemarie, und Volker Wittke. 2010. Kollaboration der Prosumenten. Die vernachlässigte Dimension des Prosuming-Konzepts. In *Prosumer Revisited. Zur Aktualität einer Debatte*, Hrsg. Blättel-Mink, Birgit und Hellmann, Kai-Uwe, 96–113. Wiesbaden: VS.
Hitzler, Ronald. 1998. Posttraditionale Vergemeinschaftung. Über neue Formen der Sozialbindung. *Berliner Debatte Initial* 9 (1): 81–89.

Hitzler, Ronald. 2008. Brutstätten Posttraditionaler Vergemeinschaftung. Über Jugendszenen. In *Posttraditionale Gemeinschaften. Theoretische und ethnografische Erkundungen*, Hrsg. Hitzler, Ronald, Anne Honer, und Michaela Pfadenhauer, 55–72. Wiesbaden: VS.
Hitzler, Ronald. 2009. Im elektronischen Panoptikum: Über die schwindende Angst des Bürgers vor der Überwachung und seinem un-heimlichen Wunsch nach Sichtbarkeit. In *Strategien der Visualisierung*, Hrsg. Herfried Münkler, und Jens Hacke, 213–230. New York: Campus.
Hitzler, Ronald. 2013. In der Konsensmaschinerie Milieuzugehörigkeit zwischen dem Entdecken von Gemeinsamkeit und dem Erleben von Gemeinschaft. In *Zeitschrift für Theoretische Soziologie*. [Im Erscheinen].
Hitzler, Ronald, und Arne Niederbacher. 2010. *Leben in Szenen. Formen juveniler Vergemeinschaftung heute*. Wiesbaden: VS.
Meckel, Miriam. 2007. Vom Konsumenten zum Prosumenten. Veranstaltung der Münchner Medientage 2007 (Zukunftsgipfel). http://advertising.microsoft.com/deutschland/medientage.
O'Reilly, Tim. 2005. What is web 2.0. Design patterns and business models for the next generation of software. http://oreilly.com/pub/a/web2/archive/what-is-web-20.html?page=5
Raab, Jürgen, Martina Egli und Marija Stanisavljevic. 2010. Purity and danger 2.0. Grenzüberschreitungen und Grenzziehungen der Internetpornografie. In *Porno-Pop II. Im Erregungsdispositiv*, Hrsg. Metelmann, Jörg 191–210. Würzburg: Königshausen & Neumann.
Reckwitz, Andreas. 2012. *Die Erfindung der Kreativität. Zum Prozess gesellschaftlicher Ästhetisierung*. Berlin: Suhrkamp.
Reichwald, Ralf, und Frank Piller. 2006. *Interaktive Wertschöpfung: Open Innovation, Individualisierung und neue Formen der Arbeitsteilung*. Wiesbaden: Gabler.
Seybold, Patricia B., Ronnt Marshak, Jeffrey M. Lewis. 2001. *The customer revolution. How to thrive when customers are in control*. New York: Crown.
Tapscott, Don, und Anthony D. Williams. 2006. *Wikinomics: How mass collaboration changes everything*. New York: Portfolio.
Toffler, Alvin. 1980. *The third wave*. New York: Morrow.
von Hippel Eric. 2005. *Democratizing Innovation*. Cambridge: MIT Press.
Voß, G. Günter und Rieder, Kerstin. 2005. *Der arbeitende Kunde. Wenn Konsumenten zu unbezahlten Mitarbeitern werden*. New York: Campus.
Woermann, Niklas. 2010. Subcultures of Prosumption. Differenzierung durch Prosumtion in der Freeski-Szene. In *Prosumer Revisited. Zur Aktualität einer Debatte*, Hrsg. Birgit Blättel-Mink, und Kai-Uwe Hellmann 169–187. Wiesbaden: VS.

Links

Alexa. 2013. http://www.alexa.com/siteinfo/kleiderkreisel.de. Zugegriffen: 10. April 2013.
CC. 2012. http://awesome.good.is/transparency/web/1009/sharing-is-contagious/flat.html. Zugegriffen: 10. April 2013.
Denson. 2007. http://mass-customization.de/2007/02/the_consumer_de.html. Zugegriffen: 10. April 2013.

Kleiderkreisel. 2013a. http://www.kleiderkreisel.de/main/faq[FAQ 16]. Zugegriffen: 10. April 2013.
Kleiderkreisel. 2013b. http://www.kleiderkreisel.de/blog/2013/1/143-der-kleiderkreisel-kuschelkurs-3. Zugegriffen: 10. April 2013.
Kleiderkreisel. 2013c. http://www.kleiderkreisel.de. Zugegriffen: 10. April 2013.
Kleiderkreisel. 2013d. http://www.kleiderkreisel.de/main/faq[FAQ 28]. Zugegriffen: 10. April 2013.
Kleiderkreisel. 2013e. http://www.kleiderkreisel.de/foren/neues-auf-kleiderkreisel/421081-fail-button-bald-wieder-weg. Zugegriffen: 10. April 2013.
Kleiderkreisel. 2013f. http://www.kleiderkreisel.de/foren/wanderpakete-und-wichteln/407-203-ich-schenke-dir-eine-dvd-bitte-unbedingt-erst-regeln-lesen?page=44&per_page=50. Zugegriffen: 10. April 2013.
Kleiderkreisel. 2013g. http://www.kleiderkreisel.de/foren/off-topic/420899-was-fruhstuckt-ihr-gerade?page=3. Zugegriffen: 10. April 2013.
Kleiderkreisel. 2013h. http://www.kleiderkreisel.de/foren/treffpunkt/193551-jetzt-furs-ruhrgebiet-suche-madels-um-was-zu-unternehmen. Zugegriffen: 10. April 2013.
Kleiderkreisel. 2013i. http://www.kleiderkreisel.de/foren/gefuhle/freundschaft/606928-madels-fur-eine-wahre-freundschaft-gesucht. Zugegriffen: 10. April 2013.
Kleiderkreisel. 2013j. http://www.kleiderkreisel.de/foren/treffpunkt/kreiseltreffen-and-tauschpartys/520840-suche-flohmarktbegleitung. Zugegriffen: 10. April 2013.
Kleiderkreisel. 2013k. http://www.kleiderkreisel.de/foren/forenrichtlinien. Zugegriffen: 23.10.2013
Schönau. 2012: http://img2.kleiderkreisel.de/uploads/ck_editor_images/PM220312.pdf. Zugegriffen: 10. April 2013.

Teil III
Entgrenzungen und Wechselwirkungen mediatisierter Handlungsformen

Fund me! Sondierungen zur Mediatisierung von produktions- und konsumptionsorientierten Handlungsformen im Rahmen des Finanzierungsmodells Crowdfunding

Miriam Gothe und Heiko Kirschner

1 Einleitung

Der Film „Stromberg" hat einen Rekord aufgestellt, bevor er überhaupt gedreht wurde. Mitte Dezember 2011 startete die Produktionsfirma im Internet eine Finanzierungsaktion. Fans sollten insgesamt eine Million Euro für den Dreh bereitstellen, im Gegenzug würden sie an den Kinoerlösen beteiligt, ihr Name werde im Abspann genannt oder sie erhielten Premierentickets. Nur eine Woche später war das Ziel erreicht: 3000 Anhänger hatten mitgemacht.[1]
Kickstarter hat im vergangenen Jahr 320 Millionen Dollar an Vorschubfinanzierung für Projekte eingesammelt. Damit erzielte die Crowdfunding-Plattform 2012 ein Wachstum von 210 Prozent. Insgesamt 2,2 Millionen Menschen finanzierten mit dem Geld 18.109 Projekte.[2]

„Crowdfunding" (zu Deutsch: Schwarmfinanzierung) ist ein relativ neuartiges und offenkundig erfolgsträchtiges Modell der internetbasierten Ressourcenbeschaffung,

---

[1] http://www.infranken.de/ueberregional/ratgeber/Crowdfunding-als-Marketingkonzept; art186,322592 (Zugriff 15.01. 2012).
[2] http://www.zdnet.de/88138884/crowdfunding-plattform-kickstarter-sammelt-2012-320-millionen-dollar-an-spenden/ (Zugriff 15.01.2012)

M. Gothe (✉) · H. Kirschner
TU Dortmund, Lehrstuhl für Allgemeine Soziologie,
44221 Dortmund, Deutschland
E-Mail: Miriam.Gothe@tu-dortmund.de

H. Kirschner
E-Mail: Heiko.Kirschner@fk12.tu-dortmund.de

T. Grenz, G. Möll (Hrsg.), *Unter Mediatisierungsdruck*,
Medien · Kultur · Kommunikation, DOI 10.1007/978-3-658-03664-5_6,
© Springer Fachmedien Wiesbaden 2014

das der Umsetzung kreativer und innovativer Ideen dient. Hierzu bedient sich diese Form der Projektfinanzierung eines medientechnologischen Rahmens, der kommunikative Rückkopplungen zwischen den Projektinitiatoren und den Geldgebern ermöglicht. Unterdessen deuten Konzepte wie das der „Aneignungskulturen" (vgl. Pfadenhauer 2010) oder das der „Brand Communities" (vgl. Muniz und O'Guinn 2001) darauf hin, dass die Interaktivität neuer Medien den Umgang mit Medien und (im Zuge dessen) auch den Prozess der Produktion von Gütern beeinflussen kann: Vormals geschlossene Entwicklungs-, Produktions- und Distributionsprozesse werden insbesondere durch Modelle sogenannter Kundenintegration und -kollaboration (vgl. Eismann und Beyreuther 2012), die wir unter dem Begriff „Crowdsourcing" zusammenfassen wollen, strukturell geöffnet und aufgrund hierdurch entstehender neuer Akteurskonstellationen und Handlungsmöglichkeiten transformiert.

Kennzeichnend für derartige Konzepte sind Bemühungen zur Abschöpfung bzw. Integration von Kundenleistungen. Dabei zielt Kundenintegration stets darauf ab, Produkte oder auch intraorganisationale Produktentwicklungsprozesse zu verbessern und/oder Innovationen zu generieren. So werden etwa (ausgewählte) Kunden von Unternehmen als Produkttester vor der endgültigen Markteinführung in Anspruch genommen oder Konsumenten dienen wie im Rahmen des Konzepts der „Open Innovation" (von Hippel 2005) sowie bei der Idee „Kollaboration der Prosumenten" (Blättel-Mink und Hellmann 2010; Hanekop und Wittke 2012) als Wissensressource. Zwar verändern sich produzenten- wie konsumentenseitige Handlungsweisen bei derartigen Formen des Kundeneinbezugs, allerdings bleiben die Handlungsrahmen, also die dem jeweiligen Repertoire an Handlungsoptionen zugrunde liegende Sinnstiftung und damit verbunden die Positionen der jeweiligen Akteursgruppen im Produktions- und Konsumptionsprozess bestehen. D. h. trotz Maßnahmen der Kundenintegration bleibt der Kunde eben Kunde oder Konsument, wie der Produzent eben Produzent bleibt. Beide Akteursgruppen verbleiben in ihren Rollen, sodass in dieser Perspektive – zumindest konzeptionell – von einer kontrollierten Berücksichtigung der Konsumentenperspektive ausgegangen wird.

Demgegenüber lassen sich neuerdings Anhaltspunkte dafür finden, wie sich auf der Basis interaktiver Medien die Handlungsrahmen und die damit verbundenen Positionen der Akteure im Produktions- und Distributionsprozess derart zu verändern scheinen, dass zu fragen ist, inwieweit nicht mehr nur eine Erweiterung bekannter Handlungsrahmen vorliegt, sondern von neuartigen (mediatisierten) Handlungsrahmen bzw. Rollen auszugehen ist. Beispielhaft lässt sich dies beim Crowdfunding beobachten, das allenfalls noch als eine spezielle Form des Crowdsourcing zu verstehen, unseres Erachtens sogar eher von diesem zu unterscheiden ist, insofern es eben durch neuartige Rollen bzw. Rollenverständnisse gekennzeichnet ist. Denn Crowdfunding zielt auf die Realisierung einer online präsentierten

Produkt- oder Dienstleistungsidee durch Vorschuss-Finanzierung seitens (aus welchen Gründen auch immer) an der Umsetzung jener Idee interessierter privater Geldgeber, denen bisweilen erhebliche Partizipationsmöglichkeiten zugestanden werden.

Mit Blick auf den genuin technologisch-medial konstituierten Kontext des Crowdfunding werden im Folgenden diese medienbasiert geformten und ausgehandelten Handlungsrahmen der beteiligten Akteure beschrieben. Nach einer Erläuterung des Konzepts Crowdfunding und theoretischen Überlegungen zu Berührungspunkten mit gängigen ökonomischen und wohltätigen (Finanzierungs-) Praktiken wird am Beispiel eines Computerspielprojekts betrachtet, wie sich die durch derartige medienzentrierte Modelle ermöglichten Handlungsrahmen darstellen und von den bis dato gemeinhin als anbieter- und konsumentenförmig verstandenen Handlungsrahmen unterscheiden sowie worin die zentralen Kompetenzanforderungen und die Besonderheiten der Medienkommunikation in Crowdfunding-Projekten bestehen.

2 Crowdfunding – Begriff und (ökonomische) Relevanz

Das Konzept des Crowdfunding zielt auf die Realisierung einer wie auch immer gearteten Produkt- oder Dienstleistungsidee durch Vorschuss-Finanzierung seitens einer Vielzahl an der Umsetzung jener Idee Interessierter. Am Anfang eines Crowdfunding-Projekts steht die Projektidee eines Akteurs, die auf einer Online-Plattform einschließlich des für die Realisierung notwendigen Budgets vorgestellt und durch den Initiator selbst beworben wird. Daraufhin hat jeder Besucher dieser Plattform die Möglichkeit zur finanziellen Unterstützung des Projekts, also als sogenannter Pledger[3] (zu Deutsch: Pfandgeber) zu fungieren, wofür ihm zumeist eine Gegenleistung[4] offeriert wird. Im günstigsten Fall wird durch die finanzielle Unterstützung das vom Projektinitiator als für die Realisierung notwendig ange-

---

[3] Dieser, von uns der Semantik der Akteure entnommene Begriff scheint uns aus dem Vokabular von Plattformen wie kickstarter.com abgeleitet, die bspw. von ‚pledged dollars' sprechen und die Summe der für ein aktuell zur Finanzierung angebotenes Projekt mit ‚pledged' betiteln. Des Weiteren werden die Akteure durch kickstarter.com ebenfalls als „Backer" (dt.: Geldgeber, Befürworter, Sponsor) oder durch startnext.de als „Supporter" (Unterstützer) bezeichnet.

[4] Diese Gegenleistungen beziehen sich unmittelbar auf das unterstützte Projekt (bspw. in Form von signierten Postern oder einer Downloadmöglichkeit des geförderten Computerspiels oder in Gestalt von Freikarten zu einer Kinovorstellung des unterstützten Films). Darüber hinaus können die Gegenleistungen je nach geleistetem Förderbetrag variieren.

setzte Budget erreicht[5], das dann der Umsetzung seiner Idee dient. Um die Pledger über die folgende Projektrealisierung zu informieren, wird oftmals deren Verlauf dokumentiert (bspw. auch durch Videos auf Videoportalen[6]). Als erfolgreichste Crowdfunding-Plattform gilt international kickstarter.com. Seitdem die „funding platform for creative projects"[7], wie sie von den Initiatoren bezeichnet wird, im April 2009 online ging, konnten durch die bis Januar 2013 gesammelten 401 Mio. US-Dollar 35.230 der vorgestellten 83.658 Projekte finanziert werden, was einer Erfolgsquote von ca. 43 % entspricht.[8] Noch können auf kickstarter.com allerdings nur US-amerikanische Projektanbieter tätig werden[9], wobei die vorgestellten Projekte wiederum auch von Personen außerhalb der USA monetär unterstützt werden können. Die hinsichtlich der eingeworbenen Summen relevantesten deutschen Crowdfunding Plattformen sind derzeit startnext.de und respekt.net, über die bis Ende August 2011 jeweils 164.000 bzw. 131.000 Euro für die Durchführung von Projekten generiert werden konnten (Wenzlaff 2011). Als Gründe für die anfängliche Differenz zwischen den in Deutschland und den in den USA generierten Fördersummen können der Einschätzung einem der Inhaber von startnext.de zufolge allerdings nicht nur die kürzere Existenz der deutschen Plattformen, sondern auch kulturelle Unterschiede gesehen werden. So sei in den USA sowohl das Spenden im Allgemeinen als auch die Überweisung von Geld auf elektronischem Wege etablierter als in Deutschland (vgl. Herbold 2012).

Grundsätzlich zählt Crowdfunding zu den Modellen der Ressourcengewinnung und kann als Form der Mikrofinanzierung verstanden werden (Hemer 2011, S. 2), bei der nicht auf professionelle Investoren, wie insbesondere Banken, zurückgegriffen wird, sondern auf private Geldgeber, die als Investoren, Sponsoren bzw. Spender fungieren. Von besonderer bzw. grundlegender Relevanz sind dabei die Möglichkeiten von Web 2.0-Anwendungen, die solche Modelle der unmittelbaren, gezielten und kollektiven Zusammenführung von Anbietern und Nachfragern erst ermöglichen oder aber bestehende Modelle zumindest stark verändern. Je nach dis-

---

[5] Was mit dem gespendeten Geld passiert, wenn die angestrebte Fördesumme nicht erreicht wurde, ist unterschiedlich. Teilweise verbleibt es trotzdem bei den Projektinitiatoren, oftmals gehen die Beträge allerdings an die Spender zurück. Die Crowdfunding-Plattformen übernehmen zumeist die Verwaltung der Beträge während der Sammelphase.

[6] So wird in einem Video des später näher betrachteten Computerspielprojekts ‚The Banner Saga' gezeigt, wie sich die Lagerung von 4000 Postern, die den Pledgern des Projekts versprochen wurden, in einem gewöhnlichen Wohnhaus darstellt (vgl. http://www.youtube.com/watch?v=nEaY4JYooJk&feature=player_embedded.)

[7] Vgl. http://www.kickstarter.com/.

[8] Vgl. http://www.kickstarter.com/help/stats (Zugriff 15.01.2013).

[9] Die Öffnung für europäische Projekte zumindest durch die Zulassung von Projektanbietern aus Großbritannien war noch für 2012 geplant (vgl. Pluta 2012).

ziplinärer Perspektive lassen sich solche Modelle im Anschluss an die Literatur grob in Formen interaktiver bzw. medial-vermittelter Organisation von Wohltätigkeit einerseits und von Kundenintegration andererseits differenzieren. Zu erstgenannten Formen zählt bspw. das sogenannte Fundraising, das die professionelle Ressourcen- und insbesondere Geldspendeneinwerbung für Nonprofit-Organisationen bezeichnet (vgl. Haibach 2010). Zu den Modellen der Kundenintegration lässt sich der gesamte Bereich des Crowdsourcing bzw. der „interaktiven Wertschöpfung" (vgl. Reichwald und Piller 2009) zählen, unter den Maßnahmen des Zugriffs auf Kundenwissen und -expertise subsummiert werden und der als Grundlage des Begriffs Crowdfunding gilt:

> The term ‚crowdfunding' is derived from the better known term ‚crowdsourcing', which describes the process of outsourcing tasks to a large, often anonymous ‚number of people' (here: the Internet Community) and drawing on their assets, resources, knowledge or expertise. In the case of crowd*funding*, the objective is to obtain money. (Hemer 2011, S. 8, Hervorhebung im Original)

Crowdfunding lässt sich dementsprechend als eine monetär orientierte Form des Crowdsourcing verstehen. Zu berücksichtigen ist bei diesen Zuordnungsmöglichkeiten des Crowdfunding allerdings, dass sie im Anschluss vor allem an Nominaldefinitionen und weniger an Realdefinitionen (vgl. bspw. Kromrey 2002, S. 153) erfolgen und, wie erwähnt, differente disziplinäre Wurzeln zusammenbringen. Das heißt zum einen, dass die Entscheidung über die Frage, wessen Handeln sich wann als Wohltätigkeit und wann als integrierte Konsumtion oder auch Prosumption verstehen lässt, weniger im Anschluss an empirische Erkenntnisse zu Einschätzungen der Handelnden selbst, sondern eben bezogen auf nominelle Bestimmungen der Wissenschaftler erfolgen. Zum anderen muss wohltätiges und konsum- wie auch bspw. investitionsförmiges Handeln nicht zwingend strukturell verschieden sein, sondern wird vor allem wissenschaftsseitig unterschiedenen Handlungsarenen und damit dem jeweiligen disziplinären Fokus zugeordnet. Letzteres soll in den folgenden theoretischen Überlegungen zu den Handlungspraktiken der Geldgeber im Rahmen des Crowdfunding („Pledgen") differenziert betrachtet werden.

3 Theoretische Überlegungen zur Verortung des „Pledgen" zwischen ökonomischen und wohltätigen Praktiken

Um sich den Handlungspraktiken der Geldgeber (Pledger) im Rahmen des Crowdfunding zunächst mit Blick auf vermeintlich ähnliche Praxen zu nähern, erscheint eine detailliertere Betrachtung jener Handlungskomplexe sinnvoll, die sich im

Anschluss an die oben erwähnten Perspektiven der Wohltätigkeit und Ökonomie einer wirtschaftswissenschaftlichen, konsumsoziologischen und kultursoziologischen bzw. sozialanthropologischen Betrachtungsweise zuordnen lassen. Zunächst liegt es nahe, das Pledgen vor dem Hintergrund ökonomischer Modelle zu verorten, es also als eine Form des Umgangs mit insbesondere monetären Ressourcen und den Pledger als Akteur im wirtschaftswissenschaftlichen Sinn als Investor, Aktionär oder Sponsor zu verstehen. Dabei positionieren wirtschaftswissenschaftliche Definitionen dieser Handlungsformen den Akteur jeweils lediglich im Wirtschafts- bzw. Finanzmarktkreislauf. So wird die Investition, deren Tätigung den *Investor* kennzeichnet[10], im allgemeinen Sinn definiert als „[z]ielgerichtete, i. d. R. langfristige Kapitalbindung zur Erwirtschaftung zukünftiger Erträge"[11]. Würde man den Pledger als Investor verstehen wollen, erschiene die Zentralität des monetären Gewinns problematisch. Als *Aktionär* demgegenüber bezeichnet man einen Aktieninhaber, dem eine Beteiligung am Unternehmensgewinn wie auch verschiedene Rechte auf bspw. Mitbestimmung und Information zustehen.[12] Auch diesbezüglich trifft eine Gewinnbeteiligung für den Pledger nicht zu. Gleichwohl gilt es, die Bedeutung der ihm nicht selten offerierten – wenn auch nicht wie beim Aktionär formal (i. e. juristisch) festgeschriebenen – Gegenleistungen und Mitbestimmungsmöglichkeiten zu beachten. *Sponsoring* wiederum bezeichnet „die Planung, Organisation, Durchführung und Kontrolle sämtlicher Aktivitäten, die mit der Bereitstellung von Geld, Sachmitteln, Dienstleistungen oder Know-how durch Unternehmen und Institutionen zur Förderung von Personen und/oder Organisationen in den Bereichen Sport, Kultur, Soziales, Umwelt und/oder den Medien, unter vertraglicher Regelung der Leistung des Sponsors und Gegenleistung des Gesponserten verbunden sind, um damit gleichzeitig Ziele der Marketing- und Unternehmenskommunikation zu erreichen. Das Prinzip von Leistung und Gegenleistung grenzt Sponsoring von anderen Formen der Unternehmensförderung wie z. B. Mäzenatentum und Spendenwesen ab"[13]. Im Sponsoring gilt so die auch beim Pledgen zumeist vorzufindende Logik des Tausches von Leistung gegen Leistung, allerdings nicht zum (expliziten) Zweck des Marketings, also weder vor dem Hintergrund ökonomischer noch psychologischer Sponsoringziele wie der Steigerung des Umsatzes oder der Bekanntheit des Sponsors.

---

[10] http://wirtschaftslexikon.gabler.de/Archiv/135513/investor-v2.html (Zugriff 19.8.2012).
[11] http://wirtschaftslexikon.gabler.de/Definition/investition.html#definition (Zugriff 19.8.2012).
[12] http://wirtschaftslexikon.gabler.de/Definition/aktionaer.html#definition (Zugriff 19.8.2012).
[13] http://wirtschaftslexikon.gabler.de/Definition/sponsoring.html#definition (Zugriff 19.08.2012).

Den Pledger dem obigen Hinweis auf Mäzenatentum und Spendenwesen folgend als Spender zu betrachten, ist derweil vor dem Hintergrund enger Definitionen nicht unproblematisch, denen zufolge Spenden „eine spezifische Variante von prosozialem Handeln dar[stellt], bei dem ein freiwilliger Transfer von Geld, Sachen oder Leistungen für gemeinwohlorientierte Zwecke stattfindet, wobei der Spender keine äquivalente materielle Gegenleistung erhält" (Rössel 2010, S. 214). Denn (wie oben erläutert) werden dem Pledger nicht selten materielle Gegenleistungen offeriert. Insofern es sich allerdings nicht um einen Erwerb von Gütern im Sinn des Tausches handelt, muss die Förderung eines Crowdfundingprojekts dennoch im Verhältnis zum prosozialen bzw. altruistischen Handeln betrachtet werden, wenn man damit ein Handeln bezeichnet, „das anderen Akteuren ökonomische Vorteile im weiteren Sinne verschafft, für den Akteur selbst aber mit ökonomischen Kosten verbunden ist" (Rössel 2010, S. 213) und somit eben keine Gegenleistung für diesen vorsieht. Ebenso lässt sich nach dem Verhältnis zur Philanthropie fragen, wenn man diese „als Oberbegriff für alle Formen des Gebens über den engen Familienkreis hinaus" (Adloff 2010, S. 225) begreift. Sieht man zu heuristischen Zwecken von der bei Crowdfunding-Projekten möglichen, aber nicht zwingend gegebenen Gemeinwohlorientierung und der häufig gewährten materiellen Gegenleistung ab, erscheinen insbesondere die Aspekte der Vorschussfinanzierung, mit der auch ein Vertrauensvorschuss bezüglich der erwünschten Ausführung einhergeht (Adloff 2010, S. 228) und die der Identifikation und Interaktion zwischen Spender und Spendenempfänger in Bezug auf das Crowdfunding interessant. Zu berücksichtigen ist weiterhin, dass auch Spenden mit „Reziprozitätserwartungen" (Adloff 2010, S. 227) verbunden sind, wenn sie bspw. an für die Spenderinteressen relevante Organisationen gerichtet werden. Dergestalt sind nicht-monetäre Gegenleistungen in unterschiedlicher Form sowie Fragen der Identifikation und damit auch der Distinktion für die Spendenhandlung relevant:

> Selbst im Medium des gespendeten Geldes sind relationale Fragen persönlicher Bindung und Identität aufgehoben. Wahrscheinlich sind Fragen individueller und kollektiver Identität heutzutage stärker mit der Spende verbunden als je zuvor: Die Spende ist immer auch Ausdruck einer (dargestellten) Individualität und Personalisierung. [...] Ausrichtung und Umfang des Spendenverhaltens variieren dieser Perspektive nach also vor allem mit der Ausdehnung der praktisch-realen wie gedachten Einbindungen von Stiftern und Spendern in verschiedene soziale Kreise. ‚Mit welchen Gruppen identifiziere ich mich und fühle ich mich verbunden?', lautet die einfache Frage, auf die der Spender eine Antwort gibt. (Adloff 2010, S. 228 f.)

Schließlich lässt sich nach Berührungspunkten zwischen Pledgen und Konsumieren fragen. Pledgen als eine Form des Konsums zu verstehen, erscheint allerdings wiederum unangemessen, wenn man diesen eng definiert als „Erwerb, Ge- und Verbrauch konkreter Sach- und Dienstleistungen" (Hellmann 2010, S. 189). Allerdings lässt sich konstatieren, dass sich Konsumkompetenz nicht mehr nur auf konkrete Konsumption beschränkt, sondern auch hier das Aufkommen von und der Umgang mit Multioptionalität (Gross 1994) konstitutiv sind, denn „[w]enn Notwendigkeit kaum mehr antreibt, verschiebt sich die Aufmerksamkeit auf das Spektrum verfügbarer Möglichkeiten" (Hellmann 2010, S. 189). Dergestalt hat man es zu tun mit einem die konkreten, vielfältigen Konsumformen „erst ermöglichenden und alle inkludierenden Möglichkeitsraum, welcher den modernen Konsumstil vor allem charakterisiert" (Hellmann 2010, S. 191). Vor dem Hintergrund eines so gekennzeichneten modernen Konsumstils wiederum ergeben sich Anschlüsse, die Praxis des Pledgen in ein Verhältnis zum Konsum zu setzen: Die Unterstützung eines Crowdfundingprojekts ließe sich als Erweiterung der konkreten Konsummöglichkeiten verstehen. Der Konsument bewegt sich dann nicht mehr lediglich im Möglichkeitsraum der Konsumoptionen, sondern gestaltet diesen in Form der Beteiligung an Produktrealisierungen mit.[14]

Bereits anhand dieses kursorischen Überblicks lässt sich zusammenfassend konstatieren, dass keine der betrachteten Handlungs- bzw. Rollendefinitionen, die mit dem Pledgen assoziiert werden können, diese Handlungspraktik in ihrer Spezifik zu beschreiben vermag. Denn während das Handeln des Pledgers über den reinen, klassischen Konsum hinausgeht, ist es nicht derart formal-funktional auf Gewinne und Gegenleistungen ausgerichtet wie das Handeln des Investors, Aktionärs oder Sponsors, zugleich allerdings auch nicht selten mit materiellen Gegenleistungen verbunden und wiederum dem Spenden dergestalt nicht entsprechend. Und auch die eingangs zitierte Definition, die Crowdfunding in Relation zu (andersartigen) Crowdsourcing-Modellen anhand des Ziels „to obtain money" verortet, muss differenziert werden, um die über Wirtschafts- und Produktionsprozesse hinausgehende Relevanz und Konstitution des Crowdfunding bzw. Pledgen fokussieren zu können. Gleichwohl bieten die vorherigen Ausführungen Anschlussmöglichkeiten dafür, sich der Spezifik des Crowdfunding zu nähern. Um die Besonderheiten der Schwarmfinanzierung noch weiter herauszuarbeiten, wird im folgenden Abschnitt ein empirisches Fallbeispiel vorgestellt.

4 Zur Praxis des Crowdfunding: Ein Fallbeispiel

Wenn sich Kulturpraktiken ausbilden oder verändern, geschieht dies bekanntlich nicht in Form einer ‚naturwüchsigen' Reaktion, sondern sinnhaft. In Bezug auf medientechnologisch basierte Praktiken ist damit grundlegend die Annahme ver-

---

[14] Diese Erweiterung des Möglichkeitsraums ist auch bei Modellen wie der Open Innovation gegeben, bewegt sich dann allerdings im Rahmen bestehender Projekte (vgl. von Hippel 2001).

bunden, „dass die Medien als solche nichts ‚tun'" (Hepp 2013, S. 103), sondern dass sich Medien zunächst einmal für Unterschiedliches eignen, „wobei sich diese Potentiale erst vermittelt über einen durch vielfältige Praktiken gekennzeichneten Aneignungsprozess entfalten, der weit mehr als die so oft bezeichnete ‚Nutzung' einzelner Medien ist" (Hepp 2011, S. 60). Bezogen auf Crowdfunding heißt das des Weiteren, dass bspw. nicht lediglich die Technologie des Web 2.0 kausal zur (anbieterseitig vorgesehenen Art der) Nutzung dieses Angebots führt, sondern dass das ‚Ob' und das ‚Wie' der Nutzung, also der (zumindest) von den Beteiligten geteilte und abgesicherte Sinn solcher Handlungskomplexe ausgehandelt werden. Denn – um an das Beispiel der möglichen Deutungsdimension des Pledgen als wohltätige Handlung anzuknüpfen – „[n]icht der Einzelne, der einsam seine altruistischen Entscheidungen trifft, konstituiert Philanthropie, sondern in Gruppenprozessen des Gebens und Nehmens werden auf der Mikroebene bürgerschaftliche Identitäten kreiiert, die bis in größere Zusammenhänge ausstrahlen können. [...] Interaktionen, Gruppen und Organisationen kreieren mithin bürgerlichen Altruismus und identifikatorische Wertbindungen" (Adloff 2010, S. 230 f.). Woran Identifikation und Involviertheit anschließen, warum wann wo Engagement (welcher Form auch immer) Sinn macht, wird dergestalt sozial konstruiert[15] und lässt sich nur empirisch rekonstruieren.

4.1 Kurzprofil: The Banner Saga

Bei dem aufgrund seines Erfolgs sowie der insgesamt hohen Relevanz von Computerspielen im Crowdfunding-Bereich als empirisches Beispiel ausgewählten Projekt handelt es sich mit dem Computerspiel „The Banner Saga" laut deren Entwicklern Arnie Jorgensen, Alex Thomas und John Watson[16] um „a mature, story-driven,

---

[15] Nicht anders verhält sich dies in einer konsumsoziologischen Perspektive auf Identifikations- und Vergemeinschaftungsprozesse im Rahmen bspw. der eingangs erwähnten „Brand Communities", „Aneignungskulturen" oder auch der „Consumer Tribes" (vgl. Cova et al. 2007). Darüber hinaus lassen sich Identifikation und Wertbindungen zu jenen Merkmalen zählen, die generell für Gemeinschaften als konstitutiv erachtet werden. Denn Ronald Hitzler zufolge sind neben einem geteilten Interesse oder Thema und spezifischen Interaktionszeiträumen auch Wissensbestände und Wertesetzungen, ein ‚Wir-Verständnis' sowie die Abgrenzung gegenüber einem ‚Nicht-Wir' notwendig für Vergemeinschaftung (vgl. bspw. Hitzler 2009, S. 64). Die Frage, inwieweit Crowdfunding auch vergemeinschaftende Züge annehmen kann, mag sich im Anschluss an den vorliegenden Aufsatz stellen, kann an dieser Stelle allerdings nicht besprochen werden.

[16] Die drei Entwickler gründeten zusammen die Firma „Stoic".

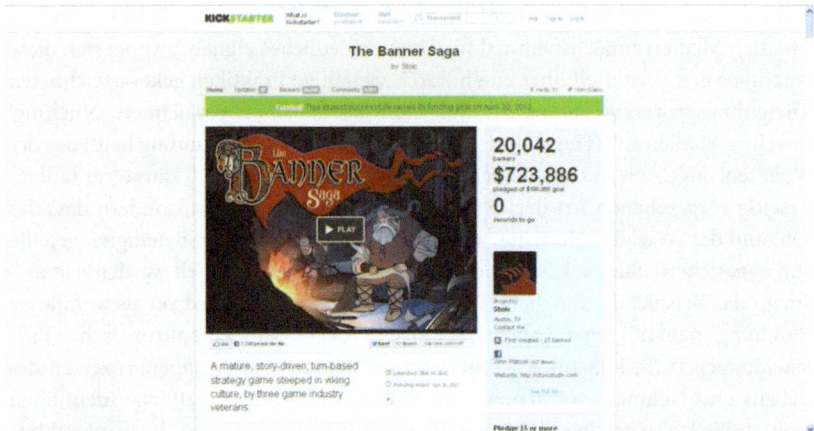

Abb. 1 Screenshot eines Teils der Präsentation von „The Banner Saga" auf Kickstarter

turn-based strategy game steeped in viking culture, by three game industry veterans" und dementsprechend um „a mature game aimed at gamers who appreciate art, story and strategy" [17]. Als zu erreichendes Budget wurden 100.000 $ veranschlagt – gespendet wurden insgesamt 723,887 $ von 20.042 Pledgern (Abb. 1).[18] Für die monetären Beiträge wurden den Pledgern unterschiedliche Gegenleistungen offeriert, die mit steigender Anzahl der Unterstützer sukzessive erweitert wurden. Sie reichten schließlich von Postern und dem fertigen Computerspiel über die Integration von Ideen der Pledger in das Spiel bis hin zur Möglichkeit, sich an den Produktionsort einfliegen und per 3D-Technik als Spielfigur in das Spiel implementieren zu lassen. Weiterhin versprachen die Entwickler, dass insbesondere die überschüssigen Beiträge in Form verschiedenster Verbesserungen des Spiels den Pledgern zugute kommen würden.

4.2 Projektpräsentation der Initiatoren

Als Ausgangspunkt der Aufmerksamkeitsgenerierung kann das zum jeweilig projektierten Vorhaben zugehörige Vorstellungsvideo gelten. Im Fall von „The Banner Saga" handelt dies nur einleitend von der geplanten inhaltlichen Gestaltung des

---

[17] http://www.kickstarter.com/projects/stoic/the-banner-saga (Zugriff 19.08.2012).
[18] http://www.kickstarter.com/projects/stoic/the-banner-saga (Zugriff 23.11. 2012).

Computerspiels, während der Schwerpunkt der Präsentation auf der Darlegung der Projektideeentstehung, erster Umsetzungen sowie der Motivation zur Realisierung durch Crowdfunding seitens der drei beteiligten Entwickler liegt. Begleitend zu ersten Sequenzen des Computerspiels und Dokumentationen des Arbeitsprozesses ist den Ansprachen der Entwickler dementsprechend bspw. zu entnehmen[19]:

> I can't think of anything more boring than doing something for the sole purpose of making money.
>
> Kickstarter would allow us to create more animations, more content, make the game available on more platforms, translate it in more languages and get the game to you sooner.

Des Weiteren wird die Möglichkeit betont, ein Spiel zu kreieren, das nicht durch Publisherinteressen[20] oder andere, von ‚Außenstehenden' an die Produktion herangetragene Interessen geprägt werde. Verwiesen wird auf die persönliche Relevanz des Projektes für die Entwickler und die Hoffnung, auf ähnliche Interessen bei den potentiellen Pledgern zu treffen, um das Computerspiel gemeinsam mit Gleichgesinnten verwirklichen zu können. Damit ist auch hier die im Kontext von Crowdfunding-Projekten häufiger kommunizierte Idee vorzufinden, dass die Förderung des Projekts ohne große Geldgeber und damit auch ohne weitere Entscheidungsträger (im Sinn von vor allem an monetärem Gewinn interessierten Investoren, vgl. Abschnitt 2) beabsichtigt ist. Dies kann für Projektinitiatoren, die, wie in unserem Beispiel, angestellt waren, auch die Trennung vom vorherigen Arbeitgeber bedeuten:

> So we had to leave to start our own independent studio, and take a huge chance of funding this ourselves, because we didn't want anybody, any outside influence holding the purse strings on this. We wanted to design a game that we really felt passionately about and we really cared about, for hopefully a group of people that felt the same way as we did.

Neben der Vermittlung der Projektidee erfolgen dergestalt Abgrenzungen gegenüber rein kommerziellen Interessen[21], wobei die persönliche Motivation zur

---

[19] http://www.kickstarter.com/projects/stoic/the-banner-saga (Zugriff 19.08.2012).

[20] Publisher von Computerspielen übernehmen neben der Produktion der Datenträger vor allem Aufgaben des Vertriebs und des Marketings.

[21] Im Kontext ihres Fungierens als Projektinitiatoren auf Crowdfunding-Plattformen lassen sich derartige Positionierungen von Spieleentwicklern gegenüber Publishern und damit den regulären Produktionsprozessen und zugehörigen Rahmenbedingungen der letzten Jahrzehnte häufiger finden. So lässt etwa der Entwickler Keith Burgun verlauten „[I]ch habe eine starke Philosophie. Spiele sind für mich keine Konsumgüter. Gute Spiele sind wie Tennis,

(gemeinsamen) Realisierung der Projektidee betont wird: „We would love you to be a part of the banner saga"[22].

Gleichwohl erscheinen die Entwickler von ‚The Banner Saga' insgesamt keineswegs als idealistische Laien, sondern weisen sich auf der Projektseite von Kickstarter.com im Rahmen der vielfältigen Informationen zum projektierten Spiel und den Rahmenbedingungen der Umsetzung als Experten auf den Gebieten Grafikdesign und Programmierung aus. So findet sich unter den FAQ auf die Frage „Who are you, to promise such things?" als Antwort:

> Stoic is made up of three industry veterans with over a decade of experience each, and from all walks of development. We're overwhelmingly confident that, with your help, we can create something meaningful and beautiful.[23]

Dieser (abermals mit einer Betonung der Notwendigkeit zur Unterstützung verbundene) Verweis auf die Qualifikation, wie auch die an anderer Stelle kommunizierten Zeitpläne und die Begründung des angesetzten Budgets können als Versuche verstanden werden, eine Form von Professionalität anzuzeigen und damit verbunden das Zutrauen in die Realisierbarkeit des Projekts bei den potentiellen Pledgern zu fördern.

4.3 Kommunikation zwischen Initiatoren und Pledgern

Während des Backing-Zeitraums – das heißt der Zeitspanne, innerhalb der die monetäre Unterstützung erfolgen kann – und der anschließenden Umsetzungsphase von „The Banner Saga" bestanden unterschiedliche Kommunikationskanäle, die spezifische Interaktionsräume eröffneten und die Verknüpfung unterschiedlicher Kommunikationskanäle und deren Inhalte aufwiesen. Die hierdurch gegebenen Möglichkeiten der Kommunikation zwischen den Initiatoren und den Pledgern wurden auf unterschiedlichste Weise wahrgenommen, sodass sich während des Funding-Prozesses ein ständiger kommunikativer Austausch beobachten ließ. Jene Kommunikationsmöglichkeiten reichten von den Pledging-Rewards, zu denen auch Möglichkeiten des Face-to-Face Kontakts mit den Entwicklern gehörten, über

---

wie Schach, wie ein Musikinstrument: etwas, das man erlernt. Auro (Burguns projektiertes Spiel; M.G./H.K.) ist so ein Spiel, und die Publisher wollen das nicht haben" (zitiert nach Kogel 2012, S. 92). Eine der Koryphäen unter den Spieleentwicklern der 1990er Jahre erklärt: „Ich wollte wieder Adventures machen, und es gibt Leute, die Adventures spielen wollen. Im Weg waren nur die Publisher" (zitiert nach Kogel 2012, S. 93).

[22] http://www.kickstarter.com/projects/stoic/the-banner-saga (Zugriff 19.08.2012).
[23] http://www.kickstarter.com/projects/stoic/the-banner-saga (Zugriff 19.08.2012).

Q&A with Alex
Update #32 · Feb. 21, 2013 · 255 comments Like 4

Hey everybody! We've had so much going on that it's been hard to find the time to catch our breaths. With Factions coming out in the next week this seemed like a good time to catch up with our backers and have a nice chat.

Basically, we know there are lots of questions about the project right now. We've answered every question we can find, in as many places as possible, but we think it'd be helpful for everyone if we rounded them together for an update.

I'll also be happy to field any questions in the comments section below if you don't see it in this update!

S.D. 7 days ago
Since Linux backers were told they would have a multi-player experience (before that was separated into Factions) it could be stated that we will not be receiving something we pledged for. Per Kickstarter's (admittedly honor-based) guidelines, I assume that pledge refunds can be arranged for those backers. Is that correct?

Creator **Stoic** 7 days ago
About Linux/iOS/console: Factions and multiplayer was not part of the single player game and then seperated later, they were always two different things. That doesn't mean we can't port it later, but we can't afford to spend months on it now. All the porting options are happening after the Saga launches, because we don't want to delay it any longer than we already have.

Abb. 2 Zusammengeführte Auszüge aus einem Update-Post und dem zugehörigen Comments-Bereich

die allgemeine „Comments"-Funktion auf der Projektseite bei Kickstarter bis hin zur Option, die von Initiatorenseite hochgeladenen Updates (vgl. Abb. 2)[24] jeweils gesondert zu kommentieren.

Derartige Updates – deren Inhalte allerdings teilweise den Pledgern vorbehalten waren – wurden stetig zur Verfügung gestellt und darüber Projektfortschritte marketingwirksam dokumentiert. Des Weiteren wurden Fragen der Pledger, die von den Initiatoren als wichtig erachtet oder vermehrt in den Kommentaren gestellt

---

[24] http://www.kickstarter.com/projects/stoic/the-banner-saga (Zugriff 28.02. 2013).

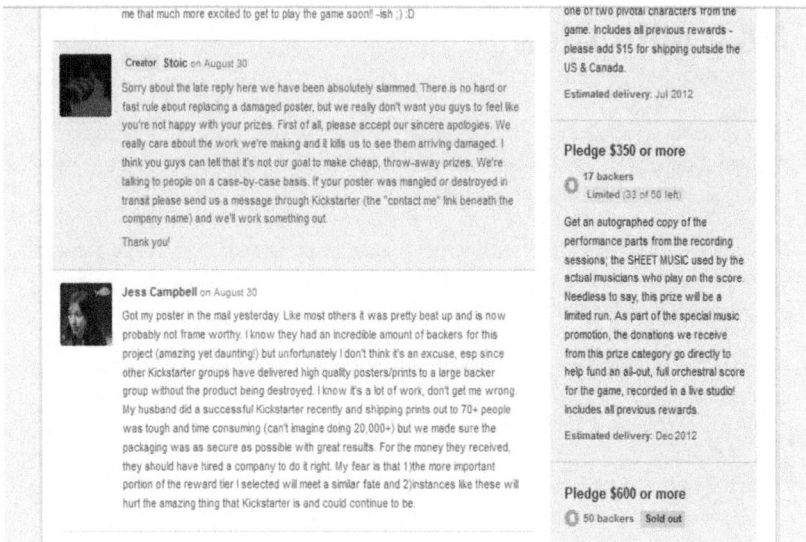

Abb. 3 Screenshot zum Reklamations- und Beschwerdemanagement via Kickstarterplattform

wurden, in die FAQ-Rubrik aufgenommen und dort beantwortet. Flankiert wurde diese Informationspolitik durch unterschiedliche Medieninhalte, wie bspw. ein Video zur Anlieferung der für die Pledger bestimmten Poster, T-Shirts und Buttons sowie durch weiteren Content (u. a. Fotos des Arbeitsplatzes) auf Kickstarter, Blogs, Facebook, Youtube und der Homepage der Herstellerfirma „Stoic". Hierauf konnten die Pledger wiederum über Kommentare auf unterschiedlichen Webseiten wie Youtube, Facebook, aber vor allem auf der Kickstarterprojektseite und der Updateseite reagieren.

Für die Pledger stellte die Rubrik „Comments" die zentrale Kommunikationsmöglichkeit dar. Diese bot Gelegenheit zur Veröffentlichung projektbezogener Äußerungen und wurde für Beschwerden und Reklamationen (vgl. Abb. 3)[25] ebenso wie für Fragen, Kritik und Lob bezüglich der medial hergestellten Transparenz über den Arbeitsprozess und damit für die Berücksichtigung der Informationsbedürfnisse der Pledger genutzt.

---

[25] http://www.kickstarter.com/projects/stoic/the-banner-saga (Zugriff 23.11.2012).

Ausgehend von einem Ausschnitt aus den mehr als 4.000 Kommentaren zum Projekt[26] lassen sich Relevanzen und Bezugspunkte der Pledger bezüglich des Crowdfunding-Projekts betrachten. Dazu gehören unter anderem die auch von den Entwicklern thematisierte Trennung von großen Spieleentwicklerfirmen und Publishern, die Einbindung der von den Pledgern kreierten Symbole in das Spiel (s. u., vgl. dazu auch Abb. 5), die Frage nach der Geschlechtlichkeit von Spielprotagonisten, die von den Entwicklern angesprochenen und ausgewiesenen vorherigen Projekte, die angegebene Kopierschutzpolitik des Projekts, der ausführlich erläuterte Soundtrack, die Frage nach den unterstützten Betriebssystemen sowie der von einem Pledger formulierte Wunsch, über das für einen bestimmten Pledging-Reward, also eine spezielle Gegenleistung, notwendige Geld zu verfügen.

Neben der Frage, welche mannigfaltigen Bezugspunkte für die Pledger relevant sind, geben das ‚Wie' der semantischen Darstellung und deren Verweislogik Einblicke in die Komplexität der zugehörigen Wissensbestände. So wird etwa die Aussage „Screw the Bioware's and Blizzard's! Power to the Gamers! Stoic – I love you guys!" in ihrer Direktheit nur verständlich für den, der zumindest weiß, dass es sich bei Bioware und Blizzard um große Entwicklungsstudios von Computerspielen handelt. Außer durch die monetäre Unterstützung der Pledger zeigten sich in den Kommentaren so anhand des Aufgreifens von Inhalten z. B. aus dem Vorstellungsvideo die (mehr oder weniger) ähnlichen Relevanz- und Wertsetzungen sowie Sinndeutungen und Wissensbestände von Entwicklern und Pledgern, die auf eine geteilte Sinnwelt verweisen.

Zur wechselseitigen Kommunikation lässt sich schließlich auch die erwähnte, den Pledgern eingeräumte Möglichkeit verstehen, gegen Vorleistung eigene kreative Ideen – sprich User-generated Content – in das Spiel einfließen zu lassen (vgl. Abb. 4 und 5)[27,28]. Dergestalt kann sich die gemeinsame Verwirklichung im Umsetzungsprozess und dem Endprodukt widerspiegeln, wenn bspw. von Pledgern erstellte Symbole in das Spiel übernommen werden und es so für jeden Pledger möglich wird, kreativ an der Entwicklung des Projektes mitzuwirken und gleichzeitig ein Identifikationssymbol im Projekt zu manifestieren. Crowdfunding und die damit verbundenen Plattformen bieten dergestalt verschiedenste Möglichkeiten, ein Projekt kollaborativ zu gestalten und darüber ein gemeinschaftliches Symbol herzustellen.

---

[26] http://www.kickstarter.com/projects/stoic/the-banner-saga/comments (Zugriff 2.11.2012).

[27] http://www.kickstarter.com/projects/stoic/the-banner-saga (Zugriff 23.11.2012).

[28] http://www.kickstarter.com/projects/stoic/the-banner-saga/posts/319603?page=2 (Zugriff 28.02.2013).

Pledge $50 or more

◯ 2735 backers

Be a real part of The Banner Saga! At this tier we'll provide you a template and you provide us with YOUR OWN CREST DESIGN which we'll put into the actual game. In both single and multiplayer, players will choose a family crest that represent them; this is your chance to get your family or guild symbol into the Banner Saga (must meet a few reasonable decency guidelines - see the FAQ). Includes all previous rewards.

Estimated delivery: Nov 2012

Pledge $2,500 or more

◯ 7 backers

The gods may be dead but they're not forgotten. BECOME A VIKING GOD in the actual game. We'll create a unique deity with your likeness and work with you on a great name and backstory for him or her. You'll appear in the game in various forms of effigy and be written into the lore, where all may see. Includes all previous rewards. Email us for more info.

Estimated delivery: Nov 2012

Abb. 4 Erläuterung von Pledging-Rewards, die die Implementierung von User-generated Content in das Spiele ermöglichen

Abb. 5 Screenshot zum Videobeleg eines umgesetzten Rotoskopie-Pledging-Rewards, der auch das Treffen mit den Entwicklern beinhaltete

In der Zusammenschau zeigt sich anhand der Beispiele eine Verdichtung von Kommunikationskanälen und deren medialer Inhalte auf der Crowdfundingplattform. So werden auf der Projektseite u. a. Reklamationen bearbeitet, Social-Media Einträge verlinked, Youtube-Videos eingebettet, Kommentare und Updates gemanaged, Kurzbiographien veröffentlicht und Pledging-Rewards präsentiert. Kurz: Die Projektseite auf der Crowdfunding-Plattform wird zum cross-medialen Knotenpunkt für die Darstellung und Vermarktung des Projektes sowie für das Management der zugehörigen Kommunikation mit den Pledgern.

5 Soziale Funktionsbedingungen und Dynamiken des Crowdfunding

Wie sich bei der Betrachtung des empirischen Fallbeispiels gezeigt hat, ist das Modell der Schwarmfinanzierung nicht nur von medientechnologischen Voraussetzungen, sondern auch von Sinnstiftungen und weiteren sozialen Faktoren abhängig. Insbesondere drei Felder, auf die abschließend noch einmal systematisch eingegangen wird, sind dabei von besonderer Bedeutung: 1) die Herausbildung von Identifikation, Zutrauen und Vertrauen, 2) die Anforderungen an die Projektinitiatoren und Geldgeber sowie 3) die aus der Transparenz von projektbezogenen Kommunikationsprozessen resultierenden Handlungsmöglichkeiten der beteiligten Akteure.

5.1 Identifikation, Zutrauen und Vertrauen

Die seitens der Initiatoren erfolgende Projektpräsentation lässt sich als mit der Wahl des Finanzierungsmodells verschränkt verstehen, das dergestalt sinnhaft aufgeladen wird. Denn da kommuniziert wird, dass es den Initiatoren um die Realisierung einer Idee und nicht (in erster Linie) um monetären Gewinn geht, werden Unterstützer angesprochen, die sich mit dieser Aussage identifizieren können. D. h. nicht nur durch die Wahl des Modells Crowdfunding, sondern insbesondere durch die explizite Begründung dieser Wahl wird eben nicht auf die Logik der Gewinnmaximierung, sondern auf die Logik gemeinsamer Interessen an einer Spielidee und einer bestimmten Form ihrer Realisierung verwiesen. Auf diese Weise werden Identifikationsmöglichkeiten mit der Entstehungsweise des Produkts sowie dem Produkt an sich eröffnet. Zugleich soll durch den Verweis auf die professionellen Kompetenzen der Projektinitiatoren das Zutrauen der potentiellen Pledger in die Realisierbarkeit des Projekts befördert werden.

Den Pledgern ist es durch kommunikative Aushandlungsprozesse mit den Projektinitiatoren möglich, an die Projektpräsentation anschließende Wissensbestände und Wertsetzungen auszutauschen und damit eine Identifikation gegenüber dem Projekt zu entwickeln, zu vertiefen und anzuzeigen. Darüber hinaus bildet die geteilte Sinnwelt nicht nur den Hintergrund der Darstellung von Zugehörigkeit seitens der Entwickler[29], sondern sie fungiert als Basis für die daran gebundene Generierung von Vertrauen auf Seiten der Pledger. D. h. generiert wird ein Handlungsmotiv, das das Engagement für das Projekt auf Bekanntes zurückführt.

Es kann somit zwischen zumindest zwei Variablen unterschieden werden, die aus unserer Sicht für die Pledger und ihre Förderentscheidung besonders relevant sind: Zutrauen und ein an eine geteilte Sinnstruktur geknüpftes Vertrauen. D. h., wenn eine finanzielle Unterstützung erfolgen soll, muss der Pledger (z. B. aufgrund des Vorstellungsvideos) ein Interesse an die Generierung des offerierten Endprodukts binden können. Außerdem muss es für ihn ersichtlich sein, dass die Initiatoren in der Lage sind, das beworbene Projekt tatsächlich zu realisieren. Diesbezüglich haben für die Pledger eine realistisch veranschlagte Fördersumme und ein glaubwürdiger Realisierungszeitplan ebenso Einfluss wie die Referenzen der Projektanbieter, die deren Qualifikation belegen sollen. Zur Herstellung von Gemeinsamkeiten ist es für die Projektinitiatoren notwendig, sich und das Projekt medial entsprechend der dazugehörigen Sinnwelt (vgl. Hitzler 1988) darzustellen, d. h. sich und das Projekt in einer Form zu präsentieren, wie es ihrer Meinung nach unter den Gesichtspunkten gleicher Interessen und Relevanzen von den zukünftigen Pledgern erwartet wird. Des Weiteren können sie Anknüpfungspunkte liefern, anhand derer zukünftige Pledger Gemeinsamkeiten erkennen können, die als Vehikel für den Zugang zu einer vermeintlich geteilten Sinnwelt dienen.

Wesentlich ist in dieser Perspektive also zusammengefasst die multimediale aufmerksamkeitsheischende Inszenierung des Wertes einer Produktidee, die für die Pledger die Wahl des Finanzierungsmodells sinnhaft macht, Identifikationsgelegenheiten bietet, darauf aufbauend Anschlusskommunikation ermöglicht und dergestalt eine begründete Entscheidung über die Förderwürdigkeit ermöglicht. Crowdfunding ist also zu verstehen als ein Prozess der Öffnung bzw. Neuausrichtung von Produktions- und Distributionsprozessen unter Mediatisierungsbedingungen.

---

[29] Nicht zu unterschätzen ist in diesem Zusammenhang allerdings, dass die direkte mediale Kommunikation zwischen Entwicklern und Pledgern für die Entwickler aufgrund der Notwendigkeit zur öffentlichen Präsenz eine Herausforderung darstellen kann (vgl. Kogel 2012, S. 93f.).

5.2 Anforderungen an die Projektinitiatoren und die Pledger

Crowdfunding-Plattformen bieten aufgrund ihrer medientechnologischen Darstellungs- und Rückkopplungsmöglichkeiten die Gelegenheit zur Selbstvermarktung und zur Aushandlung der Förderwürdigkeit unterschiedlichster Projekte. Traditionell für die Vermarktung und damit auch für die Informations- und Produktdistribution zuständige Akteure werden im Rahmen solcher Plattformen unnötig, insofern an der Projektumsetzung potentiell Interessierte und Initiatoren medial vermittelt direkt über die Projekte, deren Förderwürdigkeit und Umsetzungsmodalitäten kommunizieren können.

Gleichwohl lässt sich Crowdfunding nicht allein als ein alternatives technologisch-mediales Modell zur Frühfinanzierung von Projekten begreifen, dessen Spezifik in der medial vermittelten Möglichkeit der Ansprache vieler potenzieller Interessenten und Geldgeber besteht. Denn bedeutsam sind nicht nur die technischen Neuerungen, die vor allem einen Handlungskontext bereitstellen, sondern auch vielmehr die Möglichkeiten und Herausforderungen, die sich für Pledger als Bewertende und Partizipierende sowie für Initiatoren als Anbieter und Umsetzende ergeben und die – soweit wir sehen – zum einen quer zu Handlungsformen des Spendens, Konsumierens und Sponsorings liegen und zum anderen über die Erfüllung einzelner Funktionen wie Produktion und Marketing hinausgehen. Denn wie bereits oben im Anschluss an die empirischen Betrachtungen deutlich gemacht wurde, fordert die Aushandlung und Ausgestaltung von Förderwürdigkeit von Pledgern und Initiatoren andersartige bzw. umfangreichere Kompetenzen als bspw. von Konsumenten, Spendern, Investoren sowie von Projektentwicklern und herkömmlichen Unternehmensgründern. Diese Andersartigkeit ergibt sich aus der Verschränkung der verschiedenen Handlungsrahmen und dergestalt aus der Potenzierung der Handlungsmöglichkeiten im Zusammenspiel mit dem medientechnologischen Kontext. Für Pledger bedeutet das, dass sie sich zwar auf die Rolle des Konsumenten oder Spenders beschränken können, der ihnen zugewiesene Handlungsrahmen allerdings auch das simultane Agieren als (nicht gewinnorientierter) Mit-Gestalter in finanzieller, in materieller und in konzeptioneller Hinsicht ermöglicht. Für die Initiatoren heißt das, dass sie ebenso als Projektentwickler wie auch als Bittsteller, Marketing- und Vertriebsverantwortliche agieren müssen.

Gegenüber den eingangs erwähnten Konzepten des Zusammenwirkens produzierender und konsumierender Akteure unterscheidet sich das Crowdfunding u. E. durch ausschließlich medientechnologisch vermittelte und dadurch auch öffentliche Interaktionen sowie durch die dem Pledger gewährte Einflussnahme auf das projektierte Vorhaben. In diesem Fall nämlich handelt es sich nicht mehr um den ‚integrierten' Kunden, dessen Engagement, Bedürfnisse und Expertise nach Bedarf berücksichtigt werden. Vielmehr kann der Pledger durch seine (monetäre) Unterstützung ein Recht auf Mitgestaltung erwerben, das im Produkt manifestiert und durch den medientechnologischen Rahmen öffentlich sichtbar wird und eingefordert werden kann.

5.3 Dynamiken der Medienkommunikation: Crowdfunding als produkt-, personen- und prozessorientiertes Marketing

Abweichend von der vermeintlichen Grundidee des Crowdfunding, den Wert eines Projektes aus dem projektierten Vorhaben zu begründen, wird bei der Präsentation von aktuellen Crowdfunding-Projekten die Aufmerksamkeit zunehmend auch auf die Initiatoren selbst gerichtet. Im Zentrum der medialen Darstellung steht nicht mehr allein die Projektidee, sondern auch die Selbstdarstellung der Initiatoren erhält größeren Raum, um die Förderwürdigkeit des Projekts zu bekräftigen. D. h. Crowdfunding-Prozesse können zwar produktzentriert ablaufen, werden mittlerweile aber vermehrt produkt- *und* personenzentriert initiiert. Auf unterschiedliche Weise wird auf personenzentrierten Projektwebseiten über die Initiatoren, ihre Erfolge und ihren beruflichen Werdegang informiert. Insofern die Initiatoren in den Vorstellungsvideos der Projekte eine tragende Rolle spielen, fungieren sie als Testimonial, also selbst als Referenz im Crowdfunding-Prozess. In diesem Fall wird die Plattform als Instrument nicht nur zum Projekt-, sondern (im Zuge dessen) auch zum Initiatorenmarketing genutzt.

Die systematische Verdichtung von Kommunikationskanälen und deren Inhalten, wie sie beispielsweise auf der Plattform kickstarter.com zu finden ist, kann als Bühne für derartige Marketingkonzepte und Werbeinhalte gesehen werden. Da auf dieser Plattform Rückkopplungskanäle angeboten werden, können die marketingspezifischen Inhalte nicht mehr nur eingesehen, sondern von den Pledgern für alle sichtbar kommentiert werden. Diese Inhalte können somit von den sich beteiligenden Parteien stetig ausgehandelt werden und sind in ihrer Wirkung von den Projektinitiatoren immer weniger im Vorhinein abschätzbar. Dieser Aushandlungsprozess kann sich sowohl auf das Projekt, auf die Initiatoren und deren Selbstdarstellung sowie auf den Crowdfunding-Prozess und die damit verbundenen Medieninhalte beziehen. Das bedeutet, dass die spezifische Verdichtung von Kommunikationsmöglichkeiten, wie sie bei Crowdfunding-Plattformen zu finden ist, eine Verhandelbarkeit von Förderwürdigkeit und damit verbundenen Sinnanknüpfungen auf Produkt-, Personen- und Prozessebene mit sich bringt.

Im Verständnis eines „Management multipler Divergenzen" (Hitzler et al. 2013) unter Gesichtspunkten fortschreitender Mediatisierung sind es die unterschiedlichen Interessen und Interessensebenen der Plattformbesucher und Pledger, auf die von Seiten der Initiatoren während eines Crowdfunding-Prozesses eingegangen werden muss. Ein sich darauf beziehender Aushandlungsprozess wird in der Medienumgebung und den ihr immanenten Kommunikationskanälen sichtbar. Die dabei entstehende Transparenz bietet Chancen und Risiken, die von den beteiligten Akteuren eingeschätzt und daraufhin be- und erhandelt werden können. Gleichzeitig sind diese Chancen und Risiken aber nicht als solche vorhersehbar, sondern werden erst im Zuge der Kommunikation der Beteiligten präsent. So können im Erfolgsfall personen-, produkt- und prozessbezogene Informationen geteilt werden und diese in anschließenden Diskussionen mit den Pledgern wertgenerierende Anknüpfungspunkte für das Projekt liefern. Ebenso können aber auch alle von Initiatorenseite bereitgestellten Informationen verwendet werden, um seitens der Pledger die Nicht-Förderwürdigkeit eines Projektes zu begründen.

Literatur

Adloff, Frank. 2010. Die Institutionalisierung und Sakralisierung des Gebens. Ein kultursoziologischer Blick auf das Stiften und Spenden. In *Prosoziales Verhalten. Spenden in interdisziplinärer Perspektive*, Hrsg. Frank Adloff, Eckhard Priller und Rupert Graf Strachwitz, 225–245. Stuttgart: Lucius & Lucius.

Blättel-Mink, Birgit, und Kai Uwe Hellmann. 2010. *Prosumer Revisited*: Zur Aktualität einer Debatte. Wiesbaden: VS Verlag für Sozialwissenschaften.

Cova, Bernard, Rober Kozinets, und Avi Shankar. 2007. *Consumer tribes*. Oxford: Elsevier.

Eismann, Christian, und Tabea Beyreuther. 2012. Internetbasierte Kundenintegration - Eine soziale Innovation? In *Gesellschaft innovativ*, Hrsg. Gerald Beck und Cordula Kropp, 191–204. Wiesbaden: VS Verlag für Sozialwissenschaften.

Gross, Peter 1994. *Die Multioptionsgesellschaft*. Frankfurt a. M.: Suhrkamp.

Haibach, Marita 2010. Fundraising. Spendergewinnung mit System und Planung. In *Prosoziales Verhalten. Spenden in interdisziplinärer Perspektive*, Hrsg. Frank Adloff, Eckhard Priller und Rupert Graf Strachwitz, 140–151. Stuttgart: Lucius & Lucius.

Hanekop, Heidemarie, und Volker Wittke. 2012. Kollaboration der Prosumenten. Die vernachlässigte Dimension des Prosuming-Konzepts. In *Gesellschaft innovativ*, Hrsg. Gerald Beck und Cordula Kropp, 96–113. Wiesbaden: VS Verlag für Sozialwissenschaften.

Hellmann, Kai-Uwe. 2010. Konsumsoziologie. In *Handbuch Spezielle Soziologien*, Hrsg. Georg Kneer und Markus Schroer, 179–195, Wiesbaden: VS Verlag für Sozialwissenschaften.

Hemer, Joachim. 2011. A Snapshot on Crowdfunding. Working Papers Firms and Region No. R2/2011. Karlsruhe: Fraunhofer Institute for Systems and Innovation Research ISI.

Hepp, Andreas. 2011. *Medienkultur. Die Kultur mediatisierter Welten*. Wiesbaden: VS Verlag für Sozialwissenschaften.

Hepp, Andreas. 2013. Die kommunikativen Figurationen mediatisierter Welten: Zur Mediatisierung der kommunikativen Konstruktion von Wirklichkeit. In *Kommunikativer Konstruktivismus. Theoretische und empirische Arbeiten zu einem neuen wissenssoziologischen Ansatz*, Hrsg. Reiner Keller, Jo Reichertz, Hubert Knoblauch, 97–120. Wiesbaden: VS Verlag für Sozialwissenschaften.

Herbold, Astrid. 2012. „Für die Amerikaner ist Fundraising Alltag". Interview mit Tino Kreßner. Der Tagesspiegel, 28.07.2012. http://www.tagesspiegel.de/medien/interview-fuer-die-amerikaner-ist-fundraising-alltag/6930838.html. Zugegriffen: 7. Aug. 2012.

von Hippel, Eric. 2001. Perspective: User Toolkits for Innovation. *Journal of Product Innovation Management 18 (4)*: 247–257.

von Hippel, Eric. 2005. *Democratizing Innovation*. Cambridge: MIT Press.

Hitzler, Ronald. 1988. *Sinnwelten*. Opladen: Westdeutscher Verlag.

Hitzler, Ronald. 2009. Brutstätten posttraditionaler Vergemeinschaftung. Über Jugendszenen. In *Posttraditionale Vergemeinschaftung. Theoretische und ethnographische Erkundungen*, Hrsg. Ronald Hitzler, Anne Honer und Michaela Pfadenhauer, 55–72. Wiesbaden: VS Verlag für Sozialwissenschaften.

Hitzler, Ronald, Gregor Betz, Gerd Möll, Arne Niederbacher. 2013. *Mega-Event-Macher. Zum Management multipler Divergenzen am Beispiel der Kulturhauptstadt Europas RUHR. 2010*. Wiesbaden: VS Verlag für Sozialwissenschaften.

Kogel, Dennis. 2012. Der Crowdfunding-Boom. *Game Star* 16 (9): 90–95.

Kromrey, Helmut. 2002. *Empirische Sozialforschung*. Modelle und Methoden der Datenerhebung und Datenauswertung, 10. Aufl. Stuttgart: Lucius & Lucius UTB

Muniz, Albert M., und Thomas C. O'Guinn. 2001. Brand community. *Journal of Consumer Research* 27 (4): 412–432.

Pfadenhauer, Michaela. 2010. Artefakt-Gemeinschaften?! Technikverwendung und -entwicklung in Aneignungskulturen. In *Fragile Sozialität. Inszenierungen, Sinnwelten, Existenzbastler*, Hrsg. Anne Honer, Michael Meuser und Michaela Pfadenhauer, 355–370. Wiesbaden: VS Verlag für Sozialwissenschaften.

Pluta, Werner. 2012. Crowdfunding Plattform kommt nach Europa. http://www.golem.de/news/kickstarter-crowdfunding-plattform-kommt-nach-europa-1207-93087.html. Zugegriffen: 29. Juli. 2012.

Rössel, Jörg. 2010. Spenden und prosoziales Handeln. Eine Einschätzung aus soziologischer Perspektive. In *Prosoziales Verhalten. Spenden in interdisziplinärer Perspektive*, Hrsg. Frank Adloff, Eckhard Priller und Rupert Graf Strachwitz, 213–224. Stuttgart: Lucius & Lucius.

Reichwald, Ralf, und Frank Piller. 2009. *Interaktive Wertschöpfung. Open Innovation, Individualisierung und neue Formen der Arbeitsteilung*. 2., vollst. überarb. u. erw. Aufl. Wiesbaden: Springer Gabler.

Wenzlaff, Karsten. 2011. Crowdfunding Studie 2011 – August Update: Mehr als eine halbe Million Euro eingenommen. http://www.ikosom.de/2011/09/08/crowdfunding-studie-2011-august-update/, Zugegriffen: 29. Juli. 2012.

Von Fischen und Haien. Zur Mediatisierung des Glücksspiels am Beispiel Online-Poker

Gerd Möll

1 Mediatisierung des Glücksspiels

Zu den gesellschaftlichen Handlungsfeldern, die in den letzten Jahren im Zuge ihrer umfassenden medientechnologischen Durchdringung einen besonders spektakulären Wandel vollzogen haben, zählt das (kommerzielle) Glücksspiel. Mit der Verbreitung des Internets und weiterer medientechnologischer Innovationen haben sich die Möglichkeiten des „Zockens" in bislang ungeahnter Weise gesteigert (Williams et al. 2012). Das vielfältige Angebot reicht von Kasinospielen wie Roulette oder Blackjack über Poker, Bingo und „Slot Machines" bis hin zu Sportwetten und Lotterien. Während 1995 lediglich 24 Webseiten mit Glücksspielangeboten existierten (Watson et al. 2004), weisen die Statistiken für Mai 2013 insgesamt 2851 Glücksspiel-Webseiten aus (casinocity.com). Allerdings sollte diese große Zahl nicht darüber hinwegtäuschen, dass verschiedene Glücksspiel-Sektoren (wie etwa Internet-Poker) mittlerweile von einigen wenigen global agierenden Anbietern dominiert werden (Pilling und Bartlett 2012).

Bei den meisten der genannten Glücksspiel-Varianten sehen sich die Spieler, falls es mit ‚rechten Dingen' zugeht, ausschließlich dem Zufall ausgesetzt. Sie sind, mit Roger Callois gesprochen, in Spiele verwickelt, die „auf einer Entscheidung basieren, die nicht vom Spieler abhängig ist und auf die er nicht den geringsten Einfluss hat, bei denen es infolge dessen weniger darum geht, einen Gegner zu besiegen, als vielmehr das Schicksal zu bezwingen" (Callois 1960, S. 24). Und bei den meisten dieser Spiele agiert der Spieler gegen „das Haus" (sprich: das Casino oder den Buchmacher). Anders liegen die Dinge dagegen beim Poker, das

---

G. Möll (✉)
TU Dortmund, Lehrstuhl für Allgemeine Soziologie,
44221 Dortmund, Deutschland
E-Mail: Gerd.Moell@fk12.tu-dortmund.de

in den letzten zehn Jahren weltweit einen ungeahnten Aufschwung erfahren hat. Poker ist zum einen kein reines Glücksspiel, sondern zugleich Glücksspiel *und* Geschicklichkeitsspiel, wird sowohl vom Zufall als auch von den Kompetenzen der beteiligten Spieler bestimmt (Möll und Hitzler 2013). Und Poker ist zum anderen ein Spiel, das nicht gegen „das Haus", sondern gegen (meist mehrere) Mitspieler gespielt wird.

Es sind nicht zuletzt diese Besonderheiten des Pokers, die diese Variante des Glücksspiels für die Mediatisierungsforschung so interessant macht. Generell verweist das (diffuse) Konzept der Mediatisierung auf das Problem, ob bzw. inwiefern durch Kommunikationstechnologien bestimmte (Arten von) Sozialbeziehungen verändert, aufrechterhalten oder überhaupt erst ermöglicht werden und welche (Arten von) Kompetenzen zur Aneignung und bei der Nutzung dieser Technologien notwendig sind bzw. werden. Orientiert man sich an dieser konzeptionellen Ausrichtung, lässt sich am Beispiel Online-Poker fragen, was mit einem (Glücks-)Spiel (und der dazugehörigen sozialen Welt) geschieht, zu dessen konstitutiven (Erfolgs-)Bedingungen bislang ganz wesentlich die ‚Bewährung' in Face-to-Face-Situationen gehörte, wenn die Ausführung dieses Spiels aufgrund medientechnologischer Innovationen nicht mehr von Angesicht zu Angesicht erfolgt. Und weiter lässt sich fragen, welche neuartigen Kompetenzen von den Spielern im nunmehr mediatisierten Umfeld verlangt werden, wenn einstmals typisches Wissen und Handeln an Relevanz verliert.

Im Folgenden wird zunächst beschrieben, in welcher Weise sich die Kernaktivität der sozialen Welt des Pokers im Zuge des medialen Wandels verändert hat und welche Implikationen sich für die Spieler und ihre Spielaktivitäten daraus ergeben. Außerdem wird gezeigt, mit welchen (unbeabsichtigten) Folgen die anhaltende Formbarkeit von neuen Medientechnologien (vgl. Grenz in diesem Band) für die soziale Welt des Online-Pokers einhergeht. Abschließend wird diskutiert, inwieweit populäre Konzepte aus der Mediatisierungsforschung von Nutzen sind, um den Ertrag dieser Erkundungen zu ‚begreifen' und welche konzeptionellen Ergänzungen und Differenzierungen notwendig erscheinen.[1]

---

[1] Die empirische Basis der hier vorgestellten Überlegungen geht zurück auf das von Ronald Hitzler geleitete Forschungsprojekt „Online-Spiel-Räume – Fernsehunterhaltung – Lokale Kartenrunden. Zur Korrelation von medientechnischen Innovationen und globalem Poker-Fieber". Dieses Projekt ist Bestandteil des DFG-geförderten Schwerpunktprogramms 1505 „Mediatisierte Welten".

2 Der Pokerboom

Antonio Esfandiari, genannt „der Zauberer", hat in Las Vegas die kaum fassbare Summe von 18.346.673 Dollar (rund 14,7 Millionen Euro) gewonnen. Dies ist der größte Gewinn in der Geschichte des Pokerspiels, wie die World Series of Poker (WSOP)[2] mitteilte. Das Pokerturnier ging über drei Tage, am Dienstagabend Ortszeit fand dann das Finale statt, das Esfandiari gewann. Selbst ohne Pausen zum Schlafen oder Essen ergäbe sein Gewinn umgerechnet noch einen Stundenlohn von einer guten viertel Million Dollar.[3]

Mit diesem Preisgeld-Superlativ, der am 4. Juli 2012 in zahlreichen Online-Portalen von Zeitschriften und Tageszeitungen vermeldet wurde[4], schob sich eine Variante des Glücksspiels erneut in den Fokus der öffentlichen Aufmerksamkeit, die seit 2003 einen fulminanten Aufstieg erlebt hat. In diesem Jahr (2003) gewann in Las Vegas der bis dato in Pokerkreisen völlig unbekannte Chris Moneymaker im Rahmen der WSOP das sogenannte „Main Event", also die inoffizielle Poker-Weltmeisterschaft, und sollte damit die Rolle des Auslösers des ungeahnten Aufschwungs der Pokerindustrie spielen. Moneymaker, ein 27-jähriger Buchhalter aus Tennessee, repräsentierte prototypisch die Figur des ‚Underdog', der sich mit Glück und Geschick gegen die Professionals durchsetzt. Da er die Startgebühr für das Turnier (10.000 US-Dollar) nicht aus eigener Tasche bezahlen konnte, sondern sich die Teilnahmeberechtigung durch den Erfolg bei einem Qualifikationsturnier auf der Internet-Plattform „Pokerstars" verdient hatte, erfüllte er gleichzeitig die Vorstellung des prinzipiell möglichen Aufstiegs für jedermann mit Leben.

Die katalysatorische Wirkung der 34. Auflage des Main Events im Jahr 2003 für die weitere Entwicklung des Pokers beruhte freilich nicht allein auf der Person Moneymakers. Zur Geltung kamen die spezifischen Umstände dieses Pokerturniers überhaupt erst durch die Aktivitäten der Medien.

> Coinciding with Moneymaker's surprising win was a tremendous amount of media coverage of the event. This was the first year that ESPN devoted significant coverage to the World Series of Poker, and the network replayed Moneymaker's victory multiple times on its main cable channel and its other affiliate channels. The result of Moneymaker's victory and the media frenzy surrounding it helped to create what has become known as the poker boom (Duncan 2011, S. 32 f.).

---

[2] Die „World Series of Poker" wird seit 1970 in Las Vegas ausgetragen und gehört zu den bedeutendsten Turnierreihen in der internationalen Pokerszene. 2012 wurden zwischen dem 27. Mai und dem 16. Juli insgesamt 61 Turniere ausgespielt, bei denen die Sieger neben dem jeweiligen Preisgeld ein prestigeträchtiges goldenes Armband („bracelet") erhielten.

[3] Meldung der Nachrichtenagentur AFP vom 4.7. 2012.

[4] Was in dieser Agenturmeldung unerwähnt bleibt, ist der Umstand, dass jeder der 48 Teilnehmer dieses Pokerturniers eine Antrittsgebühr („buy-in") in Höhe von einer Million Dollar hat entrichten müssen.

Abb. 1 Gewinnwahrscheinlichkeiten und Pocket Cards bei Pokerübertragungen

Ermöglicht wurde der Erfolg der TV-Übertragungen durch einige medientechnologische Innovationen wie die „pocket card cam" oder Echtzeitberechnungen von Gewinnwahrscheinlichkeiten der noch im Spiel befindlichen Kartenkombinationen (Hitzler 2012), die es den Zuschauern gestatten, dem Geschehen an den Pokertischen, d. h. vor allem den Entscheidungsprozessen der beteiligten Spieler, in neuartiger Weise zu folgen (Abb. 1)[5].

Poker ist seit Moneymakers Sieg nicht nur zu einem – auch außerhalb der USA – allseits beliebten Freizeit-Spaß, sondern auch zu einem äußerst lukrativen globalen Geschäft sowohl für die ‚besten' Spieler als auch für die Veranstalter von Poker-Events und vor allem für die Betreiber von Online-Spiel-Räumen sowie für diverse angelagerte ‚Dienstleister' geworden. Vor diesem Hintergrund scheint das bislang größte Preisgeld der Turniergeschichte nur eine logische Konsequenz dieser Entwicklung zu sein. Allerdings stellt sich die Frage, ob hier der vorläufige Höhepunkt einer außergewöhnlichen Erfolgsgeschichte erreicht wurde oder ob nicht vielmehr, was angesichts rückläufiger Wachstumsraten bei Umsätzen und Spielerzahlen auf den Internet-Plattformen eine plausible Annahme zu sein scheint, versucht wurde, dem im Schwinden begriffenen Publikumsinteresse mit einer spektakulären Aktion wieder auf die Sprünge zu helfen.

Im Folgenden wird die These diskutiert, dass wir es gegenwärtig tatsächlich mit einem Abflauen des Pokerbooms zu tun haben und dass einer der Gründe für die nachlassende Dynamik mit der Richtung zu tun hat, in die sich die medien-

---

[5] Screenshot von der Internetübertragung der WSOP 2013 auf http://www.wsop.com (14.6.2013).

technologische Durchdringung dieser Glücksspielvariante in den letzten Jahren bewegt hat. Zugespitzt formuliert lautet die These, dass Mediatisierungsprozesse den Pokerboom nicht mehr länger befeuern, sondern tendenziell unterminieren. Die Mediatisierung des Pokers erweist sich also als „reflexiv". Im Zuge der „primären Mediatisierung" des Pokers diffundierte eine vormals nicht mediatisierte Aktivität in eine mediatisierte Umgebung (d. h. auf kommerzielle Internetplattformen und in Fernsehstudios). Die „primäre Mediatisierung" des Pokers wurde aber zunehmend von einer „sekundären Mediatisierung" flankiert und durchdrungen (Einsatz und Entwicklung neuer Software-Tools, Verbreitung neuer Formen des Wissenserwerbs im Internet), die geeignet war, die „Populationsökologie" der (Online-)Pokerwelt, also die qualitative Zusammensetzung der Spielerschaft und ihre Quantität, in ökonomisch ungünstiger Weise zu verändern. Vor diesem Hintergrund wiederum lassen sich neuerdings Strategien von Plattformbetreibern beobachten, die als Momente einer „tertiären Mediatisierung" interpretiert werden können und die darauf zielen, die negativen Folgen und Nebenwirkungen der „sekundären Mediatisierung" zu neutralisieren. Mediatisierung erweist sich demnach offensichtlich in unterschiedlichen Entwicklungsphasen der Online-Pokerwelt als Antriebskraft oder als Bremse.

3 Primäre Mediatisierung des Pokers

Heutzutage kann jeder Spielwillige, der über einen Internetanschluss verfügt, am reichhaltigen Pokerangebot im Web teilhaben. Darüber hinaus erleichtern die verschiedenen Möglichkeiten des elektronischen Zahlungstransfers den Spielern die Beteiligung am Pokerspiel um Echtgeld. Durch die Existenz von Online-Pokerräumen sind also die räumlichen und zeitlichen Zugangsschwellen zum Glücksspiel gravierend gesenkt worden. Auch wenn die Nutzungsfrequenzen der Pokerplattformen im Tagesverlauf schwanken, findet der interessierte Pokerspieler rund um die Uhr und an 365 Tagen im Jahr Spielpartner. Online-Poker-Räume kennen weder Ladenschlusszeiten noch bedürfen sie einer aufwändigen Anreise. Auch die im Vergleich zu den Casinos sehr viel niedrigeren monetären Einstiegslevels beim Online-Angebot, die den Spieler zum Mittun berechtigen, tragen zum Abbau von Zugangsbarrieren wesentlich bei. All das hat dazu geführt, dass sich die Spielerbasis innerhalb von wenigen Jahren enorm erweitert hat. Schätzungen besagen, dass die Zahl der Pokerspieler, die weltweit im Internet um Geld spielen, zwischen 2004 und 2010 von knapp 1,5 Mio. auf über 14 Mio. gestiegen ist.[6] Die Anfangsjahre dieses Booms gelten im Rückblick als die goldene Zeit für diejenigen, die zumindest über rudimentäre Pokerkenntnisse und -erfahrungen verfügten und diesen (Wissens-)Vorsprung nutzen konnten, um daraus Profit zu schlagen. Das Zahlenverhältnis zwischen den schlechten guten und den guten Spielern, die innerhalb der Pokerszene als „Fische" beziehungsweise als „Haie" bezeichnet werden, ermöglichte den „Haien" ein auskömmliches Leben. Einige der von uns befragten deutschen Pokerspieler – schenkt man deren Selbstauskünften Glauben – haben in dieser Zeit mit überschaubarem Zeitaufwand zumindest einen Teil ihres Studiums mit Pokergewinnen finanzieren können. Allerdings währte dieser Abschnitt der Pokergeschichte nur wenige Jahre. Der Wissensvorsprung der vormals erfahreneren Spieler schmolz rasch dahin und mit ihm die Profitabilität (unter Pokerspielern ist es üblich, vom „Return on Investment" zu sprechen). Wer mit Poker seinen Lebensunterhalt verdienen wollte, musste sich etwas einfallen lassen, um einen Vorsprung („edge") gegenüber der Konkurrenz zu behaupten.

Die rückläufigen Gewinnquoten wurden von vielen Spielern durch eine Extensivierung und Intensivierung des eigenen Spiels zu kompensieren versucht. Dies wurde von den technischen Möglichkeiten an den virtuellen Pokertischen begünstigt. Zu den wesentlichen Merkmalen des Internet-Pokers zählt nämlich die enorme Beschleunigung des Spielgeschehens. Online wird im Vergleich zum Offline-Spiel eine wesentlich höhere Spielgeschwindigkeit erreicht. ‚Tote Zeiten', wie sie im Live-Spiel etwa durch das Mischen und Geben der Karten sowie durch das Einsammeln der Chips entstehen, werden Online auf ein Minimum reduziert. Zusätzlich eröffnet sich die Möglichkeit, simultan an mehr als einem virtuellen Pokertisch zu agieren („multi-tabling").[7] Vor allem die routinierten Spieler nutzen diese Möglichkeit, um ihren ‚Stundenlohn' zu erhöhen. Sie spielen dann an acht, zwölf oder mehr Tischen gleichzeitig.

Eine neue Dimension in der Geschwindigkeit des Spiels verdankte sich einer softwaretechnischen Innovation, die zunächst auf der Plattform „FullTilt Poker" unter dem Namen „Rush Poker" angeboten wurde und die mittlerweile in weiteren virtuellen Pokerräumen verfügbar ist („Zoom Poker" bei „PokerStars" und „Speed Hold'em" im iPoker-Netzwerk). Im Gegensatz zu normalen Cash Game-Partien,

---

[6] Vgl. Angaben auf pokersplayersresearch.com und PokerPulse.com. Da es keine ‚amtlichen' Zahlen gibt, sind diese Angaben mit Unsicherheit behaftet.

[7] „In a casino, a dealer will deal between 30 and 40 hands per hour. Online, it's around 100. Also, most online players play multiple games simultaneously. John Tabatabai, the 22-year-old runner-up in last year's World Series, finds playing six games at a time easy and aims to play 50,000 hands a month" (Blincoe 2008).

bei denen der Spieler längere Zeit am selben Tisch verbringt, wird er bei diesen Hochgeschwindigkeitsvarianten nach dem Weglegen („folden") einer „Hand" umgehend an einen neuen Tisch mit neuen Spielern gesetzt und erhält sofort neue Karten.[8] Dies führt zum Wegfall bisher üblicher Wartezeiten zwischen den Spielaktionen und zu einer dramatischen Steigerung der durchschnittlichen Anzahl der gespielten Hände pro Stunde. Die damit verbundene Erhöhung der pro Zeiteinheit spielbaren Hände wird von vielen Spielern noch zusätzlich durch „multi-tabling" gesteigert. Unter diesen Bedingungen ist es kaum mehr möglich, sich mit Hilfe von unmittelbarer Beobachtung ein zuverlässiges Bild über die (typische) Spielweise seiner Gegner zu verschaffen.

Die Beobachtungsmöglichkeiten der Spieler haben sich freilich schon beim Übergang vom Live-Poker zum Online-Poker gravierend gewandelt. Wenn Pokerspieler nicht mehr von Angesicht zu Angesicht agieren, sondern vermittelt über Medien der interpersonalen Kommunikation miteinander in Kontakt stehen, verändern sich die Möglichkeiten, wie das, was andere Spieler tun, entschlüsselt und verstanden werden kann. Beim Internetpoker fehlen die sogenannten „tells", also die Körperhaltungen und –bewegungen, die gestischen, mimischen, parasprachlichen und sprachlichen Äußerungsformen der Gegner, aus denen sich Rückschlüsse ziehen lassen, ob die gegnerischen Spieler gute oder schlechte Karten haben, ob sie gerade bluffen oder ob sie tatsächlich das Blatt halten, das sie vorgeben zu repräsentieren.

Beim Pokern Face-to-Face ist der Körper, und zwar sowohl der eigene als auch der des Gegenübers, als Informationsquelle wenigstens ebenso wichtig wie in anderen Situationen unmittelbaren Miteinanders zwischen Menschen. Der Körper ist ‚Lieferant' einer Fülle von Symptomen, die Hinweise auf subjektive Sinngehalte des Handelns des Anderen geben. Phänomenologisch betrachtet können „die Menschen keinen unmittelbaren Zugang zu den Bewusstseinsinhalten ihres Gegenübers erlangen (...), sondern dies immer nur vermittelt über deren äußerlich erfassbares Handeln und Verhalten erfahren" (Gebhardt 2008, S. 134). Und fassbar wird dieses Handeln und Verhalten aufgrund seiner Zeichenhaftigkeit. Dabei kommt den zeichenhaften Formen des körperlichen Ausdrucks ein besonderer Stellenwert zu.

---

[8] Dadurch, dass man bei dieser Variante in jeder Hand gegen andere Gegner spielt, ist es nicht in gleicher Weise möglich wie beim „Cash Game", bei dem man über einen längeren Zeitraum hinweg mit denselben Spielern am Tisch sitzt, Muster in den Spielweisen der anderen Spieler zu erkennen. Das gilt selbstverständlich auch umgekehrt, d. h. das eigene Spielverhalten ist für die andere Spieler schwieriger zu dechiffrieren.

Körperliche Anzeichen (Zittern, Schwitzen, Lächeln, Erröten) besitzen im Rahmen zwischenmenschlicher Kommunikationsprozesse eine solche herausragende Bedeutung, weil sie von den beteiligten Kommunikationspartnern als fundamentale Hinweise auf die subjektiven Bewusstseinsvorgänge (Wut, Zuneigung, Erregung, Zweifel, Furcht) eines anderen herangezogen und ausgelegt werden können (Gebhardt 2008, S. 137).

Der Körper kann aber auch dazu eingesetzt werden, um den anderen mittels bewusst eingesetzter Anzeichen darüber zu täuschen, was in bestimmten Handlungssituationen, wie etwa beim Pokern, tatsächlich der Fall ist.

Wenn zum Beispiel in einem Pokerspiel B die ihm zugeteilten Karten aufnimmt und seine Augen aufleuchten, kann A dies als Anzeichen dafür nehmen, daß B eine gute Kartenkombination besitzt. Wenn aber B diese Interpretation vorwegnimmt, kann er sich ein ‚Pokergesicht' zulegen oder seine Augen aufleuchten lassen, wenn er eine solche Kartenkombination aufgenommen hat. Darauf können natürlich weitere Täuschungsmanöver aufgestuft werden, ein doppelter, dreifacher usw. Bluff (Schütz und Luckmann 2003, S. 366).

Beim Internetpoker hingegen, also im Rahmen medialer Kommunikation und computervermittelter Interaktion, fehlt es gerade an einer derartigen körperlichen Symptomfülle der beteiligten Akteure. Die Fähigkeit der kompetenten Deutung der Körperzeichen („Tells") der Anderen wird bedeutungslos. Aus dieser ‚visuellen Entkörperlichung' des Spiels folgt, dass die Beobachtung und Analyse des Setzverhaltens der Gegenspieler an Bedeutung gewinnt.

4 Sekundäre Mediatisierung des Pokerns

Die Möglichkeiten, dieses Setzverhalten zu analysieren, sind in der mediatisierten Pokerwelt nun ungleich größer als im Livespiel. Das hängt damit zusammen, dass man sich in virtuellen Pokerräumen nicht bewegen kann, ohne dass alle Spielaktivitäten registriert und archiviert werden: Online-Pokerräume speichern alle von einem Spieler gespielten Hände in Form sogenannter „hand histories". Diese „hand histories" enthalten jeweils alle Daten, die man benötigt, um eine gespielte Hand rekonstruieren zu können: also 1.) welcher Spieler hat in welcher Position am Tisch welche Setzbewegung vollzogen, 2.) welche (Gemeinschafts-)Karten wurden ausgeteilt, 3.) welche Karten wurden von welchem Spieler beim Showdown aufgedeckt und 4.) welcher Spieler hat wie viel gewonnen?

Die „hand histories" bilden den ‚Rohstoff' für die Nutzung einschlägiger Analyseprogramme, die von den Pokerspielern während und nach dem Spiel

Abb. 2 Tracking Poker-Software mit Head-Up Display

genutzt werden können und die ein zentraler Bestandteil dessen sind, was als „sekundäre Mediatisierung" des Pokers bezeichnet werden kann. Sogenannte Tracking-Programme zeichnen die gespielten Hände auf und speichern sie in einer Datenbank. Gemäß der Losung „the tells are in the data" generieren diese Softwaretools unter Rückgriff auf die Datenbank Statistiken über das Spiel- bzw. Setzverhalten. Die entsprechenden Kennzahlen können zur Analyse des eigenen und vor allem des fremden Spiels genutzt werden. Etwas vereinfacht gesprochen, geht es hier um die Identifikation von Schwachstellen im eigenen Spiel und bei den Gegenspielern, wesentlich aber um die Identifikation von schwachen Spielern, den „Fischen".

Die marktüblichen Softwareprogramme (Poker Tracker, Hold'em Manager) bieten ein Feature, das für den direkten Einsatz während des Spiels geeignet ist. In einem sogenannten „HUD" (Head-Up Display) lassen sich die statistischen Kennziffern zum Setzverhalten der aktuellen Gegner in Echtzeit am Tisch einblenden (Abb. 2)[9]. Der ‚eingeweihte' und mit den Bedeutungen der Kennzahlen vertraute Spieler kann aus diesen Daten Rückschlüsse auf die möglichen Hände seiner

---

[9] http://www.holdemmanager.com/buy/1/hold-em-manager (Zugriff: 21.11.2011).

Gegner ziehen und damit seine eigenen Entscheidungen optimieren. Die gespeicherten Hände werden also in Informationen umgewandelt, die Auskünfte über jeden Gegner geben, mit dem man schon einmal die Klingen gekreuzt hat. Während bei der „primären Mediatisierung" des Pokers das Spiel im Zuge seines Transfers ins Internet extensiviert („multi-tabling") und beschleunigt wird, setzt die „sekundäre Mediatisierung" also bei den während des Spiels anfallenden Daten an und nutzt diese für eine Reihe von Prozeduren, mit denen sich Informationsvorsprünge erzielen lassen. Die Nutzer dieser Zusatzinformationen versprechen sich davon vor allem, dass für sie das Spiel der anderen berechenbarer und das eigene Spiel transparenter wird.

Die Ansichten unter den Spielern, ob diese softwaretechnischen Hilfsmittel zu unfairen Vorteilen verhelfen oder nicht, sind naturgemäß unterschiedlich. In einem einschlägigen Forenbeitrag wird etwa die Entwertung der eigenen Beobachtungsanstrengungen thematisiert, die aus der Nutzung von Software-Tools bei den Gegenspielern resultiert:

> Ich weiß, daß gutes Poker-Spiel viel Mathematik bedingt, und daß gute Spieler das alles locker aus dem Ärmel schütteln. Trotzdem finde ich, daß solche Hilfsmittel unlauter sind. Denn während ich versuche, aus dem Setzverhalten der Gegner schlau zu werden sehen User dieser Tools bei tausenden Mitspielern gleichzeitig auf einen Blick, wie sie spielen, ohne lange beobachten zu müssen. (...) Ich muß also doch jetzt glauben, daß ich immer der Fisch sein werde, solange die Nutzung solcher Tools möglich ist! In Ordnung finde ich das nicht! (Jellicalcat 2012).

In einer anderen Wortmeldung wird darüber hinaus die Politik der Pokerplattformen gegenüber der Nutzung dieser softwaretechnischen Hilfsmittel kritisiert, da sie vor allem zu Lasten der schwächeren Pokerspieler gehe:

> Nach meiner Betrachtung gehören Programme, die aus anonymen Gegnern gläserne Spieler machen und einem damit die eigene Beobachtung ersparen, doch mehr in die Ecke von Blutdoping, Stereoiden und Anabolika. Abgesehen davon, breche ich ja in dem Fall nicht den Stab über die Nutzer dieser Software (obwohl es mir mehr als nur ein wenig unsympathisch ist), ich verurteile massiv die Anbieter, die nicht alles tun, um die Verwendung der Daten zum Nachteil der schwächeren Spieler abzustellen (Schrage 2012).

Es finden sich freilich auch Stimmen, die die Nutzung von Tracking-Programmen nachdrücklich befürworten. Argumentiert wird zum einen damit, dass auch die Verwendung dieser Hilfsmittel erlernt werden müsse und dies die Etablierung und Anerkennung des Pokers als Strategiespiel befördere, zum anderen wird angeführt, dass es jedem frei stehe, diese Tools zu verwenden.

> Wenn wir Poker als Sport und Strategiespiel betrachten wollen, müssen wir auch dessen Weiterentwicklung gutheißen. Damit ist nicht nur die Veränderung des Spiels an sich (Strategien) gemeint, sondern und insbesondere auch das Drumherum, ergo

die sogenannten Hilfsprogramme. (...) Der Pokerfisch kann sich im Gegensatz zum Fußball-Fisch all dies ebenso besorgen und nutzen. Wenn er das nicht macht ... ist das seine eigene persönliche Entscheidung. (...) Also warum den ambitionierten Spieler bestrafen, nur weil dieser nicht zu faul ist, sich in die Software einzuarbeiten (was im Übrigen notwendig ist, um sie auch effektiv zu nutzen) (DocR 2012).

Allerdings können (prinzipiell erlaubte) Trackingprogramme auch in einer Weise genutzt werden, die den legalen Rahmen, der von den Plattformbetreibern vorgegeben ist, sprengen. Während nämlich das Aufzeichnen der eigenen „Hände" gestattet ist, stellt das Datensammeln jenseits des eigenen Spiels einen Verstoß gegen die Allgemeinen Geschäftsbedingungen der meisten Plattform-Betreiber dar. Nun gibt es jedoch Unternehmen, deren Geschäftsmodell gerade darin besteht, auf den Pokerplattformen im großen Stil „Data Mining" zu betreiben, also die beim Spiel anfallenden Daten aufzuzeichnen, zu bündeln und als Paket in Form einer riesigen Zahl von „hand histories" dem interessierten Pokerspieler zum Kauf anzubieten. Für ein paar Dollar kann der Spieler derartige ‚geminte' „hand histories" erwerben und in seine Tracking-Programme importieren. Auf diese Weise verfügt er über immense Mengen von Daten über potentielle Gegenspieler, mit denen er bislang noch nicht an einem Pokertisch gesessen hat und kann sich auf diese Weise einen – illegalen – Vorteil verschaffen.

Die Anbieter, die ihre Produkte (d. h. „Handverläufe") differenziert nach Pokerräumen und Spielvarianten zum Kauf anbieten, werben unverhohlen mit den aus den entsprechenden Informationsvorsprüngen resultierenden Profitmöglichkeiten für die Spieler. So heißt es auf der Homepage von PokerTableRatings (PTR):

> PTR makes it easy to buy poker hand histories, and uploading them to your database is the fastest way to gain an advantage at the poker tables. Combined with any of the major hand history databases, poker hand histories from PTR will arm you with invaluable knowledge on thousands of players you might encounter online. Hand histories help you: Understand your opponents and their playstyles. Gain valuable information on players you haven't seen before. Make smart decisions in tough situations. (...) Join 14,000+ other players that have made PokerTableRatings the number one source to buy hand history batches online and maximize your profit potential today! (www.pokertableratings.com).

Einige der virtuellen Poker-Räume setzen eine spezielle Software ein, um den Nutzern der von ihnen verbotenen Hilfsprogramme auf die Spur zu kommen. Sie verwenden dafür Programme, die sich der potentielle Pokerspieler bei der Installation des für die Teilnahme am Internetspiel unverzichtbaren Poker-Clients auf der Festplatte seines Computers (wissentlich oder unwissentlich) herunter geladen hat. Diese Programme melden der Pokerseite, welche Software beim Spieler während seiner Beteiligung am Online-Poker simultan auf seinem Rechner läuft.

Allerdings gibt es auch für diese Fälle Gegenmittel. So steht etwa das Analyse- und Tracking-Programm „Poker-Edge" auf der ‚schwarzen Liste' des Plattformbetreibers „PokerStars", d. h. seine Nutzung ist dort explizit verboten. Im Nutzerforum auf der Internetseite des Anbieters von „Poker-Edge" findet sich jedoch eine Anleitung, wie man die (illegale) Software dennoch nutzen kann.

Zu den verbotenen Hilfs-Technologien gehören auch Poker-Bots, also selbstagierende Software-Programme, die anstelle eines realen Spielers und auf der Basis von Entscheidungsalgorithmen am virtuellen Pokertisch agieren. Die Existenz dieser Technologien lässt sich auf den Erfindungsreichtum von Akteuren zurückführen, die in Anlehnung an Flowers (2008) als Outlaw-Innovatoren bezeichnet werden können, da die Anwendung der von ihnen entwickelten Tools gegen die Nutzungsbestimmungen vieler Plattformbetreiber verstößt. Auch solche illegalen Technologien werden mitunter ganz offiziell zum Kauf angeboten und können über das Internet bezogen werden. Zum Teil werden sie aber auch lediglich von technikaffinen Spielern für den Eigengebrauch entwickelt.

Vor allem dort, wo aufgrund der niedrigen Einsatzlimits eher schwächere Spieler anzutreffen sind sowie in Konstellationen, deren Komplexität vergleichsweise gering ist (wie etwa beim sogenannten „Heads-Up", bei dem sich nur zwei Spieler gegenübertreten), dürften Bots verbreitet sein.[10] Zwar behaupten vor allem die größeren Pokerräume, derartigen Programmen auf die Schliche kommen zu wollen. Überdies werden immer wieder Meldungen lanciert, die von der Schließung von Spieler-Accounts und der Einbehaltung von Spielgewinnen aufgrund der Nutzung nicht erlaubter Softwareprogramme berichten. Dies ändert jedoch nichts daran, dass sich ein Pokerspieler letztlich niemals sicher sein kann, ob er an den virtuellen Tischen gerade gegen künstliche oder gegen menschliche Intelligenz spielt.

In Anbetracht des mittlerweile recht umfangreichen Arsenals von legalen und illegalen Poker-Hilfsprogrammen besteht eine hohe Wahrscheinlichkeit, dass der mehr oder minder ahnungslose Freizeitspieler zunehmend auf Konkurrenten trifft, die bis an die Zähne mit technischen Hilfsmitteln bewaffnet sind und es auf nichts anderes als auf die möglichst rasche Eroberung seiner „bankroll" abgesehen haben.[11] Und aufgrund des „multi-tabling" ist davon auszugehen, dass der

---

[10] „Earlier this month a bot ring was discovered operating on the Merge Network. The small-stakes heads up no-limit hold'em games were found to be infested with software programs posing as human players. These bots were aimed at lower skill-level recreational players, and were programmed with a strategy good enough to profit from many of the unsuspecting players unfortunate enough to sit and play" (Gentile 2011).

[11] „The evolution of online poker from its naive roots into the tooled-up search-and-destroy seven-headed acid-spitting monster of today is fascinating, at times profound, colorful, even crazy" (o. V. 2009).

Freizeitspieler kaum noch einen Tisch finden wird, an dem nicht eine mehr oder weniger große Zahl von professionellen und semiprofessionellen Spielern sitzt. Das sowieso schon bestehende Kompetenz-Ungleichgewicht zwischen den „Fischen" und den „Haien" wird dadurch verstärkt und führt zu weiteren Verwerfungen in der Populationsökologie des Online-Pokers.

5 Mediatisierung der Wissensvermittlung

Bereits die „primäre Mediatisierung" des Pokers hat Bedingungen geschaffen, die den Spielern umfassende Möglichkeiten des Kompetenzerwerbs eröffnen. Prinzipiell befördert die Akzeleration des Spiels im Internet den Erwerb von Erfahrungswissen pro Zeiteinheit, da im Vergleich zum Live-Spiel in kürzerer Zeit mehr Spielrunden absolviert werden (können).[12] Darüber hinaus hat sich durch die Existenz textualisierter Handverläufe, die auf den Pokerplattformen abgespeichert werden, nicht nur eine Basis für Selbstanalysen, sondern auch für die Inanspruchnahme von externer Expertise entwickelt.

> It meant you could do post-mortem analysis, to a certain extent. If you played an interesting hand or won or lost big in a killer session, you could request the hand history and sanity-check your play or maybe email it to a friend; whatever; you had the record. But the thing which had earth-shaking ramifications for poker as a whole was that textual hand histories enabled the crowdsourcing of poker strategy. (Also, the Internet may have had something to do with it.) (...) For the first time in history, players could get tactical and strategic feedback from dedicated players around the world, and not just generic advice, but specific advice pertaining to the exact play of a specific hand or poker scenario, taking into account all the factors: stack sizes, position, exact bet amounts, and so forth (o.V. 2009).

Die Mediatisierung der Wissensvermittlung, die neben der Entwicklung und Nutzung von softwaretechnischen Unterstützungstools als weiterer Bestandteil der „sekundären Mediatisierung" des Pokers zu begreifen ist, hat ihre institutionelle Form zum einen in den diversen Pokerforen im Internet gefunden, in denen ein Großteil der Beiträge sich mit der Diskussion einzelner Pokerhände beschäftigt. Zum anderen haben sich sogenannte Pokerschulen[13] entwickelt, die

---

[12] „Grizzled veterans don't dominate because they're outnumbered by younger online players, who can learn much more quickly than the old school ever could" (Blincoe 2008).
[13] Pokerschulen existieren zum einen als eigenständiges Geschäftsmodell, das von der Vermittlung von angemeldeten Spielern an Pokerplattformen lebt. Allerdings bieten auch einige der großen Internet-Pokerräume einschlägige Lehrmaterialien an, um zu verhindern, dass unerfahrene Spieler aufgrund von Informationsnachteilen und daraus resultierender monetärer Verluste zu schnell das Interesse am Poker verlieren.

die Pokerinteressierten mit Informationen aller Art versorgen. Bei der größten Online-Pokerschule, Pokerstrategy.com, die sich rühmt, mehr als sechs Millionen Mitglieder zu haben, wurde der Pokerinteressierte nach dem Bestehen eines (vergleichsweise simplen) Wissenstests nicht nur (zumindest bis vor kurzem) mit einem Startkapital von immerhin 50 $ ausgestattet, mit dem er sich bei einem mit der Pokerschule verbundenen Online-Pokerraum seiner Wahl anmelden konnte, sondern er erwarb zugleich den Zugang zu Schulungsmaterial in den unterschiedlichsten Medienformaten – von Artikeln und Videos bis hin zu Online-Coachings. Der Spieler hatte dadurch die Möglichkeit, sich mit den verschiedenen Spielstrategien[14] vertraut zu machen, sich mit anderen Spielern auszutauschen und sich von erfahrenen Pokerspielern beraten zu lassen. Durch die Nutzung dieses Angebots hat sich nicht nur das Niveau des Pokerwissens bei vielen Spielern erhöht. Verändert hat sich dadurch auch die Populationsökologie des Pokers. Der Anteil der ‚guten' Spieler an der Gesamtpopulation hat sich zu Lasten der ‚schwachen' Spieler erhöht.

Es lässt sich schlussfolgern, dass im Zuge der „sekundären Mediatisierung" des Pokers immer mehr „Haie" produziert werden und es im Vergleich zu den „Fischen" mittlerweile immer mehr davon gibt. Das bedeutet zum einen, dass die verbliebenen Gelegenheits- und Unterhaltungsspieler zunehmend Gefahr laufen, den „Haien" gar nicht mehr aus dem Weg gehen zu können und von ihnen ‚gefressen' zu werden. Andererseits sehen sich die „Haie" tendenziell nur noch von ihresgleichen umgeben, was auch ihr Überleben zunehmend schwieriger macht. Diese veränderte Situation ist jedoch nicht nur für die Spieler und deren Erfolgsaussichten von Belang. Auch die Plattformbetreiber sind essentiell vom mediengetriebenen Wandel der Pokerökologie betroffen und sehen sich gezwungen, neue Strategien zu erproben, um weiterhin ökonomischen Erfolg zu haben.

---

[14] Zu den interessantesten Phänomenen in diesem Bereich zählt die für einige Zeit von Pokerschulen und auf Forenseiten propagierte „Shortstack-Strategie". Im Kern geht es dabei darum, sich mit einer relativ geringen Geldsumme („Minimum-Buy-In") an einen Pokertisch zu setzen und möglichst schnell mit guten Karten „All-in" zu gehen. Allerdings ist der Erfolg dieser Strategie unter anderem davon abhängig, dass an einem Tisch nicht mehr als zwei Spieler diese Spielweise verfolgen. Die wachsende Popularisierung dieser unter spieltheoretischen Gesichtspunkten optimalen Strategie hat ihr im Zeitverlauf zunehmend die Erfolgsgrundlage entzogen. Zusätzlich haben einige Pokerplattformen durch Erhöhung des Minimum-Buy-In eine weitere Anwendungsbedingung beseitigt.

Abb. 3 Anonymer Pokertisch

6 Tertiäre Mediatisierung des Pokers

Die mit der „sekundären Mediatisierung" des Pokers einhergehende Veränderung der Populationsökologie des Pokeruniversums hat Reaktionen bei einigen Plattformbetreibern ausgelöst, die als Momente einer „tertiären Mediatisierung" verstanden werden können. Als gleichsam prototypisch für dieses reaktive Handeln steht die Strategie, Pokertische anzubieten, an denen die Spieler völlig anonym spielen. D. h. die Spieler führen keinen (unveränderlichen) Screen-Namen mehr, sondern werden nur noch gemäß ihrer Sitznummer an den virtuellen Tischen bezeichnet – also etwa mit den Ziffern von eins bis neun an einem Tisch mit neun Spielern (Abb. 3)[15]. Diese Form der Anonymität ist deshalb von Bedeutung, da die auf der Verdatung des Online-Pokers aufbauenden Technologien der sekundären Mediatisierung voraussetzen, dass die Spieler situationsübergreifend

---

[15] Screenshot von der Pokerplattform von Betfair.com (8.4.2013).

eindeutig identifizierbar sind. Auf den Pokerseiten wird dies dadurch gesichert, dass die Spieler immer mit dem gleichen Screen-Namen an den Tischen auftreten. Dieser Screen-Name wird bei der Anmeldung auf der Pokerseite festgelegt und kann in der Folge nicht mehr verändert werden. Fällt diese Codierung weg, hat der Spieler keinerlei Anhaltspunkte, ob er mit seinen Mitspielern schon jemals am gleichen Tisch gesessen hat. Dies bedeutet zugleich, dass die Nutzung von HUDs und Datamining-Angeboten nicht mehr möglich ist. Die Poker-Plattform, die auf die Anonymisierung der Spieler setzt, begründet ihre Strategie damit, sich mit dieser Maßnahme um die Interessen der Freizeitspieler kümmern zu wollen. Hinter dieser Strategie dürfte die Überlegung stehen, die „Fische" nicht mehr länger den „Haien" zu überlassen. Den „Fischen" wird eine Art ökologischer Nische angeboten, die diesen ein längerfristiges „Überleben" sichert, von dem freilich der Betreiber des Pokerraums zu profitieren gedenkt.

Die jüngsten Reaktionen auf die mediatisierungsgetriebenen Verwerfungen der Populationsökologie des Echtgeld-Pokers im Internet zielen auf eine Segmentierung von Spielergruppen in Abhängigkeit von ihrer Spielstärke. Einige Poker-Plattformen haben damit begonnen, die erfolgreichen Spieler von den weniger erfolgreichen Spielern zu trennen. Den „Haien" wird gewissermaßen der Zutritt zu den ‚Fischteichen' verwehrt. Damit soll verhindert werden, dass die schlechten Spieler ihr Geld zu schnell an die sogenannten „winning-player" verlieren und diese dem System das Geld entziehen. Als Folge dieser Segmentierungsstrategie sollen tendenziell die guten Spieler nur noch gegeneinander spielen. Sie dürften es dadurch wesentlich schwerer haben, langfristig Gewinne zu erzielen. Diese Strategie basiert auf der strategischen Neubewertung von Spielerkategorien. Bislang wurden Spieler von den Poker-Plattformen vor allem danach bewertet, wie viel „rake"[16] sie produzieren. Dieser Betrachtungsweise entsprechend wurden Anreizstrukturen geschaffen, die die Vielspieler („high-volume-player") gegenüber den Freizeitspielern bevorzugten. Mittlerweile wird jedoch der Wert derjenigen Spieler höher eingeschätzt, die ‚frisches' Geld in das System einspeisen, und das sind in aller Regel eben die schlechteren Spieler („Fische"). Grundlage dieser Segmentierungsstrategie ist ein zuverlässiges Wissen über die Spielgewinne der Pokerspieler, das den Einsatz entsprechender softwaretechnischer Beobachtungs- und Analyseprogramme voraussetzt.

Das mediatisierte Poker-Universum besteht freilich nicht nur aus Echtgeld-Angeboten. Schon seit längerem existieren Geschäftsmodelle, die sich dezidiert allein auf die (vermeintlichen oder tatsächlichen) geselligkeitsorientierten Be-

---

[16] Rake ist der Anteil am Gewinn einer gespielten Hand, den die Poker-Plattform als Gebühr einbehält.

dürfnisse von Pokerinteressierten richten und ihnen (unter anderem durch die Einbindung in soziale Netzwerke) größere Kommunikationsmöglichkeiten einräumen. Dabei bleibt das Online-Pokern zwar auch mit materiellen Anreizen versehen, gespielt wird aber um Spielgeld und Punkte, durch deren Erwerb sich die Spieler für Verlosungen qualifizieren können, bei denen Geldpreise gewonnen werden können.[17] Im Rahmen dieser Modelle gibt es sowohl kostenfreie wie kostenpflichtige Mitgliedschaften. Durch einen entsprechenden monatlichen Beitrag, der bei einigen Anbietern immerhin 20 $ beträgt, erspart sich der Spieler unter anderem die extensive Konfrontation mit Werbeeinblendungen und erhöht zugleich seine Chance, an den Verlosungen teilnehmen zu können. Diese Möglichkeiten sind für Professionals, also die „Haie", absolut uninteressant. Die entsprechenden Geschäftsmodelle zielen also allein auf die Spezies der Unterhaltungsspieler.

Gegenwärtig befindet sich die soziale Welt des Online-Pokers in einer Phase der Ausdifferenzierung von Geschäftsmodellen, wobei noch keineswegs absehbar ist, ob und in welcher Weise sich die neuartigen Strategien durchsetzen können und welche neuen Akteure in absehbarer Zeit noch hinzukommen werden. Die sich abzeichnende Segmentierung der mediatisierten Welt des Pokers könnte zu einer Ausdifferenzierung in verschiedene Sub-Welten führen, die sich nicht nur in Bezug auf ihre technologischen Bedingungen unterscheiden, sondern auch im Hinblick darauf, welche Mitglieder primär als repräsentativ für die jeweilige Medienwelt gelten (sollen). Zu einem wesentlichen Teil entscheiden über diesen Sachverhalt die Plattform-Betreiber, die ihre Strategien – vor allem Marketing und Technologieentwicklung – auf die von ihnen vermuteten Bedürfnisse der von ihnen präferierten Kundschaft ausrichten. Das können 1) Unterhaltungs- und Gelegenheitsspieler, 2) actionorientierte Zocker, 3) ambitionierte semi-professionelle und professionelle Pokerspieler oder auch 4) die Mitglieder von sozialen Netzwerken wie Facebook sein. Auf diese Weise entstehen verschiedene mediatisierte Sub-Welten, die zwar die zentrale Aktivität der sozialen Welt des Pokers miteinander teilen, sich aber zugleich durch die spezifischen Auffassungen, Strategien und Handlungsweisen ihrer Mitglieder sowie durch spezifische medientechnologische Bedingungen unterscheiden. Einstweilen ist völlig offen, ob diese eigenständigen Sub-Welten langfristig überlebensfähig sein werden oder ob einigen von ihnen über kurz oder lang die kritische Masse an Spielern abhandenkommt. Deutlich geworden ist jedoch, dass die ursprüngliche (primäre) Mediatisierung des Pokers den Boden für weitere (sekundäre) Mediatisierungsschritte bereitet hat, die wiederum zu unbeabsichtigten Nebenfolgen für die Populationsökologie des Pokeruniversums geführt haben. Derzeit sind Strategien der Plattform-Betreiber zu beobachten, die sich un-

---

[17] Damit wird im Übrigen auch den US-amerikanischen Glücksspielgesetzen Genüge getan.

ter den Begriff der „tertiären Mediatisierung" subsumieren lassen und die sich auf die Folgen und Nebenfolgen der vorangegangenen Schritte der Mediatisierung des Pokers beziehen. Welche Folgen und Nebenfolgen wiederum mit der „tertiären Mediatisierung" einhergehen, ist eine empirisch weitgehend offene Frage. Eine mögliche Nebenfolge könnte etwa darin bestehen, dass durch die Anonymisierung des Spiels bestimmte Formen des Betrugs (zumindest „von außen") nicht mehr sichtbar sind – z. B. wenn die gleichen Spieler immer wieder gemeinsam an *einem* virtuellen Tisch Platz nehmen und dort mittels kommunikationstechnologischer Hilfsmittel (verbotenerweise) miteinander kooperieren.

7 Mediatisierungstheoretische Schlussfolgerungen

In der neueren Mediatisierungsforschung sind einige vielbeachtete Begriffe entwickelt worden, um den aktuellen Medien- und Kulturwandel zu erfassen. Zu den prominentesten Vorschlägen zählen die Unterscheidungen von Stig Hjarvard (2008) und von Winfried Schulz (2004). Hjarvard versteht Mediatisierung von Gesellschaft als einen Prozess, in dem sich die unterschiedlichen gesellschaftlichen Bereiche zunehmend an einer Logik der Medien ausrichten. Er unterscheidet dabei zwischen „direkten" und „indirekten" Formen der Mediatisierung. Während bei der „direkten Mediatisierung" ein bislang nicht medienvermitteltes Handeln in ein Handeln mit und durch Medien transformiert wird, meint „indirekte Mediatisierung" die Beeinflussung der Form, des Inhalts oder der Organisation einer Aktivität in der Weise, dass sie ‚attraktiv' und ‚präsentabel' für die und in den Medien wird. Winfried Schulz hat die Begriffe der „Extension" (Erweiterung der Handlungsmöglichkeiten durch Medien), der „Substitution" (vollständige oder teilweise Ersetzung eines nicht-medienvermittelten Handelns durch medienvermitteltes Handeln), der „Amalgamierung" (Entgrenzung zwischen medienvermittelten und nicht-medienvermittelten Aktivitäten) und der „Akkommodation" (Anpassung von Akteuren und Organisationen an die Operationsweise der Medien) in die Debatte eingeführt, um damit unterschiedliche medienbezogene Wandlungsprozesse zu bezeichnen.

Wie instruktiv ist nun dieses begriffliche Instrumentarium, um den Wandel des mediatisierten Pokers in ausreichender Tiefenschärfe zu erfassen? Bei der Beantwortung dieser Frage kann man sich an dem Versuch von Andreas Hepp orientieren, die von Hjarvard und Schulz vorgeschlagenen Begrifflichkeiten am Beispiel des Pokers zu exemplifizieren: „Man kann an das Pokerspiel denken, das insofern ‚direkt' mediatisiert wird, als es als Fernseh- oder Online-Poker in den

Medien erfolgt, aber gleichzeitig auch ‚indirekt', indem die Art und Weise, wie heutzutage nach wie vor in Freundeskreisen und Kneipen Poker gespielt wird, geprägt ist durch verschiedene Weisen der medialen Inszenierung dieses Spiels (...)" (Hepp 2013, S. 40). Im Anschluss daran bezieht Hepp die Begrifflichkeiten von Hjarvard und Schulz aufeinander und stellt fest:

> Wir können (...) sagen, dass die direkte Mediatisierung auf eine „Substitution" verweist, die indirekte Mediatisierung auf eine „Anpassung" und die Unschärfe zwischen beiden letztlich die von Schulz konstatierte „Verschmelzung" verdeutlicht (ebd.).[18]

Auch wenn man berücksichtigt, dass „indirekte" und „direkte" Mediatisierung häufig gemeinsam auftreten und deshalb mitunter nur schwer zu unterscheiden sind (Hjarvard 2008, S. 115), ist vor dem Hintergrund der hier vorgestellten Befunde zur Mediatisierung der sozialen Welt des Pokers die von Hepp verfolgte Begriffsstrategie nicht völlig überzeugend. Zwar kann auf den ersten Blick die Aussage Plausibilität für sich beanspruchen, wonach Fernseh- und Online-Poker direkt mediatisiert werden, weil, wie Hepp konstatiert, beides „in den Medien erfolgt". Dabei besteht aber die Gefahr, den Blick für die gravierenden Unterschiede zwischen diesen beiden Pokervarianten und den jeweiligen Medienumgebungen zu verlieren. Im Fernsehen befinden sich die Spieler im Unterschied zum Online-Poker in einer Face-to-Face-Situation. TV-Poker hat darum trotz seiner medientechnologischen Überformungen und medialen Inszenierungen ungleich mehr mit dem Live-Spiel im Casino oder dem Spiel am heimischen Wohnzimmertisch zu tun als mit dem Online-Poker. Es scheint deshalb angemessener zu sein, Pokern im Fernsehen als Beispiel einer „indirekten" Mediatisierung zu begreifen, da die TV-Übertragungen der entsprechenden Pokerrunden einer medialen Darstellungslogik folgen: Meist werden hier nur die besonders spektakulären Aktionen an den Tischen gezeigt, und es wird eine überschaubare Garde von prominenten, erfolgreichen und unterhaltsamen Spielern mit Wiedererkennungswert medial inszeniert.

Allerdings ist es nicht ausreichend, in dieser Weise zwischen der „direkten" und „indirekten" Mediatisierung des Pokers zu differenzieren. Auch das Konzept der „direkten Mediatisierung" müsste weiter untergliedert werden, indem etwa die oben beschriebenen Modi der Mediatisierung des Pokers als unterschiedliche Formen der „direkten" Mediatisierung interpretiert werden, die verschiedenen

---

[18] „Dass Hjarvard nicht das Moment der „Extension" sieht, hängt mit seinem „institutionellen" Begriff der Mediatisierung zusammen: „Extension" ist in seiner Argumentation ein generelles Moment der „mediation" von Medienkommunikation und nicht spezifisch für den Prozess der Mediatisierung, der in seiner Begrifflichkeit in Europa erst nach 1980 einsetzt" (ebd.).

Logiken folgen. Während die „primäre Mediatisierung" des Pokers auf eine Extension der Pokermöglichkeiten hinausläuft, ist allerdings schon weniger klar, ob hier auch eine (wenn auch nur teilweise) Substituierung des Face-to-Face-Pokers vorliegt. Vermutlich besteht zwischen dem mediatisierten Poker im Internet und dem Face-to-Face-Poker eher ein Verhältnis der wechselseitigen Stimulation.[19] Für diese Annahme spricht etwa der Umstand, dass auf den virtuellen Poker-Plattformen eine große Zahl von Qualifikationsturnieren für Live-Poker-Events angeboten wird. Umgekehrt sind die mit hohen Preisgeldern ausgestatten Live-Turiere samt der entsprechenden TV-Übertragungen die bevorzugte Werbebühne für die Internet-Pokerräume. Dieser Zusammenhang spricht gegen den Vorschlag, den Begriff der „direkten" Mediatisierung mit dem Begriff der „Substitution" gleichzusetzen. Zudem haben Begriffe wie Extension, Amalgamierung und Akkommodation unbestreitbar einen gewissen heuristischen Wert, es fehlt ihnen jedoch für unsere Zwecke an analytischer Tiefenschärfe.

Im Rahmen dieses Beitrags wird deshalb die Strategie bevorzugt, bei der Analyse der Mediatisierung des Pokers mit den Begriffen der „primären", der „sekundären" und der „tertiären Mediatisierung" zu arbeiten. Die „primäre Mediatisierung" des Pokers kann als die (kommerziell motivierte) Bereitstellung von medientechnologischen Rahmenbedingungen interpretiert werden, mit deren Hilfe einschlägig Interessierte in die soziale Welt des (Online-)Pokers inkludiert werden. Bei der „sekundären Mediatisierung" des Pokers geht es hingegen im Wesentlichen um die ‚Rationalisierung' bzw. ‚Informatisierung' der Kernaktivität der sozialen Welt des Online-Pokers. Konstitutiv sind dabei die digitalen Datenspuren, die die Pokerspieler bei ihren Aktivitäten auf den Pokerplattformen ‚produzieren' bzw. hinterlassen, und die Entwicklung und Verwendung von Technologien, die auf diese Daten zugreifen. Die computergestützte Nutzung dieser Datenquellen und die Möglichkeiten, mit Hilfe digitaler Technologien simultan eine große Anzahl von Handlungen auf den Poker-Plattformen beobachten und aus diesen Beobachtungen systematisch Informationen gewinnen zu können, sind zentrale Mechanismen der „sekundären Mediatisierung" des Pokers, die auf der Ebene der individuellen Entscheidungssituationen der Spieler an den virtuellen Pokertischen wirksam werden (vgl. dazu allgemein: Wehner 2010).

In diesem Kontext kommt eine Form von Reflexivität zum Tragen, bei der, mit Anthony Giddens gesprochen, „soziale Praktiken ständig in Hinblick auf einlaufende Informationen über ebendiese Praktiken überprüft und verbessert werden, so dass ihr Charakter grundlegend verändert wird" (Giddens 1996, S. 54). Im vorliegenden Fall handelt es sich um die Praktik des Pokerns, die im Zuge ihrer

---

[19] Eine empirische Studie der Universität Hamburg legt die Vermutung nahe, dass zwischen Online-Poker und dem Offline-Glücksspiel insgesamt eine, wenn auch schwache, positive Korrelation besteht (Philander und Fiedler 2012).

Informatisierung eine gegenüber dem Live-Spiel veränderte Form annimmt. Informatisierung erweist sich dergestalt als zentrales Moment der Mediatisierung des Pokers.

Wie gezeigt, tragen die einschlägigen technologischen Unterstützungsangebote für die Bewältigung der Entscheidungsprobleme beim Pokern nicht nur dazu bei, das kognitive Reflexionsvermögen der Spieler zu erhöhen. Weil immer mehr Online-Spieler nicht nur das kleine Einmaleins des Pokers beherrschen und zusätzlich durch informatisierte Handlungsstrategien ihre Spielstärke erhöhen, verschärft sich in nicht beabsichtigter Weise das populationsökologische Problem der mediatisierten Pokerwelt.

Reflexion schlägt hier offenbar in Reflexivität um, die ihrerseits zum Reflexionsproblem wird (vgl. zu diesen Begriffen: Beck und Holzer 2004). Für die Plattformbetreiber gewinnt nämlich ab einem bestimmten Zeitpunkt die Frage an Brisanz, wie es gelingen kann, die notorischen Spielverlierer (und das sind beim Online-Poker vermutlich mindestens 70 % aller Spieler) gewissermaßen ‚im Spiel zu halten'. Dieses Problem wird vor allem dann virulent, wenn zu viele Akteure (d. h. die guten Spieler) zu viel Geld (d. h. ihre Gewinne) aus dem System abziehen, während gleichzeitig zu wenige Akteure (d. h. die schlechten Spieler) in ausreichendem Maße dem System ‚frisches' Geld zuführen. Auf dieses ‚gestörte Gleichgewicht' zwischen den Spielergruppen antworten die Anbieter von Pokerplattformen mit medienbasierten Strategien, die sich unter den Begriff der „tertiären Mediatisierung" subsumieren lassen. Die entsprechenden Strategien führen zu einer Pluralisierung von Geschäftsmodellen auf Seiten der Plattformanbieter und zu einer Segmentierung unter den Pokerspielern.

Zur Analyse dieses Phänomens scheint es hilfreich, Anleihen bei Überlegungen zu nicht-intendierten Nebenfolgen zu nehmen, wie sie etwa im Rahmen der Theorie der reflexiven Modernisierung angestellt werden (Beck 1996; Beck et al. 2001; Böschen et al. 2006). Boris Holzer (2006, S. 53) hat vorgeschlagen, zwischen vier Konzepten von Transintentionalität zu unterscheiden: „erstens jene beiläufig erzeugten emergenten Handlungsfolgen, die zu einer nicht aus den Intentionen Einzelner ableitbaren Koordinierung von Handlungen führen, also zur Emergenz von Strukturen oder Institutionen; zweitens latente Effekte, die außerdem das Nichtwissen der Beteiligten notwendig voraussetzen; drittens unerwünschte Folgen individueller oder kollektiver Entscheidungen, die auf die Gestaltung sozialer Strukturen abzielen; und viertens externe Effekte, die bei fremden Beobachtern anfallen, aber nicht unmittelbar mit dem Zweck einer Handlung zusammenhängen." Versucht man die hier präsentierten Befunde zur Mediatisierung der sozialen Welt des Pokers vor dem Hintergrund dieser unterschiedlichen Konzeptionen von Nebenfolgen einzuordnen, dann fällt auf, dass keine der von Holzer beschriebenen

Spielarten das hier interessierende Phänomen umfassend beschreibt. Allerdings kann bei dieser Aufgabe sehr wohl auf die einzelnen Bestandteile dieser Konzepte zurückgegriffen werden. So stellen sich die unbeabsichtigten Handlungsfolgen der „sekundären Mediatisierung" als beiläufige dar (Spielart 1). Des Weiteren äußern sich diese Handlungsfolgen in der Benachteiligung anderer (d. h. der Gruppe der Freizeit- und Unterhaltungsspieler), deren Betroffenheit auf den Bestand der betreffenden mediatisierten Welt zurück wirkt (Spielart 4). Und schließlich stehen noch die unerwünschten Folgen derjenigen Strategien im Raum, die im Zuge der „tertiären Mediatisierung" auf die Segmentierung der sozialen Welt des Online-Pokers zielen, um das populationsökologische Problem in den Griff zu bekommen (Spielart 3).

Die dergestalt bereits wirksamen (und noch weiter zu untersuchenden) Nebenfolgen von Mediatisierung stellen nun zwar nicht die bisherigen Rahmenbedingungen der gesellschaftlichen Entwicklung bzw. die Basisinstitutionen industriellwohlfahrstaatlicher Gesellschaften in Frage, wie das von der Theorie der reflexiven Modernisierung im Hinblick auf die externen Effekte nicht-intendierter Handlungsfolgen der Modernisierungsdynamik postuliert wird (Beck et al. 2004). Sie sind aber offenbar geeignet, eine Institution des kommerziellen Glücksspiels in der bisherigen Form gleichsam von innen her zu unterminieren. Im Verlauf dieses Entwicklungsprozesses bilden Medientechnologien die Grundlage für die Expansion der Pokerwelt, zugleich offenbaren sie jedoch das Potential, die Fundamente dieser sozialen Welt zu untergraben. Deshalb erscheint es gewinnbringend, den nicht-intendierten Folgen von Mediatisierungsprozessen in sozialen Welten nachzugehen, deren Kernaktivitäten in immer stärkerem Ausmaß von der strategischen Generierung, Verarbeitung und Nutzung von Daten und Informationen beeinflusst werden, die im Vollzug ebendieser (mediatisierten) Kernaktivitäten anfallen.

Literatur

Beck, Ulrich. 1996. Das Zeitalter der Nebenfolgen und die Politisierung der Moderne. In *Reflexive Modernisierung. Eine Kontroverse*, Hrsg. Anthony Giddens, Ulrich Beck und Scott Lash, 19–112. Frankfurt: Suhrkamp.

Beck, Ulrich, und Stefan Holzer. 2004. Reflexivität und Reflexion. In *Entgrenzung und Entscheidung*, Hrsg. Beck Ulrich und Lau Christoph, 165–192. Frankfurt: Suhrkamp.

Beck, Ulrich, Wolfgang Bonß, und Christoph Lau. 2004. Entgrenzung erzwingt Entscheidung: Was ist neu an der Theorie reflexiver Modernisierung? In *Entgrenzung und Entscheidung*, Hrsg. Beck Ulrich und Lau Christoph, 13–62. Frankfurt: Suhrkamp.

Beck, Ulrich, Stefan Holzer, und André Kieserling. 2001. Nebenfolgen als Problem soziologischer Theoriebildung. In *Die Modernisierung der Moderne*, Hrsg. Beck Ulrich und Bonß Wolfgang, 63–81. Frankfurt: Suhrkamp.

Blincoe, Robert. 2008. Computers tell a poker strategy. Poker software can help define how to handle deliberate misinformation and how to make intelligent guesses. In The guardian, Thursday 25 September 2008. http://www.guardian.co.uk/technology/2008/sep/25/computing.research. Zugegriffen: 7. Mai 2013.

Böschen, Stefan, Nick Kratzer, und Stefan May, Hrsg. 2006. *Nebenfolgen: Analysen zur Konstruktion und Transformation moderner Gesellschaften*. Weilerswist: Velbrück.

Callois, Robert. 1960. *Die Spiele und die Menschen: Maske und Rausch*. München: Langen Müller.

DocR. 2012. http://www.hochgepokert.com/2012/02/13/von-haien-und-fischen-eine-geschwatzige-rezension-wolkenstein-und-das-meer/. Zugegriffen: 15. Feb. 2012.

Duncan, Aaron. 2011. Going all-in on the American Dream: Myth, rhetoric, and the pokerization of America. Communication studies theses, dissertations, and student research. Paper 8. http://digitalcommons.unl.edu/commstuddiss/8. Zugegriffen: 7. Mär 2013.

Flowers, Stephen. 2008. Harnessing the hackers: The emergence and exploitation of Outlaw Innovation. *Research Policy* 37 (2): 177–193.

Gebhardt, Julian. 2008. *Telekommunikatives Handeln im Alltag: Eine sozialphänomenologische Analyse interpersonaler Medienkommunikation*. Wiesbaden: VS Verlag für Sozialwissenschaften.

Gentile, Michael. 2011. Interview with a bot killer. An inside look at the tactics used to punish cheaters for profit, 4. September 2011. http:/pokerfu.se/9f8l. Zugegriffen: 7. Mär 2013.

Giddens, Anthony. 1996. *Konsequenzen der Moderne*. Frankfurt: Suhrkamp.

Hepp, Andreas. 2013. *Medienkultur. Die Kultur mediasierter Welten*. 2., erweiterte Auflage. Wiesbaden: Springer VS

Hepp, Andreas, und Friedrich Krotz. 2012. Mediatisierte Welten: Forschungsfelder und Beschreibungsansätze – Zur Einleitung. In *Mediatisierte Welten. Forschungsfelder und Beschreibungsansätze*, Hrsg. Krotz Friedrich und Hepp Andreas, 7–23. Wiesbaden: VS Verlag für Sozialwissenschaften.

Hitzler, Ronald. 2012. Eine multidimensionale Innovation. Zum Zusammenspiel von Technologien und Techniken am Beispiel des globalen Pokerbooms. In *Indikatoren des Neuen. Innovation als Sozialtechnologie oder Sozialmethodologie*, Hrsg. René John, Inka Bormann und Jens Aderhold, 141–153. Wiesbaden: VS Verlag für Sozialwissenschaften.

Hjarvard, Stig. 2008. The mediatization of society. A theory of the media as agents of social and cultural change. *Nordic Review*, 29 (2): 105–134.

Holzer, Boris. 2006. Denn sie wissen nicht, was sie tun? Nebenfolgen als Anlass soziologischer Aufklärung und als Problem gesellschaftlicher Selbstbeschreibung. In *Nebenfolgen: Analysen zur Konstruktion und Transformation moderner Gesellschaften*, Hrsg. Nick Kratzer, Stefan Böschen, und Stefan May, 39–64. Weilerswist: Velbrück.

Jellicalcat. 2012. http://www.hochgepokert.com/2012/02/13/von-haien-und-fischen-eine-geschwatzige-rezension-wolkenstein-und-das-meer/. Zugegriffen: 15. Feb. 2012.

Möll, Gerd, und Ronald Hitzler. 2013. Beim Tennis können die wenigsten Weltmeister werden, aber beim Poker kann es jeder. Mythen über Zufall, Können und Betrug im Zocker-Universum. In *kuckuck. Notizen zur Alltagskultur*, Heft 1/2013: 40–43.

o. V. 2009. Stranger than fiction: The story of poker tracker, online poker, and postgreSQL. Online: http://www.codingthewheel.com/archives/stranger-than-fiction-story-online-poker-tracker-postgresql. Zugegriffen: 7. März 2013.

Philander, Kahlil, und Ingo Fiedler. 2012. Online Poker in North America: Empirical evidence on its complementary effect on the offline gambling market. http://ssrn.com/abstract=2021993. Zugegriffen: 22. März 2012.

Pilling, Lorien, und Warwick Bartlett. 2012. The Internet gambling industry. In *Routledge International Handbook of Internet Gambling*, Hrsg. Robert Williams, Robert Wood und Jonathan Parke, 46–77. Abingdon: Routledge.

Schrage, Götz. 2012. Die Hölle sind die anderen – Von Flaschenpinklern und neuen Helden – Bittere Zeilen über alles. http://www.hochgepokert.com/2012/02/16/. Zugegriffen: 7. März 2013.

Schulz, Winfried. 2004. Reconstructing mediatization as an analytical concept. *European Journal of Communication* 19 (1): 87–101.

Schütz, Alfred, und Thomas Luckmann. 2003. *Strukturen der Lebenswelt*. Konstanz: UVK.

Watson, Stevie, Pearson Liddell, Robert S. Moore, und William D. Eshee. 2004. The legalization of Internet gambling: A consumer protection perspective. *Journal of Public Policy and Marketing*, 23 (2): 209–213.

Wehner, Josef. 2010. ‚Numerische Inklusion' wie die Medien ihr Publikum beobachten. In *Medienwandel als Wandel von Interaktionsformen*, Hrsg. Sutter Tilmann, und Mehler Alexander, 183–210. Wiesbaden: VS Verlag für Sozialwissenschaften.

Williams, Robert, Robert Wood, und Jonathan Parke. 2012. History, current worldwide situation, and concerns with Internet gambling. In *Routledge international handbook of internet gambling*, Hrsg. dies, 3–26. Abingdon: Routledge.

Falsches Spiel mit dem Sport. Zur Mediatisierung von Sportwetten und ihren nicht-intendierten Nebenfolgen

Gerd Möll und Ronald Hitzler

1 Einleitung

Manipulationen im Sport sind ein keineswegs neues, sondern ein historisch weit zurückreichendes Phänomen. Als erster einschlägiger Fall in der dokumentierten Sportgeschichte gilt der Faustkämpfer Eupolos, der sich 315 v. Chr. seinen Olympiasieg durch die Bestechung von drei Gegnern erkaufte (Maenning 2004). In der jüngeren Zeit sind neben Doping und der Korruption von Funktionären bei der Vergabe von wichtigen Sportereignissen (wie Olympische Spiele und Fußball-Weltmeisterschaften) und Vermarktungslizenzen vor allem Wettbetrügereien in den Fokus der öffentlichen Aufmerksamkeit gerückt. Es fällt auf, dass die aktuelle Häufung von Wettskandalen mit der rasanten Ausdehnung des kommerziellen Wettmarktes im Allgemeinen und der wachsenden Beliebtheit von Online-Wetten im Besonderen korrespondiert.

Das Feld der Sportwetten hat sich in den zurückliegenden Jahren im Zuge der Diffusion von medientechnologischen Innovationen bereits stark verändert (McMillen 2003) und verändert sich auch weiterhin. Vor allem durch die ‚Erfindung' der Live-Wette und die förmlich explodierende Vielfalt an Wettmöglichkeiten auf Sportveranstaltungen weltweit sowie auf sehr spezifische Ereignisse innerhalb eines Sportwettkampfes haben sich auf den zahlreichen Wettplattformen im Internet neuartige Handlungsoptionen für die Wettinteressierten eröffnet. Als nicht intendierte Folge dieser medientechnologisch induzierten Veränderungen

---

G. Möll (✉) · R. Hitzler
TU Dortmund, Lehrstuhl für Allgemeine Soziologie,
44221 Dortmund, Deutschland
E-Mail: gerd.moell@fk12.tu-dortmund.de

R. Hitzler
E-Mail: ronald@hitzler-soziologie.de

des Wettgeschehens ist aber offenbar ein neuartiges Betrugspotential entstanden, das zum einen die Akteure im Bereich der Sportwetten (Anbieter und ihre Kunden) verunsichert und zum anderen die Verbände der davon betroffenen Sportarten alarmiert. Deren Funktionäre deklarieren zunehmend die „Integrität des Sports" als gefährdet und reflektieren über mögliche Gegenstrategien. Im Bereich des Online-Sportwettens zeichnet sich somit ein durchaus vergleichbares Phänomen wie beim Online-Poker ab. Mediatisierung wird reflexiv, wird nicht mehr allein als Treiber, sondern zunehmend als Risiko für die Diffusion dieser Variante des mediatisierten Glücksspiels begriffen. Allerdings nimmt reflexive Mediatisierung beim Sportwetten eine vom Poker zu unterscheidende Form an. Zugleich zeigt sich in beiden mediatisierten Aktivitäts- und Aktionsfeldern der erhebliche Stellenwert der Frage der Regulierung neuartiger, durch medientechnologische Innovationen eröffneter Handlungsoptionen.

2 Zur Entwicklung des Sportwetten-Angebots

Betrachtet man die vielfältigen Formen des Wettens, dann lassen sich drei unterschiedliche Orte identifizieren, an denen dieses (typischerweise stattfindet: „gambling at the scene of the event (proximal); gambling away from the event (remote); and gambling in cyberspace (virtual)" (Neal 2005, S. 294). Wie einschlägige Marktschätzungen zeigen, ist vor allem das Wetten in virtuellen Räumen deutlich zu (Deloitte 2010). Das Glücksspiel via Internet und zunehmend auch mit Hilfe mobiler Geräte (wie Smartphone und Tablet) unterscheidet sich in vielerlei Hinsicht vom ortsgebundenen Glücksspiel – z. B. ist es leichter (d. h. jederzeit und mehr oder weniger allerorten für mehr oder weniger jedermann) verfügbar; es ist schneller, es hat günstigere Auszahlungsraten und ist privater[1] (Griffiths 2001; Wood und Williams 2009). Sport als Gegenstand von Wetten ist darüber hinaus aus einer Reihe von Gründen nachgerade prädestiniert für die Abwicklung über das Internet:

> First, the sheer diversity of contingencies within a game allows for multiple and simultaneous bets with expanding betting types. Second, sport is a global phenomenon,

---

[1] Privatheit ist allerdings nicht mit Anonymität gleichzusetzen. Während im stationären Wettgeschäft die Abwicklung von Wetten bei privaten Anbietern in der Regel ohne die Offenlegung persönlicher Daten des Wetters vonstattengeht, ist das im Internet nicht möglich.

with numerous sports and particular games or matches watched on television by millions of people around the globe (McMillen 2003, S. 34).

Hinzu kommt für die Wetter die Möglichkeit, durch die Beteiligung via Internet sich den gegebenenfalls an ihrem Wohn- oder Aufenthaltsort bestehenden Wettverboten zu entziehen.[2]

Ein auch nur oberflächlicher Blick auf die Web-Seiten einschlägiger Internet-Anbieter von Sportwetten zeigt die enorme Vielfalt des Angebots. Zur Auswahl stehen mittlerweile praktisch die gesamte Palette des Profi-Sports sowie Teile des Amateur-Sports. Es finden sich nicht nur die gängigen Mainstream-Sportarten wie Fußball, Tennis oder Formel 1-Rennen, sondern auch eher ‚exotische' Varianten wie Netball, Hurling oder Australien Football. Entsprechend breit ist das Angebot auch in geographischer Hinsicht und in Bezug auf die Ligen-Auswahl. Wer sich etwa für die Junioren-Liga (Under-19) in den Vereinigten Arabischen Emiraten interessiert, kann ebenso fündig werden wie der Fan des Volleyballs in der zweiten italienischen Liga. Und schon längst nicht mehr kann nur auf das Endergebnis einer sportlichen Auseinandersetzung gewettet werden, sondern auch auf vielfältige Ereignisse *während* eines Sportwettkampfes. Auf die Zahl der Punkte, die etwa beim Tennis oder beim Volleyball während eines Satzes erzielt werden, kann z. B. ebenso gesetzt werden wie auf die Zahl der Eckbälle, Einwürfe und Abstöße während eines Fußballspieles. An ‚normalen' Wochentagen stehen dergestalt meist mehr als 20.000 Wettoptionen, an den ‚sportintensiven' Samstagen und Sonntagen oder zu Zeiten großer Sport-Events (wie etwa Olympische Spiele und Weltmeisterschaften in populären Sportarten) zeitgleich mehr als 30.000 Wettoptionen zur Verfügung, die darüber hinaus noch miteinander kombiniert werden können. Noch vor wenigen Jahren waren Tage mit mehr als 10.000 Wettangeboten die Ausnahme.

In der öffentlichen Debatte werden bestimmte Wettoptionen (z. B. welche Mannschaft in einem Spiel den ersten Einwurf erhält oder die erste gelbe Karte gezeigt bekommt, ob es einen Elfmeter gibt oder ob in einem bestimmten zeitlichen Spielabschnitt eine Verwarnung ausgesprochen wird) als besonders manipulationsanfällig erachtet, weil die diesen Wetten zugrunde liegenden Ereignisse vergleichsweise leicht herbeizuführen sind, weil sie nur bedingt auf das Endergebnis durchschlagen und weil entsprechende Manipulationsversuche relativ unauffällig

---

[2] Allerdings fallen auf den Wettmärkten einzelne Länder wie etwa Frankreich und Italien durch eine medientechnologisch gestützte Abschottung auf. So können etwa nicht in diesen Ländern gemeldete Personen weder das dortige internetbasierte Wettangebot nutzen, noch ist es ihnen möglich, bei einem Aufenthalt in diesen Ländern von dort aus auf die Wettkonten bei ihren heimischen Plattformen zuzugreifen. Allerdings ist davon auszugehen, dass es für technisch versierte Akteure Möglichkeiten zur Umgehung dieser Grenzziehungen gibt.

und deshalb kaum nachweisbar sind. Überdies liegt die Annahme nahe, für die am manipulierten Spiel beteiligten Akteure sei es moralisch weniger bedenklich, sich auf diese Form des Betrugs einzulassen. Zu beachten ist freilich, dass mit derartigen Wettoptionen meist nur eine geringe monetäre Liquidität verbunden ist, sei es, weil sich bei diesen nur eine vergleichsweise kleine Zahl von Wettern engagiert, sei es, weil die Wettanbieter nicht bereit sind, hohe Einsätze zu akzeptieren. End- und Halbzeitresultate, die Zahl der in einem Spiel erzielten Treffer, die Trefferdifferenz zwischen den gegnerischen Mannschaften und sogenannte (asiatische) Handicap-Wetten, bei denen die (aus Sicht des Wettanbieters bestehenden) Leistungsunterschiede zwischen Mannschaften oder Spielern durch einen fiktiven Vorsprung des Außenseiters (bzw. Rückstand des Favoriten) auf das Endergebnis ausgeglichen werden[3], gelten hingegen als besonders wichtige Gegenstände von Wettmanipulationen.

Der Trend auf den Wett-Plattformen deutlich in Richtung Live-Wetten. Während beim traditionellen Wettangebot die mögliche Abgabe einer Wette nur bis zum Beginn des Ereignisses möglich ist, kann bei Live-Wetten noch fast bis zum Ende eines Wettkampfs gewettet werden. Aktuelle Experten-Schätzungen besagen, dass mittlerweile beim Tennis 90 % der Wetten und beim Fußball 70 % der Wetten während jeweils laufender Spiele abgegeben werden (Boniface et al. 2011, S. 38). Da es bei Live-Wetten häufig auf schnelle Reaktionen des Wetters ankommt, weil sich die angebotenen Quoten in Abhängigkeit vom Spielverlauf rasch und mit hoher Frequenz ändern (können), ist diese Spielart des Wettens insbesondere auf Online-Plattformen, aber nur sehr eingeschränkt in stationären Wettbüros praktikabel. Aus Sicht der Wettbetrüger haben Live-Wetten u. a. den Vorteil, dass manipulierte Spiele im Vorfeld eines Wettkampfs für externe Beobachter, die nach ungewöhnlich hohen Wetteinsätzen Ausschau halten, nicht erkennbar sind.

Eine weitere Wendung nahm die Diskussion zu den Möglichkeiten von Spielmanipulationen durch die Gründung sogenannter Wettbörsen. Das Prinzip dieser Börsen besteht darin, dass der Wettinteressent nicht gegen einen Buchmacher wettet, sondern gegen andere Wetter. Der Plattformbetreiber stellt, äquivalent zum (von uns intensiv untersuchten) Online-Pokern (vgl. Hitzler 2010, 2012, Hitzler und Möll 2012; Möll und Hitzler 2013; Möll 2012), ‚nur' die technologische Infrastruktur zur Verfügung und behält einen bestimmten Prozentsatz vom jeweiligen Wettgewinn ein. Für die Wettinteressierten besteht die Möglichkeit, selbst Wettangebote zu machen sowie auch auf das Nichteintreten von bestimmten Ereignissen zu setzen (so genannte Lay-Wetten). Kritiker von Wettbörsen sahen vor allem in

---

[3] Durch die Vergabe von halben Punkten oder Toren ist es dabei möglich, einen unentschiedenen Spielausgang rein rechnerisch auszuschließen.

dieser Wettoption ein Einfallstor von Sportmanipulationen (Cameron 2008). Insbesondere bei Pferderennen sei es vergleichsweise leicht möglich, einen siegreichen Ritt zu vermeiden und auf diese Weise von einer Lay-Wette zu profitieren.

Medial gerahmt wird die zunehmende Bedeutung des Zusammenhangs zwischen Wetten und Sport durch bestimmte Sendeformate auf Sportsendern, die als Spielvorschauen deklariert sind, in denen für die vorgestellten Spielpaarungen jedoch (vor allem) auch die Wettquoten von Wettanbietern präsentiert werden, die wiederum als Sponsoren der entsprechenden Sendungen ausgewiesen werden. Darüber hinaus ist es bei verschiedenen Sportübertragungen durchaus üblich, während der Berichterstattung die aktuellen Wettquoten ausgewählter Wettanbieter einzublenden. Die Medien tragen auf diese Weise zur gesellschaftlichen Normalisierung des Sportwettens bei.

> Openly publicising and glorifying gambling within the media stimulates the belief that sport and gambling hold a harmonious, harmless relationship and that betting is simply a by-product and expected element of sporting competition (Clark 2012).

Zur gesellschaftlichen Normalisierung von Sportwetten trägt auch die zunehmende Verknüpfung des Konsums von Sportübertragungen mit dem Wettangebot auf den Internet-Plattformen der Wettanbieter bei. Einer der größten Plattformbetreiber, bet365, rühmt sich damit, jährlich mehr als 10.000 Sportereignisse per Live-Stream zu übertragen. Für registrierte User ist dieses Angebot, das zum Großteil allerdings für das breite Publikum eher weniger interessante Wettbewerbe umfasst, kostenfrei.

Sowohl im Fernsehen als auch im Internet ist die Zahl der angebotenen Sportübertragungen in den letzten Jahren ganz erheblich gestiegen. Im Internet sind es vor allem (illegale) Streaming-Portale, die praktisch für jedes mehr oder weniger bedeutende internationale Sportereignis bewegte Bilder in Echtzeit zur Verfügung stellen. Diese vor allem durch Werbung (meist für Sportwetten-Anbieter) finanzierten Plattformen greifen dabei in aller Regel in unerlaubter Weise auf die Fernseh-Signale von Pay-TV-Sendern zurück. Die entsprechenden Video-Streams können dann vom Zuschauer direkt in einem Webbrowser, also ohne vorherigen Download, betrachtet werden. Auf diese Weise ist es dem Wetter möglich, auch unabhängig vom Streaming-Angebot seines Wettanbieters und von der Zugänglichkeit zu TV-Übertragungen den Verlauf des ihn interessierenden Sportereignisses direkt zu verfolgen. Die Popularität des Wettens dürfte durch die Ubiquität der Live-Sportübertragungen maßgeblich gesteigert worden sein. Und schließlich macht die damit einhergehende Steigerung der Wettumsätze das Feld der Sportwetten für Betrugsversuche im großen Maßstab überaus attraktiv.

3 Wettbetrug – Zwei Fallbeispiele

Bei der Wette – als der augenscheinlich zentralen Variante des Glücksspiels – lassen sich zwei grundlegende Spielarten unterscheiden: In der einen Variante setzen zwei Parteien „auf ein Ereignis, das ohne ihr eigenes Handeln zu einem bestimmten Zeitpunkt in der Zukunft entschieden wird." In der anderen Variante setzen sie auf ein Ereignis, „bei dem sie selbst aktiv am Ausgang beteiligt sind" (Nutt 1994: 67). Die (nicht-betrügerische) Sportwette stellt eine Mischform dieser beiden Grundarten dar, da sie „die Vorhersage eines Ereignisses (verlangt), an dem der Wettende nicht aktiv beteiligt ist, das er qua Kompetenz aber unterschiedlich einschätzen kann" (ebd.). Bei Manipulationen hingegen findet eine illegale Beeinflussung des Resultats eines Ereignisses statt, bei der notwendigerweise aktiv am Geschehen beteiligte Akteure (Spieler und/oder Offizielle) involviert sind.

Bei den auf Erlangung eines monetären Gewinns abzielenden Spielmanipulationen sind aktuell vor allem zwei Varianten in den Blick der Öffentlichkeit geraten: Zum einen singuläre Betrügereien, die von einigen direkt am Spiel beteiligten Akteuren auf eigene Rechnung durchgeführt werden. Zum anderen fortgesetzte und systematische Manipulationen, die von sportexternen Akteuren ausgehen und in das Gebiet der organisierten Kriminalität fallen. Beide Formen des Betrugs bedienen sich etwelcher durch die digitalen Medien eröffneten Handlungsmöglichkeiten.

3.1 Der Fall Karabatic

Ein Beispiel für die erste Variante stellt der ‚Fall Karabatic' dar. Nikola Karabatic, Welthandballer des Jahres 2007 und Ikone des französischen Handballs, wurde im Februar 2013 gemeinsam mit weiteren sechs Mannschaftskollegen von der Disziplinarkommission der französischen Handball-Liga für schuldig befunden, direkt oder durch Dritte Wetteinsätze auf ein Liga-Spiel ihres damaligen Vereins Montpellier HB getätigt zu haben. Die gesperrten Profis sollen auf einen Halbzeitrückstand und eine Niederlage ihrer Mannschaft, die bereits als Meister feststand, gesetzt haben. Tatsächlich verlor Montpellier sensationell beim abstiegsgefährdeten Club Cesson-Sevigne mit 28:31. Auf diese Weise sollen Bekannte und Verwandte Wettgewinne in Höhe von 252.000 € eingestrichen haben. Nach Angaben des zuständigen Staatsanwaltes waren insgesamt 87.880 € und damit etwa das Vierzigfache der bei vergleichbaren Wetten üblichen Summen auf das Spiel gesetzt worden. Die gegen Karabatic und zwei seiner Mitspieler ausgesprochene Sperre ist im März 2013 von Verbandsseite mit der Begründung zurückgenommen worden, es hätten sich Zweifel an deren Schuld ergeben. Für die übrigen vier Spieler wurden die Sanktionen hingegen bestätigt. Gegen *alle* Beschuldigten ist nach wie vor ein Strafverfahren anhängig, bei dem ihnen bis zu fünf Jahre Haft und hohe Geldstrafen drohen.

Karabatic hat zwar eingeräumt, dass er auf eine Niederlage seines Teams beim fraglichen Spiel, bei dem er im Übrigen verletzungsbedingt nicht zum Einsatz gekommen ist, gewettet hat. Er bestreitet jedoch vehement den daraus abgeleiteten Betrugsvorwurf. Dieser Fall wirft also offensichtlich Zuschreibungsfragen auf, da hier eine Diskrepanz zwischen der – zumindest als solcher explizierten – Teilnehmerperspektive (also der Selbstzuschreibung des subjektiv gemeinten Sinns einer Handlung aus der Sicht des Handelnden) und der Beobachterperspektive (also dem gesellschaftlich etablierten Zurechnungsmuster von Handlungsintentionen) besteht (vgl. zu dieser Unterscheidung Endreß 2010; Schulz-Schäffer 2009). Somit stellt sich nun die juristisch zu klärende Frage, ob die Ausnutzung der nicht-intendierten Folgen der Mediatisierung des Sportwettens (d. h. der durch sie eröffneten Betrugsmöglichkeiten) ihrerseits die Folge eines in dieser Hinsicht intentionalen Handelns ist. Dabei könnte sich herausstellen, dass Karabatic zwar nicht direkt an der Spielmanipulation beteiligt war, dass er aber Insider-Informationen (seine Verletzung, Kenntnis über die Betrugsabsichten seiner Kollegen) zu seinem Vorteil genutzt hat. Einzelne Beobachter, wie etwa der amerikanische Strafrechtler Sean Patrick Griffin, sehen im Handel mit spielrelevanten internen Informationen sogar einen neuen Trend im Sportwetten-Geschäft.[4]

Ruchbar wurde die Spielmanipulation im vorliegenden Fall durch die außergewöhnlich hohen Spieleinsätze, die beim staatlichen Wettanbieter Francaise des Jeux getätigt wurden und dort nach dem unerwarteten Spielausgang Verdacht erregten. Bei den in der Folge angestoßenen Untersuchungen fanden die Ermittler heraus, dass viele Wetten damals von Frauen, Freundinnen und Angehörigen der Spieler abgeschlossen worden sind. Bekannt wurde auch, dass Karabatic am Vorabend des Spiels die App „Parions Sport", eine Plattform von Francaise des Jeux, auf seinem Smartphone installiert hatte. Offenbar haben die Manipulateure hier wenig Wert darauf gelegt, ihre Identität zu verschleiern. Im Unterschied zu weiten Teilen des stationären Wettens kommt der Interessent von Online-Wetten nicht umhin, gegenüber dem Plattform-Betreiber Angaben zu seiner Person und zu Bankverbindungen zu machen, wenn er mögliche Wettgewinne realisieren will. Allerdings gibt es Mittel und Wege, mit gefälschter Identität zu agieren und sich dabei getarnter IP-Adressen und Auszahlungswege zu bedienen. Dies setzt aber entsprechende Kenntnisse und Ambitionen zur Verwirklichung dieser Form von Mimikry voraus, über die die Täter im geschilderten Fall offenbar nicht verfügt haben.

---

[4] Vgl. http://www.spiegel.de/sport/sonst/illegale-sportwetten-in-den-usa-interview-mit-sean-griffin-a-894976.html (Zugriff 24.4.2013).

3.2 Der „Fußballwettskandal"

Die Kommerzialisierung und Globalisierung im Profifußball (Hemmersbach 2003) geht mit organisierten kriminellen Aktivitäten einher, die auf transnationalen Beziehungen beruhen und die auf die Manipulation von Spielausgängen gerichtet sind. Ein Eindruck von der Gestalt derartiger Strukturen wurde im Februar 2013 von der europäischen Polizeibehörde Europol publik gemacht. Bei einer Pressekonferenz gab Europol bekannt, dass nach ihren – auf mehrjährigen Untersuchungen basierenden – Erkenntnissen zwischen den Jahren 2008 und 2011 mindestens 380 Spiele im europäischen Fußball manipuliert worden sind (darunter auch Qualifikationsspiele zur Welt- und Europameisterschaft und Begegnungen der Champions-League). Darüber hinaus stehen weltweit weitere 300 Spiele unter Manipulationsverdacht. Aufgedeckt worden sei ein dichtes kriminelles Netzwerk. Die Ermittler sprachen von Manipulationen „auf einem nie dagewesenen Niveau".[5]

Die Ermittlungsergebnisse fanden zwar in den Medien ein breites Echo, waren in der Sache jedoch nicht wirklich neu. Bereits zwei Jahre war es vor dem Bochumer Landgericht zu einem Prozess und zu Verurteilungen wegen Wettbetrugs gekommen. Der damaligen Urteilsbegründung ist zu entnehmen, dass die Angeklagten bei ausländischen, zumeist asiatischen Anbietern auf mehr als 200 Fußballspiele im In- und im europäischen Ausland gewettet hatten, die vorher mit Hilfe von korrupten Spielern oder Schiedsrichtern manipuliert worden waren. Die pro Spielpaarung erzielten Wettgewinne sollen im hohen fünfstelligen Bereich gelegen haben.

Der ‚Umweg' über asiatische Wettanbieter hat seine Ursache in der enorm hohen Liquidität der dortigen Wettmärkte, die es erlaubt, auch größere Beträge ‚unauffällig' zu platzieren. Diese Liquidität resultiert nun keineswegs in erster Linie aus Wettbetrügereien und Geldwäschegeschäften, sondern aus einem Pyramidensystem, an dessen Spitze sich große lizenzierte Sportwetten-Anbieter befinden und dessen Basis sich aus zumeist illegalen, im Untergrund agierenden Buchmachern zusammensetzt, zu denen für die Wettinteressierten ein Zugang nur über persönliche Empfehlungen von Insidern möglich ist und die der Kontrolle durch Behörden entzogen sind. Konstitutiv für dieses System ist der Umstand, dass Sportwetten in vielen asiatischen Ländern wie China, Thailand, Vietnam oder Malaysia fast ausnahmslos verboten sind und die Nachfrage von ‚normalen' Wettinteressierten auf dem illegalen Wettmarkt befriedigt wird. Mit Hilfe der sozialen Netzwerke auf diesen Untergrundmärkten wird die lokale Ebene der Wettannahme mit translokalen Kontexten verknüpft. Dabei kommt dem Internet wachsende Bedeutung zu:

---

[5] http://www.faz.net/aktuell/sport/fussball/neuer-fussball-wettskandal-manipulationen-auf-nie-dagewesenem-niveau-12050569.html (Zugriff 18.4.2013).

> The street networks are made up of many runners, men of the streets, who take bets from the local population (by telephone or face-to-face) and transfer them to regional bookmakers who manage the betting finances by placing bets themselves with supra-regional betting houses operating as small scale local financial centres. These physical betting markets have now largely been replaced by Internet sites. And regional bookmakers manage all the bets and hedge their risk by betting on Asian online sites. These sites have therefore always been accustomed to accepting very large bets because they are the amalgamation of thousands of street bets that come through in the form of one combined bet, which can be exceedingly large (Boniface et al. 2011, S. 43).

Dieses Internetgeschäft wird von den drei Marktführern IBCBet, SBOBet und 188Bet beherrscht, die auf der Grundlage von philippinischen Lizenzen agieren. Diese Unternehmen sind in Europa zwar nur wenig bekannt[6], verfügen aber über eine erhebliche Finanzkraft. Schätzungen gehen davon aus, dass die wöchentlichen Wetteinsätze auf diesen Plattformen etwa zwei Milliarden US-Dollar betragen (Peer 2013). Auch wenn die Gewinne der Plattform-Betreiber nur einen geringen Prozentsatz dieser Summe ausmachen, sind mögliche Verluste durch Wettbetrug für die Unternehmen so gering, dass diese nur wenig Anlass haben, etwas gegen Manipulationen zu unternehmen.

4 Gegenmaßnahmen und ihre Grenzen

Sowohl die europäischen Anbieter von Sportwetten als auch einige Sportverbände sehen die Manipulation von Wettkämpfen mittlerweile als ernstzunehmende Gefährdung ihrer Interessen an. „Niemand will auf manipulierte Spiele wetten", so Khalid Ali, Generalsekretär der European Sports Security Association (ESSA), einer 2005 von den führenden europäischen Anbietern von Online-Sportwetten etablierten Institution, deren Ziel die Entwicklung und Umsetzung von Maßnahmen gegen die zunehmende Korruption im Sport ist. Gegründet wurde die ESSA in Reaktion auf den sogenannten „Hoyzer-Skandal", bei dem der deutsche Fußball-Schiedsrichter Robert Hoyzer für schuldig befunden worden war, Spiele der 2. Fußball-Bundesliga, des DFB-Pokals und der Fußball-Regionalliga manipuliert und dafür von ‚Hintermännern' 60.000 € erhalten zu haben. Dem staatlichen

---

[6] SBOBet bietet seit einigen Jahren seine Dienste in Europa mit einer Lizenz von der Isle of Man an. Die Wettplattform des Unternehmens ist allerdings über deutsche IP-Adressen nicht zu erreichen.

Offline-Wettanbieter Oddset war durch diese Wettmanipulationen ein Schaden in Millionenhöhe entstanden.[7]

Mit Hilfe sogenannter „Track-and-Trace-Technologie" überwacht das von der ESSA eingesetzte „Frühwarnsystem" die über das Internet abgewickelten Wett-Transaktionen bei ihren Mitgliedsfirmen und registriert verdächtig erscheinende Wetteinsätze auf ein Sportereignis. Wenn etwa ungewöhnlich hohe Summen auf eine Außenseiter-Mannschaft gesetzt werden oder signifikant viele Wetten auf ein bestimmtes Ereignis aus derselben geographischen Region stammen, werden verdächtige Konten überprüft und Ursachen für die Auffälligkeiten zu ermitteln versucht. Erhärtet sich ein Verdacht, werden die Mitglieder der ESSA informiert und können das entsprechende Sportereignis aus dem Wettprogramm nehmen. Ebenfalls benachrichtigt werden die einschlägigen Sportverbände.

Auch privatwirtschaftliche Unternehmen haben diesen neuen Markt der datengestützten Analyse- und Kontrollsysteme für sich entdeckt und bieten ihre Dienste bei der Aufdeckung von Wettmanipulationen an. So hat die schweizerische Firma Sportradar neben ausführlichen Sportstatistiken[8] und Wettquoten auch eine Wettüberwachung im Geschäftsprogramm.

> Sportradar's Fraud Detection System (FDS) is a unique service that identifies betting-related manipulation in sport. This is possible due to the FDS' sophisticated algorithms and constantly maintained database of both odds and person fraud scores, which together are interpreted for the purpose of match-fixing detection (sportradar.com).

Sportradar überwacht für den Deutschen Fußball Bund (DFB) und die Deutsche Fußball Liga (DFL) das Wettgeschehen im Zusammenhang mit Spielen in den Bundes- und Regionalligen, im DFB-Pokal und der Nationalmannschaften. Diese Überwachung beruht auf einem Mix aus automatisierten Softwareprogrammen und Analysen von (menschlichen) Experten.

Mit zeitlicher Verzögerung zu den Wettanbietern zeigt sich mittlerweile auch eine wachsende Zahl von Sportfunktionären als ob der Wettskandale alarmiert. Einzelne internationale Sportverbände verabschieden sogenannte Aktionspläne. So heißt es in einer Presseerklärung des Europäischen Fußballverbands UEFA vom 13. März 2013:

---

[7] Seit 2008 ist es bei ODDSET nicht mehr möglich, anonym zu wetten. Jeder Wettinteressierte benötigt eine personalisierte Kundenkarte. In Kombination mit einem im Vergleich zu qua Internet agierenden Anbietern geringen Wettangebot und ungünstigeren Wettquoten hat diese Maßnahme zu einem Einbruch bei den Umsätzen von ODDSET geführt.

[8] Sportstatistiken werden nicht nur an Medienunternehmen verkauft, sondern auch an Sportwetten-Anbieter, die auf Basis dieser Informationen ihr Wettprogramm entwickeln.

Die europäische Fußballfamilie hat beschlossen, der Bedrohung durch Spielmanipulationen geschlossen entgegenzutreten. Sie betrachtet solche Machenschaften im europäischen Fußball als eine Bedrohung globalen Ausmaßes, die eine Herausforderung für die gesamte Sportwelt darstellt. In diesem Sinne hat die europäische Fußballfamilie einen gemeinsamen Aktionsplan erarbeitet, der eine Reihe konkreter Maßnahmen in den Bereichen Sensibilisierung, Prävention, Überwachung und Disziplinarstrafen zum Schutz der Integrität des europäischen Fußballs beinhaltet (UEFA 2013).

Die UEFA arbeitet zwar schon seit einigen Jahren mit der Firma Sportradar zusammen, betreibt daneben aber auch ein eigenes Quoten-Überwachungssystem.

Über die Wirksamkeit der diversen Kontroll-Systeme gehen die Ansichten auseinander. Während Anbieter und Verbände ein eher positives Bild zeichnen, äußern sich Experten des internationalen Wettgeschehens ebenso wie Strafverfolgungsbehörden durchweg negativ. Den Frühwarnsystemen wird praktisch völlige Wirkungslosigkeit attestiert (Buschmann 2013).

Vornehmlich hängt dies wohl damit zusammen, dass die Quotenbeobachter bislang kaum einen seriösen Kooperationspartner im asiatischen Wettmarkt haben, noch valide ausweisen können, wer Wetteinsätze platziert beziehungsweise von welchem Kontinent oder Land (Buschmann 2011).

Bei europäischen Wettanbietern ist es mittlerweile kaum noch möglich, hohe Einzel-Wetteinsätze zu platzieren.

Wer in Europa zockt, ist an Obergrenzen für die Einsätze gebunden, wird registriert und riskiert einiges, wenn er Wettgewinne in vier- bis fünfstelliger Höhe an den Behörden vorbeischmuggeln will. Solche Barrieren gibt es in Asien nicht (Kistner 2012).

Allein schon dieser Umstand macht asiatische Wettmärkte für Wettbetrüger attraktiv. Hinzu kommt, dass es äußerst schwierig ist, auf diesen Märkten betrügerische Wetten zu identifizieren.

Ein Indiz für eine manipulierte Wette ist beispielsweise ein großer Einsatz. Doch auch professionelle Buchmacher, die mit Manipulationen nichts am Hut haben, platzieren große Summen, um ihre Risiken abzusichern. (...) Ein weiteres Problem: Regionale Buchmacher geben die Wetten ihrer Kundschaft gesammelt in einem Block an die Plattformen weiter. Große Einzelwetten von Betrügern fallen deswegen selten auf. Weil in dem Pyramidensystem der illegalen Buchmacher Wetten regelmäßig über mehrere Ecken weitergegeben werden, ist kaum nachzuvollziehen, von wem welcher Einsatz stammt. Einzelne Personen zu identifizieren, die mit ihren Wetten regelmäßig richtig liegen, weil sie über Insider-Informationen verfügen oder Spieler und Schiedsrichter bestochen haben, ist dadurch fast unmöglich (Peer 2013).

Aber selbst die Frühwarnsysteme, die sich auf die mittelgroßen und großen europäischen Wettanbieter konzentrieren, haben ihre blinden Stellen. Sie lassen sich recht einfach unterlaufen, indem zahlreiche kleinere Einzeleinsätze auf vielen unterschiedlichen Wett-Plattformen getätigt werden. Allerdings dürften derartige Systeme zur Aufdeckung von Manipulationen wie im Fall Karabatic geeignet sein, wenn bei einem Sportereignis ungewöhnlich viele und/oder hohe Wetteinsätze aus einer eng begrenzten geografischen Region zu verzeichnen sind.

5 Nebenfolgen zweiter Ordnung

Gleichsam im Schatten der nicht intendierten, mittlerweile aber breit diskutierten Nebenfolgen der Mediatisierung von Sportwetten, lassen sich noch weitere, einstweilen latente[9], weil (noch) nicht im Fokus der Öffentlichkeit stehende Nebenfolgen der Strategien von Sportverbänden und Wettanbietern beobachten.[10] Das Gemeinsame dieser Strategien besteht darin, dass sie die Diskussion um die Gefährdung der Integrität von (mediatisierten) Handlungsfeldern durch sportwettbezogene Manipulationsversuche nutzen, um eigene Interessen anzumelden und zu legitimieren.

So wird in dem oben zitierten Positionspapier der Europäischen Fußball-Union (UEFA 2013) zur Bekämpfung von Spielmanipulationen die Forderung erhoben, den Veranstaltern von Sportereignissen eine Vergütung für die wirtschaftliche Nutzung dieser Veranstaltungen durch die Wettanbieter zu garantieren. Die UEFA kann sich hierbei u. a. auf politische Stellungnahmen der Europäischen Kommission beziehen, die eine finanzielle Gegenleistung für die wirtschaftliche Nutzung von Sportveranstaltungen durch Wettanbieter als angemessen erachtet. Gewissermaßen durch die ‚Hintertür' wird hier ein neues Konfliktfeld eröffnet, bei dem vor dem Hintergrund der Bekämpfung von Wettkampfmanipulationen die Frage des Eigentums an Sportwettkämpfen und ihren Ergebnissen auf die Agenda gesetzt wird. Der Wachstumsmarkt der mediatisierten Sportwetten hat offenkundig auch die Begehrlichkeiten der Sportveranstalter geweckt.

Auch bei der europäischen Wettindustrie lassen sich Versuche beobachten, die diversen Wettskandale für ihre Zwecke zu instrumentalisieren. Im Speziellen geht es um die Stärkung der eigenen rechtlichen Position, die in vielen europäischen Ländern noch ausgesprochen prekär ist. Neben einigen bereits regulierten Wettmärkten (wie etwa Großbritannien, Frankreich und Italien) gibt es noch wirtschaftlich bedeutende Länder (wie etwa Deutschland), in denen die

---

[9] Latent ist hier nicht im Sinne von „latenten Funktionen" eines Handelns (Merton 1949) gemeint, sondern im Sinne bislang (noch) nicht allgemein erkannter Folgen.
[10] Es handelt sich gewissermaßen um (handlungstheoretisch verstandene) Nebenfolgen der Nebenfolgen. Zu einer eher gesellschaftstheoretischen Sicht darauf vgl. Böschen et al. (2006).

Regulierungsbemühungen derzeit im Fluss und zugleich hochgradig umstritten sind. Insbesondere dort versuchen die privaten Wettanbieter mit dem Argument ‚Boden' gut zu machen, dass nur eine Form der Regulierung, die (auch) ihre Interessen berücksichtigt, das Abwandern von Wettinteressierten auf den Schwarzmarkt verhindern kann.[11]

Diese beiden Beispiele können als Belege dafür interpretiert werden, dass im Zuge der Mediatisierung von bislang nicht mediatisierten Aktivitäten auch den Fragen der (rechtlichen) Regulierung dieser Handlungsfelder eine kaum zu überschätzende Bedeutung zukommt. Dabei geht es zum einen um die Eigentumsfrage an Sportergebnissen, zum anderen um die staatliche bzw. gesetzgeberische Regulierung des Glücksspiels.

6 Schlussfolgerungen

Wenn aufgrund von Manipulationen die „Ergebnisoffenheit der Wettkämpfe" (Werron 2007), die zu den konstitutiven Merkmalen des Sports gehört, nicht mehr länger gewährleistet werden kann, ergeben sich Probleme nicht nur für den Sport selbst, sondern auch für die kommerziellen Aktivitäten, die auf der Basis von Sportergebnissen stattfinden. Bedeutsam ist nun, dass es gerade diese Aktivitäten sind, und zwar vor allem in Form der von medientechnologischen Innovationen getriebenen quantitativen Ausweitung und qualitativen Veränderung des einschlägigen Wettangebots, die ein erhebliches Potential zur Zerstörung ihrer eigenen Geschäftsgrundlage zu bergen scheinen. Zumindest lässt sich diese Schlussfolgerung aus den Problembeschreibungen ziehen, die Anbieter von Frühwarn-Systemen bei Sportwetten liefern:

> Match-fixing is one of the most severe problems sport is facing at the beginning of the 21st century. The internet has made it much easier for manipulators to achieve their criminal goals. The number of bookmakers has increased, as has the range of different betting types. Bookmakers in Asia accept huge stakes and the mobile internet further

---

[11] Vgl. dazu die Aussagen des Deutschland-Chefs des Sportwetten-Anbieters bwin, Jörg Wacker, vom Februar 2013: „Mit dem neuen Glücksspielstaatsvertrag werden die Weichen in Deutschland in die falsche Richtung gestellt: Die Zahl der Sportwettlizenzen soll auf 20 begrenzt werden und für die lizenzierten Online-Anbieter gibt es weitreichende Einschränkungen. Damit sind ihre Angebote nicht mehr wettbewerbsfähig gegenüber Schwarzmarktanbietern. Viele Kunden werden sich daher den vermeintlich attraktiveren Schwarzmarktangeboten zuwenden" (http://www.jp4sport.biz/archive/4098/jorg-wacker-wettskandal-schadigt-massiv-das-image-und-vertrauen/).

helps the match-fixers place their bets – even alongside the playing field (Sportradar (o.J.), S. 1).

Vor allem die medientechnologisch getriebene Diffusion von Live-Wetten gilt aus Sicht von Sportradar als neuartige Herausforderung für die Überwachung von Wettmärkten.

> What mobile betting and internet betting has done, is massively increase the popularity of live betting which means betting throughout the match. What we've seen because of this, is a notable trend in the way the matches are fixed, and the way the match fixers are placing bets. 90 % of the fixed matches that we see, actually see suspicious betting throughout the match. Which means it's not possible to identify before the game begins that that match is perhaps fixed or that anything suspicious is even likely to occur (Paterson[12] 2013).

Die Sichtweise, wonach die Manipulationsmöglichkeiten, die mit Hilfe des Internets möglich geworden sind, die „Integrität" des Sports gefährdet, wird mittlerweile von Sportfunktionären wie von Sportpolitikern geteilt. Einig sind sich die Experten auch darüber, dass kriminelle Aktivitäten insbesondere dort ihren Ausgang nehmen, wo mit den geringsten behördlichen Kontrollen zu rechnen ist.

> Criminal organisations have effectively made use of globalisation and the rise of the internet. They are increasingly using online sports betting as a tool for making and laundering money around the globe. Since websites providing sports betting can be located anywhere in the world, criminals shop for countries where there is the least oversight and control form public authorities for their criminal operations. Hence the recent development of online sports betting has proved to be a massive threat to the integrity of sport (Bozkurt[13] 2012, S. 2).

Augenscheinlich haben politische und wirtschaftliche Akteure, die sich im Feld des organisierten Glücksspiels bewegen, den Eindruck gewonnen, dass im Zuge der Mediatisierung von Sportwetten Handlungsmöglichkeiten entstanden sind, die die Durchführung von Manipulationen begünstigen. Diese nicht intendierten Folgen wirken auf verschiedenen Ebenen. Mediatisierung scheint nicht nur von einem Treiber zu einem Störfaktor bzw. zu einem potentiellen Zerstörer des Sport*wetten*-Booms geworden zu sein, weil durch manipulierte Ergebnisse vor allem die „ehrlichen" Wetter und tendenziell das Renommee der Wett-Plattformen geschädigt werden, sondern auch zu einer Bedrohung einzelner Sport*arten*.

Vergleicht man diese Situation mit der sozialen Welt des (Online-)Pokers (siehe den Beitrag von Möll in diesem Band), lassen sich Gemeinsamkeiten, aber auch

---

[12] Ben Paterson ist „Integrity Manager" bei Sportsradar.

[13] Emine Bozkurt ist EU-Abgeordnete und Mitglied des Sonderausschuss gegen organisiertes Verbrechen, Korruption und Geldwäsche.

Unterschiede konstatieren. In beiden Feldern geht die Mediatisierung der jeweiligen Kernaktivität (Pokern bzw. Sportwetten) mit nicht intendierten Folgen einher, die geeignet erscheinen, diesen Aktivitäten tendenziell die ‚Geschäftsgrundlage' zu entziehen. Allerdings unterschieden sich die Mechanismen, die zum – im Sinne von Ulrich Beck (1986, 1996) verstandenen – Reflexivwerden der Mediatisierung führen. Beim Sportwetten setzt die Gefährdung des Feldes im Prinzip nicht direkt bei der ‚eigentlichen' Kernaktivität an, also beim Wetten, sondern – finanztechnisch gesprochen – an dessen „Underlyings". Sportereignisse und deren Ergebnisse können als „Basiswerte", und Wetten können als Derivate verstanden werden, die sich auf diese Basiswerte beziehen. Erst die Manipulation der Basiswerte führt hier zur Bestandsgefährdung der mediatisierten Aktivität, also des Sportwettens.[14] Zugleich wird jedoch im Zuge des Wettbetrugs auch die Integrität der Basiswerte, also der einzelnen Sportwettkämpfe und damit der entsprechenden Sportdisziplinen in Mitleidenschaft gezogen.

Im Unterschied dazu gehen ‚Gefährdungen' des Geschäftsmodells (Online-) Poker vor allem von der Entwicklung und Verwendung von Technologien aus, die sich direkt auf die Kernaktivität dieser sozialen Welt beziehen (Tracking-Software und Poker-Bots) und für die der Begriff der „sekundären Mediatisierung" (Möll 2012) vorgeschlagen wurde. Begreift man sekundäre Mediatisierung als die Gewinnung und Nutzung von Daten, die im Zuge der primären Mediatisierung einer bislang nicht-mediatisierten Aktivität anfallen, dann kommt der sekundären Mediatisierung im Fall des mediatisierten Sportwettens eine andere Bedeutung zu als beim mediatisierten Pokern. Formen der sekundären Mediatisierung lassen sich dort im Rahmen der diversen Frühwarnsysteme beobachten, deren Entwicklung und Betrieb sich als neues Geschäftsfeld zu etablieren begonnen hat. Im Zuge des Monitoring der Wettmärkte werden Quotenveränderungen auf den Online-Portalen der Wettanbieter, die letztlich Ausfluss des Setzverhaltens der Sportwetter sind, systematisch erfasst und im Hinblick auf auffällige Wettmuster ausgewertet. Zum Einsatz kommen dabei spezielle Analyseprogramme, die auf eigens entwickelte und gepflegte Sportdatenbanken und Sportwettdatenbanken zugreifen. Im Bereich der Sportwetten spielt die sekundäre Mediatisierung somit, anders als beim Pokern, nicht die Rolle des ‚Zerstörers', sondern sie soll vielmehr die Funktion des ‚Retters' von Sport und Sportwetten-Geschäftsmodell einnehmen.

---

[14] In der von Stig Hjarvard (2008) vorgeschlagenen Terminologie könnte man auch von einer „indirekten Mediatisierung" des Sports durch die „direkte Mediatisierung" von Sportwetten sprechen.

Literatur

Beck, Ulrich. 1986. *Risikogesellschaft. Auf dem Weg in eine andere Moderne.* Frankfurt a.M.: Suhrkamp.
Beck, Ulrich, Anthony Giddens, und Scott Lash. 1996. *Reflexive Modernisierung.* Frankfurt a.m.: Suhrkamp.
Böschen, Stafen, Nick Kratzer, und Stefan May, Hrsg. 2006. *Nebenfolgen.* Weilerswist: Velbrück.
Boniface, Pascal, Sarah Lacarriere, Pim Verschuuren, Alexandre Tuaillon, David Forrest, Jean Michel Icard, Jean Pierre Meyer, und Xuehong Wang. 2011. Sports betting and corruption: How to preserve the integrity of sport. http://www.sportaccord.com/multimedia/docs/2012/02/2012_-_IRIS_-_Etude_Paris_sportifs_et_corruption_-_ENG.pdf Zugegriffen: 19. Apr. 2013.
Bozkurt, Emine. 2012. Match fixing and fraud in sport: Putting the pieces together. http://static.euractiv.com/sites/all/euractiv/files/17Sep%20Crim%20Bozkurt%20fv.pdf. Zugegriffen: 26. Apr. 2013.
Buschmann, Rafael. 2011. Manipulation im Fußball: Kraftlose Kontrolleure. http://www.spiegel.de/sport/fussball/manipulation-im-fussball-kraftlose-kontrolleure-a-753665.html. Zugegriffen: 29. Apr. 2013.
Buschmann, Rafael. 2013. 700 Fußballspiele unter Verdacht: Wo Fifa und Uefa beim Wettbetrug versagt haben. http://www.spiegel.de/sport/fussball/wettskandal-fruehwarnsysteme-von-fifa-und-uefa-ohne-chance-a-881417.html. Zugegriffen: 29. Apr. 2013.
Cameron, Colin. 2008. *You bet. The betfair story: How two men changed the world of gambling.* London: HarperCollins.
Clark, Emily. 2012. Money games: How does gambling corrupt the moral justice of sporting competition. http://emilymayclark.wordpress.com/2012/06/11/money-games-how-does-gambling-corrupt-the-moral-justice-of-sporting-competition/. Zugegriffen: 19. Apr. 2013.
Deloitte. 2010. Studie zum deutschen Sportwettenmarkt 2010. http://www.vprt.de/sites/default/files/documents/o_document_20100922154620_stud_2009_09_15_Studie_deloitte_zumdeutschenSportwettenmarkt2010_lang.pdf. Zugegriffen: 15. Apr. 2013.
Endreß, Martin. 2010. Unvorhergesehene Effekte – altes Thema, neue Probleme? In *Dimensionen und Konzeptionen von Sozialität,* Hrsg. Gert Albert, Rainer Greshoff und Rainer Schützeiche, 13–32. Wiesbaden: VS Verlag für Sozialwissenschaften.
Griffiths, Mark D. 2001. Internet gambling: Preliminary results of the first UK prevalence study. In, *Journal of Gambling Issues,* 5. http://www.camh.net/egambling/issue5/research/griffiths_article.html.
Hemmersbach, Tobias. 2003. Globalisierung im deutschen Profifußball. *Zeitschrift für Soziologie,* 32 (6): 489–505.
Hitzler, Ronald. 2010. Im Zockerparadies? Der Pokerspieler als Zeitgeist-Metapher des Konsumenten. In *Mensch – Gruppe – Gesellschaft (Festschrift für Manfred Prisching in zwei Bänden),* Hrsg. Christian Brünner, et al., 401–416. Wien: Neuer Wissenschaftlicher Verlag (NWV).

Hitzler, Ronald. 2012. Eine multidimensionale Innovation. Zum Zusammenspiel von Technologien und Techniken am Beispiel des globalen Pokerbooms. In *Indikatoren des Neuen. Innovation als Sozialmethodologie oder Sozialtechnologie?*, Hrsg. Inka Bormann, John, René und Jens Aderhold, 141–153. Wiesbaden: VS Verlag für Sozialwissenschaften.

Hitzler, Ronald, und Gerd Möll. 2012. Eingespielte Transzendenzen. Zur Mediatisierung des Welterlebens am Beispiel des Pokerns. In *Mediatisierte Welten. Forschungsfelder und Beschreibungsansätze*, Hrsg. Friedrich Krotz und Andreas Hepp, 257–280. Wiesbaden: VS Verlag für Sozialwissenschaften.

Hjarvard, Stig. 2008. The mediatization of society. A theory of the media as agents of social and cultural change. *Nordic Review* 29 (2): 105–134.

Kistner, Thomas. 2012. Wettskandal im Fußball. Zocken ohne Ende. http://www.sueddeutsche.de/sport/wettskandal-im-fussball-zocken-ohne-limit-1.1591504. Zugegriffen: 29. Apr. 2013.

Maenning, Manfred. 2004. Korruption im internationalen Sport: Ökonomische Analyse und Lösungsansätze. *Vierteljahrshefte zur Wirtschaftsforschung* 73 (2): 263–291.

Merton, Robert K. 1949. Manifeste und latent Funktionen. In *Soziologische Theorie und soziale Struktur*, Hrsg. Ders. 1995 von Volker Meja und Nico Stehr, 17–81. Berlin: de Gruyter.

McMillen, Jan. 2003. From local to global gambling cultures. In *Gambling. Who wins? Who loses?*, Hrsg. Gerda Reith, 49–63. Amherst: Prometheus.

Möll, Gerd. 2012. Zocken im Internet. Zur soziotechnischen Entwicklung der mediatisierten Glückspielindustrie am Beispiel des globalen Pokerbooms. In *Internet, Mobile Devices und die Transformation der Medien: Radikaler Wandel als schrittweise Rekonfiguration*, Hrsg. Ulrich Dolata und Jan-Felix Schrape, 251–277. Berlin: Edition Sigma.

Möll, Gerd, und Ronald Hitzler. 2013. Beim Tennis können die wenigsten Weltmeister werden, aber beim Poker kann es jeder. Mythen über Zufall, Können und Betrug im Zocker-Universum. In *kuckuck. Notizen zur Alltagskultur*, Heft 1/2013: 40–43.

Neal, Mark. 2005. ‚I lose, but that's not the point': Situated Economic and Social Rationalities in Horserace Gambling. *Leisure Studies* 24 (3): 291–310.

Nutt, Harry. 1994. *Chance und Glück. Erkundungen zum Glücksspiel*. Frankfurt: Fischer.

Paterson, Ben. 2013. How to spot a fixed football match, by Sportsradar–Video. http://www.guardian.co.uk/football/video/2013/feb/19/fixed-football-match-sportsradar-video. Zugegriffen: 29. Apr. 2013.

Peer, Mathias. 2013. Asiens Fußball-Wettmafia ist nicht zu stoppen. http://www.wallstreetjournal.de/article/SB10001424127887324590904578291372860921136.html. Zugegriffen: 20. Apr. 2013.

Schulz-Schäffer, Ingo. 2009. Handlungszuschreibung und Situationsdefinition. *Kölner Zeitschrift für Soziologie und Sozialpsychologie* 61 (1): 1–24.

Sportradar. (o. J.). The Emergence of Sportradar's Security Services. The Answer to Betting-related Match-Fixing in Sport. Online: https://security.sportradar.com. Zugegriffen: 28. Apr. 2013.

UEFA. 2013. Ein vereinter europäischer Fußball für die Integrität des Spiels. http://uefa.to/10kcEIn. Zugegriffen: 29. Apr. 2013.

Werron, Tobias. 2007. Die zwei Wirklichkeiten des modernen Sports. Soziologische Thesen zur Sportstatistik. In *Zahlenwerke*, Hrsg. Andrea Mennicken und Hendrik Vollmer, 247–270. Wiesbaden: VS Verlag für Sozialwissenschaften.

Wood, Robert, und Robert Williams. 2009. Internet gambling: Past, present, and future. In *Research and measurement issues in gambling studies*, Hrsg. 2007 Garry Smith, David Hodgins, und Robert Williams, 491–514. Amsterdam: Elsevier a. a. O.

Teil IV
Wissenssoziologische Reflexionen zur gesellschaftlichen Dimension von Mediatisierung

Künstlich begleitet. Der Roboter als neuer bester Freund des Menschen?

Michaela Pfadenhauer und Christoph Dukat

> Morlang: Der Computer (...) erspart zunächst mal diese anstrengende zwischenmenschliche Interaktion. Es gab für mich nichts Schöneres, als allein zu sein mit der Technik. SPIEGEL: Was ist so anstrengend an der „zwischenmenschlichen Interaktion"? Morlang: Alles: Menschen, die komische Dinge erzählen, die völlig uninteressant sind. Menschen, die sich mit Fußball beschäftigen oder sogar selbst Fußball spielen. Menschen, die in einer komischen Welt leben, in der völliger Unsinn wichtig ist.
> („Pirat" Alexander Morlang im SPIEGEL-Gespräch, Nr. 30, 23.07.2012, S. 47)

1 Einleitung

„Freunde im Aquarium: Zebrafische akzeptieren Roboter" titelt die Süddeutsche Zeitung dieser Tage in der Rubrik ‚Wissen' (Süddeutsche Zeitung vom 9./10.06.2012: 24). Gegenstand des Forschungsprojekts, auf den sich der Zeitungsartikel bezieht, war die Frage, ob lebende Fische einen Roboterfisch als „Begleiter" akzeptieren. Demnach kommen die Ingenieurswissenschaftler an der New York University auf der Basis ihres experimentellen Designs zu einem positiven Urteil:

M. Pfadenhauer (✉) · C. Dukat
Karlsruhe Institute of Technology, Lehrstuhl für Soziologie des Wissens,
76128 Karlsruhe, Deutschland
E-Mail: pfadenhauer@kit.edu

C. Dukat
E-Mail: christoph.dukat@kit.edu

„Zebrafische lassen sich leicht täuschen: Einen Roboterfisch sehen sie als Freund an und verbringen gerne Zeit in seiner Nähe. Dies gilt sogar, wenn der künstliche Geselle fünf Mal so groß ist wie sie selbst und ihnen auch sonst äußerlich nur rudimentär ähnelt". Einschränkend wird nachgeschoben, dass dies nur bei Licht und dann gilt, wenn es an lebenden Artgenossen als „Gefährten" mangelt.

Aktuellen Verheißungen aus der Robotikforschung zufolge rückt dieses Szenario auch für Menschen in greifbare Nähe. Aus der Verbindung der Robotertechnologie mit Informations- und Kommunikationstechnologien gehen demnach Gerätschaften hervor, die dazu angetan sein sollen, Menschen den Eindruck eines zufrieden stellenden Sozialkontakts[1] zu vermitteln – und dies idealerweise nicht nur punktuell, sondern über eine längere Zeitspanne hinweg. Diesem Ansinnen entsprechend wird die in Frage stehende Technik in einigen der derzeit laufenden Forschungsprojekte als „Artifical Companions" tituliert. Die Konnotation von ,Sozialität' kommt aber insbesondere auch in der Bezeichnung des Forschungsfelds als ,social robotics' zum Ausdruck, wofür folgende Definition vorgeschlagen wird:

> A Social Robot is an autonomous motion device equipped with sensors, actuators and interfaces (robot) that interacts and communicates with humans following some expected behaviour rules, which are founded on the robot physical properties and the environment within it is embedded, mainly taking into account the needs of the people with which it is meant to interact with (del Moral et al. 2009, S. 777).

Dieser Bestimmung des Gegenstands ist der Versuch anzumerken, die technische Ausgestaltung vom Anwendungskontext her vorzunehmen, der regelförmig in den Algorithmen berücksichtigt werden soll.

Eine nochmalige Steigerung von ,Sozialkompetenz' wird in Bezeichnungen wie „sociable robots" (Breazeal 2003) oder auch „socially intelligent robot" (Breazeal 2005) angezeigt, wobei deren Leistungspotential – so etwa das des am MIT konzipierten KIZMET – seiner Entwicklerin Cynthia Breazeal (2002, S. 1) zufolge darin bestehen soll, dass „they could befriend us, as we could them". Von „socially interactive robotics" (Fong et al. 2003) schließlich ist im psychologisch-experimentellen, auf die Behandlung von Autismus bei Kindern abzielenden Forschungsstrangs der social robotics die Rede, bei dem Roboter in soziale Interaktionskontexte integriert werden (vgl. auch Dautenhahn et al. 2002; für einen Überblick Echterhoff 2006).

Im Folgenden wird die Stoßrichtung dieses noch jungen Forschungsfeldes anhand zweier für die Endanwendung vorgesehenen Versionen umrissen (2.).

---

[1] Erfolge verspricht man sich insbesondere dann, wenn die Ansprüche als noch unausgereift (kindlicher Entwicklungsstand), aufgrund kognitiver Beeinträchtigungen als gesenkt (Demenz) oder die Akzeptanzbereitschaft in Ermangelung menschlicher Sozialkontakte (Alterseinsamkeit) oder aus anderen Gründen (Autismus) als erhöht angenommen werden.

Übergreifend kennzeichnet diese Technik, dass bei deren Entwicklung der Akzent auf ‚Mensch-Maschine-Interaktion' gelegt wird (2.1) und eine Beziehung des Endanwenders zum technischen Artefakt intendiert ist, die eine emotionale Bindung an das Objekt impliziert (2.2). Insofern diese ‚Beziehung' mit der Entwicklung von ‚Artificial Companions' vertieft und zeitlich ausgedehnt werden soll, gerät das Konzept der Companionship und damit die Möglichkeit künstlicher anstelle menschlicher Begleiter in den Fokus auch sozialwissenschaftlicher Aufmerksamkeit (3.). Demgegenüber wird abschließend eine wissenssoziologische Perspektive auf den Gegenstand vorgeschlagen, die weder danach fragt, was derlei Dinge ‚tun' noch gar was diese Dinge ‚mit uns tun', sondern darauf abhebt, was wir mit den Dingen tun. Damit gerät diese Medientechnik nicht mehr als soziales Gegenüber, sondern als integraler Bestandteil sozialen und kommunikativen Handelns in den Blick, dessen Horizont bis zum Wandel von Kultur zu reichen vermag (4.).

2 ‚Gesellige' Roboter?

Innerhalb der Robotertechnologie werden ‚industrial robotics', ‚service robotics' und ‚field robotics' als Forschungsstränge unterschieden. Während letztere in menschenleerer Umgebung zum Einsatz kommen und ‚industrial robots' nur in einer starren, unveränderlichen Umgebung, d. h. unter immergleichen Bedingungen funktionieren können, wird bei ‚service robots' Adaptivität an eine Umgebung angestrebt, die bevölkert ist, und dies nicht nur von auf Roboter angelernten Experten, sondern von Laien (vgl. hierzu Meister 2011, S. 108). Die Forschung auf dem Gebiet der ‚social robotics' fällt in den Bereich der ‚service robotics', in dem derzeit – analog zum traditionsreicheren Gebiet der industrial robotics – hinsichtlich einer gewerblichen Anwendung experimentiert wird. Der wichtigste Zukunftsmarkt auf dem Gebiet der Servicerobotik wird laut World Robotics Bericht der International Federation of Robotics (IFR 2012) jedoch im Privatbereich vermutet. Als Anwendungsbereiche der Servicerobotik im häuslichen Bereich werden gemeinhin Haushalt, Gesundheit und Unterhaltung unterschieden (vgl. del Moral et al. 2009).

Während im Haushalt vor allem einfache Tätigkeiten wie Staubsaugen, Rasenmähen und Fensterputzen bereits an Roboter delegiert werden können, aber auch (z. B. mit dem am KIT entwickelten ARMAR) an Anwendungen für komplexe Tätigkeiten (wie dem Ausräumen einer Spülmaschine) geforscht wird, werden im Gesundheitsbereich Anwendungen für Rehabilitation und Therapie entwickelt. Diese lassen sich wiederum danach unterscheiden, ob sie zur Behebung von Mobilitätseinschränkungen, zur motorischen Rehabilitation, für das Monitoring der gesundheitlichen Verfassung oder – wie die hierzulande bereits relativ bekannte Roboter-Robbe Paro – zur Therapie kognitiver Einschränkungen eingesetzt werden sollen (vgl. Meyer 2011). Besonders bei den für den letztgenannten Anwendungszweck entwickelten Geräten lässt sich ein fließender Übergang zu den für den Unterhaltungsbereich entwickelten Produkten konstatieren.[2] Denn zu diesem Bereich werden nicht nur explizit so genannte „Entertainment Roboter" wie etwa der Roboterhund AIBO, sondern auch „Education Robots" gezählt, mit denen, wie etwa mit dem Lego-Mindstorm Roboter technisches Wissen vermittelt werden soll,[3] mit denen zum Teil aber auch dezidiert auf eine kognitive Anregung wie etwa Fremdsprachentraining und Gehirnjogging abgezielt wird.

Abhängig vom jeweiligen Forschungs- und Entwicklungskontext sind diese technischen Artefakte mit einem je spezifischen Set an Funktionen versehen. Dabei darf nicht übersehen werden, dass Serviceroboter in der Regel Forschungsplattformen darstellen, bei denen nicht der Roboter, sondern die Entwicklung einzelner Komponenten im Vordergrund steht, die aus unterschiedlichen Disziplinen beigesteuert werden. Deren Entwicklung orientiert sich mitunter an Grundlagenfragen wie z. B. der nach „verkörperter Intelligenz", womit die Schnittstelle zwischen Technischem und Biologischem (und nicht nur zwischen Technischem und Sozialem) im Fokus steht.[4] Der Entwicklungsstand einzelner Komponenten auf dem Gebiet der Greifmechanik, Aktuatorik, Sensorik usw. kann aber auch soweit vorangeschritten sein, dass diese als Bestandteil von Produkten oder als Einzelprodukt bereits kommerziell vertrieben werden.[5] Die Zusammenarbeit von Informatikern, speziell KI-Forschern, Ingenieuren, Biologen und Psychologen gelingt trotz deren z. T. unvereinbaren disziplinären Orientierungen, weil der eigentlich „periphere" Roboter

---

[2] Hierbei lässt sich zwischen Unterhaltungsfunktionen im engeren Sinne des Animierens zum Spielen und im weiteren Sinne des Herunterladens und Abspielens von Musik, des Verbalisierens von Emails etc. unterscheiden, wobei letztere Funktion heute bereits in viele gängigen Computermodelle integriert ist.

[3] Diese werden an diversen Bildungseinrichtungen eingesetzt, um Kinder mit avancierter Technik vertraut zu machen und diese dergestalt für die an deren Entwicklung beteiligten Disziplinen zu begeistern.

[4] Als Hintergrund dieser Frage lassen sich Meister (2011, S. 110) zufolge Suchbewegungen „aus Teilbereichen von Biologie und Psychologie" ausmachen, in denen Roboter als „‚realisierte Simulationen', d. h. als ein Werkzeug zur experimentellen Erschließung von Grundlagenfragen (besonders der Erforschung von ‚verkörperter Intelligenz' [verwendet werden]".

[5] Beim am KIT entwickelten ARMAR etwa handelt es sich um ein modulares System, dessen Komponenten auf verschiedenen Gebieten (z. B. in der industriellen Anwendung) zum Tragen kommen.

(vgl. hierzu und zum folgenden Meister 2011, S. 107 ff.) – über ein „wordless Pidgin", d. h. eine Vereinfachung mathematisch-formaler Verfahren, über grafische Darstellungen des hier (ebenso wie dies bei der Zusammensetzung von Computerbestandteilen der Fall ist) als „Architektur" bezeichneten Zusammenhangs von Roboterkomponenten, über epistemische Spielzeuge und Roboterturniere wie RoboCup – die Funktion eines als hinreichend ähnlich wahrgenommenen Beobachtungsobjekts, d. h. eines „bounded object" (Star und Griesemer 1989) erfüllt.

2.1 Mensch-Roboter-Interaktivität

Vor diesem Hintergrund stellt die nachfolgende Beschreibung zweier auf die Endanwendung abzielender Roboter, die wir auf ihre Einsatzmöglichkeiten bei Demenzerkrankten abgefragt haben, eine grobe Vereinfachung dar, die lediglich dem besseren Nachvollzug der allgemeinen Stoßrichtung dieser Technikentwicklung dient: Roboter, wie der von einem japanischen IT-Provider entwickelte PaPeRo ebenso wie der von einem französischen Roboterhersteller entwickelte NAO lassen sich so programmieren, dass die automatisierte Sprachausgabe zu festgelegten Zeiten Erinnerungen (z. B. an die Medikamenteneinnahme) verbalisiert oder bei Eingang elektronisch übermittelte Nachrichten (z. B. Aufgabenmitteilungen) von abwesenden Personen übermittelt. Zudem lassen sich in beiden Geräten Gesichter mit Zusatzinformationen abspeichern, womit auf der Basis von Verfahren der Gesichtserkennung durch in situ erstellte Kameraaufnahmen Personen namentlich identifiziert werden können.

Darüber hinaus verfügen sowohl der in seiner Gestalt in Ansätzen dem aus den Star Wars Filmen bekannten R2-D2 ähnelnden PaPeRo als auch der der menschlichen Gestalt nachempfundene Roboter NAO über Spracherkennungs- und Sprachsynthese Funktionen. Der PaPeRo wird scheinbar spontan ‚aktiv', indem er z. B. tanzförmige Bewegungen ausführt oder sich auf Personen in seinem Umfeld zu bewegt und dabei Sätze verbalisiert, die zu Spielen (z. B. Quiz, Mimikryspiele, Wahrsagen) auffordern. Während der als komplexe Kommunikationsplattform konzipierte PAPeRo anhand von Sprachkommandos zu bedienen ist, auf die der Computer ‚angelernt' werden muss, soll es beim NAO nicht mehr erforderlich sein, diesem Sprachbefehle in exakt vordefinierten Phrasen einzuprogrammieren. Vielmehr filtert das hierfür entwickelte Sprachprogramm Nuance Speech einzelne Wörter und Satzteile aus dem Redefluss heraus, anhand dessen die automatische Sprachausgabe des Roboters (Frage- und Aussage-)Sätze verbalisiert. Unbeschadet anderer Schwerpunktsetzungen, die den NAO zum Nachfolgekandidaten des

Roboterhundes AIBO als Standardplattform beim RoboCup qualifizieren, ist beim NAO gegenüber dem PaPeRo – auch aufgrund gestischer und mimischer Aspekte (vgl. Kap. 2.2) – eine stärkere Akzentsetzung hinsichtlich der Entwicklung von Dialogfähigkeit erkennbar.

Ausgehend von der als Grundform angesehenen Face-to-Face-Interaktion gehen Computerlinguisten der Frage nach, ob Softwaresysteme Interaktion zu realisieren in der Lage sind oder ob sie, wie das beim Computerprogramm ELIZA[6], das bereits in den 1960er Jahren für Furore gesorgt hatte (vgl. Weizenbaum 1966), der Fall war, Interaktion lediglich *simulieren* (vgl. Mehler (2009, S. 129).[7] Mit dem Begriff der ‚Interaktivität', mit dem der Unterschied zur Interaktion zwischen Menschen markiert werden soll, fasst Mehler (2009) ‚Kommunikation' im Rekurs auf die Zeichentheorie von Charles Peirce dezidiert unter Absehung von Intentionalität auf der Basis von Bewusstseinsfähigkeit der Kommunikationspartner. Vereinfacht ausgedrückt setzt Kommunikation diesem kognitionstheoretisch zugespitzten semiotischen Ansatz zufolge voraus, dass die dem Gebrauch sowohl vorausgehende also auch durch diesen hervorgebrachte Disposition einer Zeichenbedeutung „gelernt" wird.[8] Die Voraussetzung für die hier deshalb so genannte „artifizielle Interaktivität", weil eine der beiden Seiten der Konstellation von einem technischen Artefakt besetzt wird, besteht somit vor allem im ‚Alignment' auf der Basis eines „Interaktionsgedächtnisses", also darin, dass ein technisches Artefakt „lernt, unter vergleichbaren Umständen auf vergleichbare Weise zu interagieren" (Mehler 2009, S. 119).

Ob Kommunikation von Softwaresystemen nicht nur „simuliert", sondern „realisiert" wird, lässt sich Mehler (2009, S. 129) zufolge nicht anhand von

---

[6] ELIZA ist ein Dialog-Softwareprogramm, das – Bezug nehmend auf Eingaben von Nutzern wie z. B. „Ich bin traurig" – Fragen wie „Warum bist Du traurig?" oder Empathie simulierende Reaktionen (wie z. B. „Es tut mit leid, dass du traurig bist") – errechnet.

[7] „Während Simulationen die Resultate von Messoperationen (zur Bestimmung der jeweiligen Systemumgebung) bereits voraussetzen, realisieren Realisationen ihrerseits Messoperationen in den (künstlichen und realen) Umgebungen, in denen sie funktionieren. Übertragen auf den semiotischen Ansatz heißt das, dass an die Stelle einer symbolischen (simulativen) Repräsentation einer ‚Bedeutungsfunktion', welche die Kenntnis des Systems der Bedeutungen (wie auch der Systemumgebung) bereits voraussetzt, die prozedurale Rekonstruktion von Prozessen der Zeichenverarbeitung und ihrer Resultate in Form von Zeichenbedeutungen tritt (Rieger 2001)."

[8] Zeichentheoretisch betrachtet „konstituiert sich ein Zeichen unter anderem dadurch, dass es die Dispositionen seines Gebrauchs in einer Sprechergemeinschaft fortwährend bestätigt oder verändert und also Beziehungen zwischen den Situationen seines Gebrauchs herstellt. Diese Relationen bestehen nicht konkret, sondern als Lernresultate in Form von Dispositionen, welche über die jeweilige Sprechergemeinschaft verteilt sind" (Mehler 2009, S. 118).

Turing-Test-ähnlichen Experimenten entscheiden, in denen geprüft wird, ob Menschen anhand von Dialogverläufen den Unterschied zwischen von einem menschlichen Gesprächspartner oder von einem Computerprogramm generierten Dialogbeiträgen erkennen können (vgl. Turing 1950). Vielmehr wären die den Softwaresystemen (wie das für den NAO entwickelte und für kommerzielle Anwendungen führende Nuance Speech) zugrunde liegenden Algorithmen daraufhin zu analysieren, ob sich Prozesse der Zeichenverarbeitung und ihrer Ergebnisse in der Form von Zeichenbedeutungen schrittweise nachvollziehen lassen. Hinsichtlich dessen, ob der gegenwärtige Entwicklungsstand es gerechtfertigt erscheinen lässt, in diesem Sinne von „artifizieller Interaktivität" zu sprechen, werden lediglich vorläufige, aber keine grundsätzlichen Zweifel geäußert.

Mit der kognitivistisch-semiotischen Zuspitzung auf die mehr oder weniger perfekte ‚Realisierung' von Zeichen droht vernachlässigt zu werden, dass die Bedeutungen von Zeichen nicht in den Zeichen liegen, sondern „von unserem handelnden Umgang mit ihnen abhängen, also ‚Sinn' sind und gesellschaftlich als Wissen auftreten" (Knoblauch 2012, S. 28, FN 6). Werner Rammert (2011, S. 12) sieht in Fällen, in denen Entwickler avancierte Software mit der Kapazität ausstatten, so zur interagieren, als ob Software-Agenten Überzeugungen, Wünsche und Intentionen hätten, im Rekurs auf die pragmatistische Sozialtheorie die Rede von einer „As-if-intentionality" gerechtfertigt. Auch wenn die pragmatistische Perspektive auf Handlungsvollzüge (acts of performance) und deren Konsequenzen abhebt, droht hier der körperliche Aspekt kommunikativen Handelns als performative ‚Verrichtung' in der Zeit ausgeblendet zu werden (vgl. Knoblauch 2012, S. 33 f.).

2.2 Mensch-Roboter-Bindung

Die exemplarisch ausgewählten Unterhaltungsroboter PaPeRo und NAO geben neben sprachlichen auch nicht-sprachliche Äußerungen (z. B. ‚Lachen') aus und sind überdies mit Leuchtdioden ausgestattet, die beim PaPeRo an ‚Wangen' und ‚Ohren', bei NAO an der ‚Nase' angebracht sind, womit der Eindruck eines mimischen Ausdrucks zu vermitteln versucht wird. Der humanoide Roboter NAO kann entsprechend seines Aufbaus überdies so programmiert werden, dass Sprachausgaben mit Bewegungen des ‚Arm'-Apparats gekoppelt sind, sodass der Eindruck gestischer Unterstreichungen erzeugt wird. Auf der Ausstattung bzw. dem Design technischer Artefakte mit Funktionen, die einen mimischen und gestischen Ausdruck und damit eine innere (Gefühls-)Welt sowie eine eigentätige Mobilität und

Dialogfähigkeit signalisieren, liegt in der Entwicklung dieser Robotertechnologie also ein weiterer Akzent.[9]

Motorische Autonomie, d. h. eine nicht vom Anwender initiierte Ausführung von Bewegungen im Raum, die automatische Sprachausgabe, die ‚Kommunikation' simuliert, und die an Mimik erinnernde scheinbare Expression von Emotionalität[10] werden in der psychologischen Forschung zu ‚social robots' als Gründe dafür ins Feld geführt, dass Kinder robotorisierte Sprachcomputer als „between the inanimate and animate" (Turkle 1984, S. 41) ansiedeln. Auch wenn in diesen Studien betont wird, dass selbst Kinder wissen, dass diese Maschinen nicht auf eine Art lebendig wie Menschen sind, wird doch unterstellt, dass diese Technologie Objekte hervorbringt, die im Verstande von „evocative objects" (Turkle 2007) eine neue Art von Sozialität, d. h. eine der Beziehung zu Menschen analoge Beziehung zu technischen Gerätschaften befördern. Bereits Spieleroboter erfüllen demnach Voraussetzungen, die es gerechtfertigt erscheinen lassen, diese als „relational objects" (Turkle 2006) zu bezeichnen, da Kinder – und ebenso alte Menschen – so damit umgehen, wie wenn sie mit diesen Gegenständen in einer Beziehung stünden: „The experience of ‚as if' had morphed into one of treating robots ‚as though'" (Turkle 2006, S. 2).

Wesentlich hierfür ist nicht nur der mittels Kameratechnik erzeugte Eindruck, dass der Roboter Augenkontakt hält, womit, wie Sherry Turkle (2006) das ausdrückt, beim Menschen gleichsam „Darwinsche Knöpfe" gedrückt würden. Vor allem ist es der diesen Geräten eingebaute Anschein von Pflegebedürftigkeit, der Menschen dazu bringe, emotionale Bindungen aufzubauen, die der Vernarrtheit in Haustiere gleichkommen soll, wie dies bereits bei im Vergleich zu heutigen Roboter-Spielzeugen noch relativ einfach konstruierten Geräten wie dem Tamagotchi zu beobachten war.[11] Das Software-Programm dieser Geräte war so angelegt, dass spezifische Piepstöne ihre Besitzer dazu anhielten, Knöpfe am Gerät zu bedienen,

---

[9] In der Gesamtbetrachtung der derzeit in der Entwicklung befindlichen Prototypen fällt auf, dass beim Design nicht (mehr) unbedingt auf eine humanoide Gestalt gesetzt wird, was auf die zum so genannten „uncanny valley" (Mori 1970) gewonnenen Einsichten zurückzuführen sein dürfte. Im Fall des im KIT-Schwerpunkt „Anthropomatik und Robotik" entwickelten Serviceroboters ARMAR wird die Akzentuierung von Menschenähnlichkeit damit begründet, dass diese künstliche Haushaltshilfe in einer auf menschliche Eigenschaften, d. h. auf die durchschnittliche Körpergröße von Erwachsenen, deren Feinmotorik und Aktionsradius ausgerichteten räumlichen Umwelt zum Einsatz kommen solle.

[10] Emotionen werden insbesondere in Forschunggsträngen wie dem der „emotional robotics" (Meyer 2011) oder dem des „Affective Computing" (Picard 1997) akzentuiert.

[11] Turkles (2006) psychoanalytisch begründeter These zufolge kommt es hier zu einer Art Gegenübertragung, die Anwender annehmen lasse, dass etwas, um das man sich kümmere, im Gegenzug auch Sorge für einen trage.

die am Display als Fütterungs-, Spiel, oder Kuscheleingabe angezeigt wurden. Im Falle wiederholter Versäumnisse wurden dem Nutzer am Display Icons angezeigt, die auf ein ‚Leiden' oder ‚Krankheit' schließen lassen sollten, bis dahin, dass eine Missachtung der angezeigten Bedürfnisse' zur Deaktivierung des Gerätes führten, womit ein Verenden des virtuellen ‚Tiers' konnotiert war. Aus Japan werden Anekdoten überliefert, wonach Geschäftsleute Termine verlegt oder abgesagt haben sollen, um ihre Tamagotchis rechtzeitig füttern zu können, Autofahrerinnen den Straßenverkehr behindert haben sollen, weil sie ihre piepsenden Geräte bedienen wollten, und Fluggäste Fluglinien verklagt haben sollen, weil sie während dem Flug zum Ausschalten des Geräts angehalten wurden (Levy 2010, S. 90).

Derlei wird nicht nur aus dem gegenüber Robotertechnologie als besonders affin[12] behaupteten japanischen Kulturkreis, sondern auch aus einer phänomenologisch angelegten Studie zum Erleben des Roboterhundes AIBO berichtet: Der Umstand, dass dieses digitale Spielzeug im Stadium eines ‚Welpen' an den Endkunden übergeben, d. h. als ‚lernfähig' programmiert wurde, trägt demnach wesentlich dazu bei, dass deren Besitzer derlei Artefakte mit einem ‚Charakter' ausgestattet begreifen, den sie selber mitgebildet haben, womit sie diesen, wie in unserem Kulturkreis für Haustiere üblich, den Status „biographiefähiger Akteure" (Bergmann 1988, S. 307) zuschreiben. Auch wenn das zoomorphologische Design des AIBO den Vergleich zum Haustier nahe legt, wird diese Analogie durch bestimmte Konstruktionsentscheidungen dezidiert gebrochen: so hat keine Version des AIBO ‚Haufen' hinterlassen, im Unterschied zum Tamagotchi wurde auch auf eine explizite Bezugnahme auf den Tod verzichtet (vgl. Scholtz 2008, S. 218) und bei dem ‚eigengesteuerten' Aufsuchen der Ladestation wurde weder der Assoziation zum Füttern noch zum Schlafen Vorschub geleistet.

Mit diversen Teilelementen (Leuchtdioden, akustischen Signalen, Mechanik etc.) wird bei der Konstruktion allerdings dezidiert auf ‚Lebendigkeit' abgezielt. Der Unterscheidung von Lindemann (2008, S. 702) folgend handelt es sich dabei gegenüber organisch Gewachsenem zwar um etwas „gemachtes auf der Ebene des Gestalthaften/Kalkulierbaren", erzeugt aber gleichwohl – jedenfalls vorübergehend – den Eindruck eines lebendigen Gegenübers, wie sich Scholtz' (2008) Tagebucheintragungen entnehmen lässt:

> Aibos Bewegungen erzielen einen stärkeren Eindruck als die einfacher elektrischer Automaten (...). Seine realen Bewegungen machen genau im Raum zu ortende Geräusche und übertragen Schwingungen, wie es kein Lautsprechersystem vermag:

---

[12] Diese Affinität wird auf die dort vorherrschende These der Egalität aller Wesen in der buddhistisch-shintoistischen Denktradition zurückgeführt, was nicht heißt, dass sich nicht auch dort technikkritische Haltungen finden (vgl. Hironori 2010).

„Ich sitze neben Galato auf dem Bett, (...) sein Schwanz wackelt die ganze Zeit. Dabei entstehen ganz leichte Vibrationen, die sich über die Matratze übertragen und die ich spüre: Dies gibt ein ganz starkes Gefühl von etwas Lebendigem neben mir, hier versagen alle kognitiven Konzepte, man reagiert auf so etwas direkt und ohne nachzudenken" (Feldtagebuch: 31.07.03) (Scholtz 2008, S. 235).

Auch hier wird unser evolutionäres Erbe im Verein mit dem Faszinosum des Unerklärlichen zur Erklärung herangezogen: Scholtz (2008, S. 247) zufolge neigen Menschen in dem Maße, in dem Maschinen a) nicht ferngesteuert sind, b) aufgrund von Sensorik umgebungsflexibel sind und c) keinem starren Programmablauf folgen dazu, diesen nicht nur Objekt-, sondern Subjektqualitäten zu attestieren, weil sie sich deren ‚eigentätiges' Funktionieren[13] nicht erklären können:

> Ich stand noch im Bad und schaute durch die halb geöffneten Türen in mein Zimmer. Dort saß er und ich rief Galato. Da drehte er den Kopf ganz nach rechts und schaute mich an. Ob Zufall oder nicht, es war eine sehr starke Wirkung, ich konnte nicht umhin, ihn als lebendig anzusehen. Dann drehte er den Kopf aber wieder nach vorne und schaute erwartungsvoll nach oben und wedelte mit dem Schwanz, als stünde jemand vor ihm. Das zeigte, dass die Ortung wohl eher ein Zufall war (Feldtagebuch, S. 04.11.03).

Der These von Scholtz (2008, S. 292 f.) zufolge wird mit dem AIBO die Grenze vom Artefakt zum „Soziofakt" überschritten, weil dieser „in seiner Bedeutung durch eine soziale Interaktion hervorgebracht wird, an der er als Akteur selbst beteiligt ist, ohne dass man ihm diese Rolle durch eine eigens eingeführte Konvention zuschreiben müsste". Gegenüber diesem in techniksoziologischen Ansätzen gängigen Postulat eines Akteursstatus von Technik[14] erscheint schon anhand der wenigen zitieren Tagebuchauszüge seine Deutung plausibler, dass der Reiz derartiger Unterhaltungsroboter im „Spiel mit der Uneindeutigkeit" (Scholtz 2008, S. 296 ff.), d. h. im Sich-Einlassen auf den Anschein von lebendiger statt toter Materie, von Kontingenz statt Kausalität etc. besteht, das uns in Fantasiewelten eintauchen lässt, wofür auch Roboter offenbar ein probates Vehikel bilden.

(Nicht nur) Alltagsmenschen, sondern auch Wissenschaftler neigen also dazu, derlei High-Tech-Installationen „neo-animistisch" zu mystifizieren und zu „Entitäten mit unklarem ontologischem Status" zu verklären, wie Hitzler (2012) moniert. Dies gilt auch für die gleichermaßen alltagsweltlichen Beschreibungen

---

[13] Lindemann (2005, S. 131) spricht hierbei – in vorsichtiger Abgrenzung von „Selbststeuerung" – von „Eigensteuerung".

[14] Explizit am Beispiel des AIBO weist auch Krotz (2007b, S. 206; vgl. zu AIBO auch Krotz 2007a, 2008) auf den „pseudo-sozialen" Charakter der Beziehungen zu technischen Artefakten hin.

von Wissenschaftlern zur Wahrnehmung ihrer Forschungsobjekten, die Knorr-Cetina (2007b) als empirische Belege für ihre Theorie des Postsozialen anführt:[15] Die „Einfühlungsmetaphorik", mit der Wissenschaftler sich als eins, als bis zur Selbstvergessenheit verbunden mit ihrem (hier: epistemischen) Forschungsobjekten beschreiben, weist Knoblauch und Schnettler (2004) zufolge strukturelle Ähnlichkeiten zu religionsgeschichtlich bekannten Naturmystifizierungen auf, die analytisch als „Magisierungen" zu interpretieren sind: „Vorgänge in der Außenwelt werden so gedeutet, als wären sie von Handelnden ausgelöst, durchgeführt oder bewirkt worden." Eine hierin zum Ausdruck kommende „Solidarität mit Objekten" (Knoblauch und Schnettler 2004, S. 25) – bzw. „Frömmigkeit gegenüber Dingen" (Soeffner 1988, S. 19), die daraus hervorgeht, dass Menschen immer schon nicht nur kognitiv, sondern emotional mit Dingen umgehen (vgl. van Oost und Reed 2010, S. 14; Turkle 2007, S. 5) – wird in der Theorie des Postsozialen zu einer „Sozialität mit Objekten" (Knorr-Cetina 1998) überhöht.

3 Der Roboter als künstlicher Begleiter?

In jüngerer Zeit geraten nicht nur ‚social robots', sondern ‚artificial companions' in den sozialwissenschaftlichen Aufmerksamkeitsfokus. Aus den Science and Technology Studies wird hier die durch Ansätze der kognitiven Psychologie begründete Vorstellung einer kontextfreien, bilateralen Mensch-Maschine-Interaktion kritisiert, die den Wechselwirkungen zwischen Menschen, Objekten und Situationen, die der Actor-Network-Theory folgend mit der Netzwerkmetapher illustriert werden, keine Rechnung trägt. Im Rekurs auf Suchman (2007) wird für ein umfassendes Konzept von Companionship die Situiertheit des Nutzerkontexts betont (vgl. van Oost und Reed 2010). Insofern hier Companionship als „distributed emotional agency" (van Oost und Reed 2010, S. 16) konzeptualisiert wird, innerhalb derer dem technischen Artefakt der Status einer wirkmächtigen Entität unter anderen menschlichen und nicht-menschlichen Entitäten beigemessen wird, ist die Möglichkeit einer technisch-künstlichen Begleitung denkbar.

Als gemeinsamer Nenner der diversen Forschungszusammenhänge – wie CompanionAble, COMPANIONS C4U (Companions for Users), Robot Companions for Citizens (CA-RoboCom) – lässt sich nicht nur das Ziel einer emotionalen, sondern einer längerfristigen sozialen Bindung des Nutzers an das Artefakt ausmachen

---

[15] Ein weiteres empirisches Beispiel ist die Bindung von Cynthia Brezeal an den von ihr entwickelten „sociable robot" Kizmet, von der Turkle (2006) berichtet.

(vgl. van Oost und Reed 2010, S. 13). Gemeinsam ist ihnen überdies, dass sie allesamt die Metapher „Companion" nutzen, wobei es empirisch eine noch offene Frage ist, ob diese die Funktion eines Leitbilds erfüllt (vgl. Böhle und Bopp 2013). Die Auslegung von ‚Begleitung' – sei es als Hilfestellung/Assistenz, als Animation/Unterhaltung oder als Kameradschaft/Partnerschaft – scheint dazu angetan, positiv behaftete Assoziationen zu wecken, die der Befürchtung entgegenzuwirken trachten, dass menschliche Pflegedienstleistung durch technische Gerätefunktionen ersetzt würde.[16]

Ohne Bezugnahme auf den Pflegekontext buchstabiert der Koordinator des (nicht auf Roboter, sondern auf Konversationsagenten ausgerichteten) Forschungsverbunds COMPANIONS, Yorick Wilks (2010), seine Vision von Companionship im Rückgriff auf die Figur der viktorianischen Gesellschafterin aus, der er Eigenschaften wie uneingeschränkte Verfügbarkeit, Unaufdringlichkeit, gehobenen Unterhaltungswert, und verlässliche Diskretion zuschreibt, die durch technische Features der „Personalisierung" realisiert werden sollen.[17] Gemeint ist damit, dass autobiographische Daten und Fotos des Nutzers gespeichert und bei Bedarf bereitgestellt sowie persönliche Daten genutzt werden, um Operationen für den Nutzer im Internet durchzuführen.

Jenseits grundlegend ethischer und der Fülle damit einhergehender datenschutzrechtlicher Probleme stellt sich (nicht nur angesichts dieser besonders plakativen Assoziation) die Frage, wie zeitgemäß die Vorstellungen von Nutzererwartungen im Entwicklungskontext sind. Unter für westliche Gesellschaften symptomatischen Individualisierungsbedingungen, die spezielle Gesellungsgebilde und Formen der Vergemeinschaftung zur Folge haben (vgl. Hitzler et al. 2008), ist das Konzept von ‚Begleitung' nicht in ein Verhältnis zu Lebenslagen (z. B. Zuwendungs- und Pflegebedürftigkeit im hohen Alter), sondern zu flexiblen Identitäts- und Lebensentwürfen zu stellen (vgl. Pfadenhauer 2010; Yumakulov et al. 2012), wofür – wie dies bei Interaktions- bis hin zu Lebenspartnern ja auch der Fall ist – eine andere als Teilzeit-Begleitung als abwegig erscheinen muss.

Während sich die interdisziplinäre Roboterforschung mit der Perfektion technischer Funktionen befasst, damit Companion Systeme z. B. „als empathische

---

[16] Neben dem Substitutionsaspekt wird jener der Täuschung, d. h. die Vorspiegelung von Gefühlen und Beziehung als ethisches Problem thematisiert (vgl. van Oost und Reed 2010, S. 14).

[17] „By Companions we mean conversationalists or confidants – not robots – but rather computer software agents whose function will be to get to know their owners over a long period and focusing not only on assistance via the internet (contacts, travel, doctors etc.) that many still find hard to use, but also on providing company and companionship, by offering aspects of personalization." (Wilks 2010, S. XI)

Assistenten wahrgenommen und akzeptiert werden" (Biundo und Wendemuth 2010, S. 335),[18] prognostizieren Sozial- und Kulturwissenschaftler angesichts der zunehmenden Verbreitung von emotionsstimulierenden und „subjektsimulierenden Maschinen" (Scholtz 2008) abnehmende Ansprüche an Interaktions-, Gesprächs- und Lebenspartner, wonach wir heutigen Menschen – vereinfacht gesprochen – „immer mehr von der Technologie und immer weniger voneinander erwarten" (Turkle 2011): Companion-Systeme könnten sich demzufolge, dezidiert kulturkritisch formuliert, „für den – zumindest unter Individualisierungsbedingungen nicht mehr ganz seltenen – soziopathischen Typus des rationalisierenden Egozentrikers als die mit Blick auf seine jeweiligen Idiosynkrasien (weitaus) ‚bequemeren' Alternativen zu (nachgerade zwangsläufig eigen-willigen) menschlichen alter egos erweisen" (Hitzler 2012, S. 11). Denn im Vergleich zum Menschen, ja bereits im Verhältnis zu Haustieren haben sie den Vorteil, „pflegeleichter" zu sein, weil sie – wie der AIBO nach Lust und Laune seines Besitzers an- und abgeschaltet werden können, nicht ausgeführt und versorgt werden müssen.

Knorr-Cetina (2007a) konzipiert die von ihr ausgemachte „Objektualisierung", wonach Objekte Menschen als Einbettungsumwelten zunehmend deplazieren, als Kompensation für Individualisierung. Und Sherry Turkle (2010) diagnostiziert dem westlich modernen Menschen eine Beziehungsmüdigkeit, aus der heraus wir menschliche Beziehungen durch die zu „non-humans" (Cerulo 2009) zu substituieren trachten. Ihr zufolge entfalten die Social Media und mediatisierte Kommunikationspraktiken eine unterstützende Wirkung für die Akzeptanz technischer Gerätschaften als „Begleiter". In social networks pflegen wir spezielle Arten von Beziehungen bzw. Beziehungen auf bestimmte Arten und Weisen (vgl. Adelmann 2011, S. 132):

> „Die Aktivität des Befreundens („friended") erlangt in den Social Network Sites eine viel größere Bedeutung als der stabile Zustand des Freund-Seins, der auf der Ebene des Intersubjektiven an zentraler Stelle steht." Und mit den neuen Medien(formaten) eröffnen sich bestimmte Weisen des Kommunizierens, bei denen es uns – etwa beim

---

[18] Ausgehend von psychologischen Konzepten wie der sog. „Mentalisierung" und der aus der Philosophie bekannten „Theory of Mind" wird hier etwa versucht, Erkenntnisse über Nutzer-Einstellungen gegenüber Companion-Systemen zu generieren. Dies geschieht z. B. mit Hilfe so genannter „Wizard-of-Oz"-Versuchsanlagen, in denen von Menschen simulierte Companion-Systeme in einem Laborexperiment in Dialog mit Versuchspersonen treten. Durch das Mitschneiden der Dialogverläufe und Interviews nach Beendigung eines Dialogs und deren anschließender Auswertung erhoffen sich Entwickler von Companion-Systemen Aufschlüsse zur Entwicklung einer geeigneten Dialogstrategie eines Companion-Systems dahingehend, dass sich der Dialogverlauf durch die Unterstellung positiver Einstellungen seitens des Nutzers gegenüber dem System wie z. B. Hilfsbereitschaft sinnvoll gestalten lässt (vgl. Lange und Frommer 2011).

Twittern oder der Kontaktpflege per SMS – vor allem darum geht, Aufmerksamkeit (von anderen) und Emotionen (bei uns selber) zu evozieren. „Früher dachte man: ‚Ich habe ein Gefühl, also will ich einen Anruf machen'. Heute ist unser Impuls: ‚Ich will ein Gefühl haben, also muss ich eine SMS verschicken." (Turkle 2012). Companion-Systeme haben diesen zeitdiagnostischen Befunden zufolge also gute Chancen, zum neuen „besten Freund des Menschen" zu avancieren.

4 Der Roboter vom Gegenüber zum Handlungsintegral

Empirische Befunde insbesondere aus ethnomethodologisch-konversationsanalytischen Studien werfen allerdings Zweifel an dieser zeitdiagnostischen These auf: Zum einen kann Susanne Günthner (2012) zeigen, dass es sich bei SMS-Kommunikation zwar um mittelbares Handeln handelt, das jedoch durchaus durch Dialogizität und Intersubjektivität, also durch Wechselseitigkeit (vgl. Luckmann 1992) gekennzeichnet ist. Die Studien von Antonia Krummheuer (2010) zum Umgang mit dem an der Universität Bielefeld entwickelten Konversationsagenten Max fördern zutage, dass diese keineswegs als Interaktionspartner angesehen werden (vgl. auch Krummheuer 2012). Vielmehr werden die Aktivitäten an Tastatur und Maus und die dadurch ausgelösten Vorgänge am Bildschirm in das Gespräch mit anderen Menschen integriert. Und die Untersuchungen von Daniela Böhringer und Stephan Wolff (2010) belegen, dass das, was ein technisches Artefakt wie z. B. der Computer für uns bedeutet, diesem nicht inhärent ist, sondern in wechselseitigen Handlungsvollzügen, in die der PC „inkorporiert" wird, situativ hervorgebracht wird. Ihrer Analyse institutioneller Gespräche zwischen Vertretern von Jobcentern zufolge wird der PC interaktiv zu etwas Sozialem gemacht: zum „Objekt", also „funktionalisiert", zum „Mitspieler", also „animiert", zum „Hintergrund", also „neutralisiert", oder aber zur „Un-Person", also „exkommuniziert" (vgl. Böhringer und Wolff 2009, S. 248).

Der Sinn, den Dinge für Akteure haben, steckt also nicht in den Dingen. Er steckt aber auch nicht in der Situation. Der Sinn, den etwas hat, hat es immer für jemanden, d. h. er wird *subjektiv konstituiert*. Ein Akteur handelt, d. h. z. B. er kommuniziert, unter Bezugnahme auf ein technisches Objekt und integriert dies dergestalt subjektiv sinnhaft – im Verstande eines Um-zu-Motivs – in die soziale Begegnung. Mit der Interpretation der Äußerung interpretiert alter ego auch egos Sinn des Objektes und reagiert entsprechend seiner Interpretation. Die durch ein Um-zu-Motiv angeleitete Handlung von ego wird dergestalt zum Weil-Motiv des Antworthandelns von alter ego (vgl. Schütz 1964, S. 14). In der Interaktion,

d. h. in den wechselseitigen körperlichen Handlungsvollzügen, wird Sinn also *objektiviert*. Der Sinn – von Kulturprodukten wie einem Musikstück, einem Bild, einem Auto oder einem Roboter – liegt also im Akt der Objektivierung (vgl. hierzu und zum folgenden Knoblauch 2012). ‚Objektivierung' ist sowohl als zeitlicher Prozess (i. S. körperlicher Expression) als auch als Materialität (i. S. von Zeichenträgern, Kleidern, Tattoos, Geschmack) zu begreifen. Mit Objektivierung ist also zum einen die soziale Vermittlung von subjektivem Sinn, d. h. die Transformation von Sinn in Wissen, und zum anderen die materiale Manifestation von Sinn (Objekte, Kulturgüter, Zeichenträger) gemeint.

Mit dem Begriff der „Objektivation" bezeichnen Berger und Luckmann (1969) ein essentielles Moment des dialektischen Konstruktionsprozesses: „Objektivation ist alles, was nicht mit einem kurzen Anflug von Bauchweh beginnt und gleich wieder aufhört. Also alles Soziale besteht aus verschiedenen Niveaus der Objektivierung" (Luckmann in Ayaß und Meyer 2012, S. 34). Berger und Pullberg (1988, S. 101) entfalten den Bedeutungshof in Abgrenzung vom undialektischen Verständnis von ‚Verdinglichung' bei Marx in hegelianischer Tradition als ‚Versachlichung' und ‚Vergegenständlichung': „Unter Vergegenständlichung (objectification) verstehen wir jenes Moment im Prozess der Versachlichung, in dem sich der Mensch vom Akt des Produzierens und von seinem Produkt distanziert, so dass das Produkt für ihn wahrnehmbar und zum Gegenstand des Bewusstseins wird. Der Begriff der Versachlichung ist somit der umfassendere, der auf alle menschlichen Produkte, materielle wie immaterielle, anwendbar ist. Vergegenständlichung ist ein engerer epistemologischer Begriff, der erfasst, wie die vom Menschen geschaffene Welt von ihm selbst wahrgenommen wird. So produziert der Mensch beispielsweise im Prozess der Versachlichung materielle Werkzeuge, die er dann mittels der Sprache vergegenständlicht, sie benennt und als solche erkennt, und über die er dann mit anderen kommuniziert." Mit Objektivierung ist also auch der Vorgang der Bezeichnung (Signifikation) und damit das (An-)Zeichenhafte von „Produkten" konnotiert.

Materialisierung und Institutionalisierung sind die zwei wesentlichen Formen von Objektivierung. Die uns interessierenden Roboter sind einerseits materialisierter Träger von Bedeutung; als Art und Weise, wie Akteure Handlungen mit ihnen ausführen, sind sie andererseits aber auch als Institutionen zu verstehen (vgl. Rammert 2006), „die Handlungsschritte mit Blick auf bestimmte Objekte regeln und ihnen eine erwartbare Form verleihen" (Knoblauch 2012, S. 37). Kurz: Technische Objekte und Technologien sind also nicht Handelnde, sondern – aufgrund des in diesen sedimentieren Sinns wirkmächtige – Strukturaspekte von Handlungen.

Neben Objektivierung, von Berger und Luckmann stärker in der Ausprägung von Institutionalisierung als Materialisierung in den Blick genommen, ist

Mediatisierung ein Schlüsselkonzept zum Verständnis gesellschaftlicher Wirklichkeitskonstruktionen und deren Wandel (vgl. grundlegend Krotz 2007b). Mit dem hier vertretenen wissenssoziologischen Ansatz wird ein Perspektivenwechsel vorgenommen: weg von der Frage, was Roboter (angeblich) machen, nämlich kommunizieren und interagieren, und was sie dadurch (angeblich) mit uns ‚machen', nämlich uns zu Wesen mit reduzierten Ansprüchen an Sozialität transformieren, und hin zur Frage, was wir mit Robotern machen, wenn und insofern wir sie als technische Medien in unsere alltäglichen und professionellen Handlungsvollzüge einbinden. Dabei ist das Augenmerk darauf zu lenken, welche Bedeutung der Roboter dabei erlangt, d. h. inwieweit er – möglicherweise abweichend von seinem vorgesehenen Zweck – instrumentalisiert und damit als Instrument unsichtbar wird, oder – etwa als Statusobjekt – sich als allgegenwärtig und aufgrund seiner Materialität, die sich immer auch als widerständig erweist, weil sie anders wirkt als erwartet, unübersehbar ist. In der Sichtbarkeit bzw. dem Unsichtbarsein, auf die van Loon (2008) hinweist, könnte in sozialer Hinsicht der wesentliche Unterschied zwischen Agenten und Robotern liegen.

Das derzeit am stärksten forcierte Einsatzgebiet sozialer Robotik ist die (Alten-)Pflege. Während Studien zur Robotik in der Pflege darauf abzielen, unter kaum kontrollierbaren Bedingungen bzw. um den Preis hoher Artifizialität die therapeutische ‚Wirksamkeit' von ‚social robots' zu ‚testen', bleibt der mit deren Integration evozierte Wandel der Pflege weitgehend ausgeblendet, die als eine in zeitlicher, räumlicher und sozialer Hinsicht komplexe Konstellation begriffen werden muss. Mit der Fokussierung auf dynamische „Pflegearrangements" (vgl. Krings et al. 2012) gerät also die durch die Kernaktivität der Pflege konstituierte „social world" (Shibutani 1955; Strauss 1978) in den Blick, die sich keineswegs erst durch die Einbindung von Robotern in eine ‚mediatisierte Welt' transformiert. Empirisch zugänglich wird der mit Technisierung und Mediatisierung einhergehende Wandel der in dieser (kleinen sozialen Lebens-)Welt geteilten Perspektiven und intersubjektiv verbindlichen Wissensvorräte im Zuge der Analyse der Verflochtenheit der Handlungsvollzüge und das in diese Vollzüge eingeflochtene Tableau technischer Medien, das durch den Roboter erweitert wird.[19] Als Analysekonzept schlägt Hepp (2012, S. 107) das des „Kommunikationsnetzwerks" vor, in dem sich die damit dezidiert deterritorial, d. h. z. B. über eine Pflegeeinrichtung hinausreichend konzipierte mediatisierte Welt gewissermaßen ‚artikuliert'. Die Grenzen der mediatisierten Welt werden also durch die – empirisch erfassbare

---

[19] Ein transmedialer Ansatz ist schon allein deshalb erforderlich, weil die oben skizzierten Roboter so konzipiert sind, dass andere Medienfunktionen wie Telefon, Email etc. in sie integriert sind und sie z. B. mit Pads bedient werden können.

– Reichweite des bzw. der verschiedenen eine mediatisierte Welt konstruierenden Kommunikationsnetzwerke bestimmt. Die Ordnung des Gesamtgefüges, d. h. die Wirklichkeitskonstruktion erschließt sich, wenn das Muster des Ineinandergreifens der netzwerkartig strukturierten (kommunikativen) Handlungsvollzüge im Verstande einer „kommunikativen Figuration" (Hepp 2012, S. 112) rekonstruiert wird.

Mit anderen Worten erstreckt sich das wissenssoziologische Interesse am Einsatz sozialer Robotik über die ineinander verflochtenen mediatisierten Handlungsvollzüge bis hin zur sozialen Ordnung von Pflegearrangements. Mit dem Konzept der ‚Mediatisierung', das sowohl den Wandel sozialen und kommunikativen Handelns als auch den Wandel von Kultur als Metaprozess in den Blick nimmt, kann die Brücke von der Mikro- zur Makroebene geschlagen werden. Denn ihren Ausgang nimmt die Beobachtung an den unmittelbaren Pflegeinteraktionen, deren Mediatisierung, d. h. an der zunehmenden Mittelbarkeit und Asynchronizität ebenso wie deren Verlagerung mittels „skopischer Medien" (Knorr-Cetina 2012a) in „synthetischen Situationen" (Knorr-Cetina 2012b) zum Gegenstand der Untersuchung zu machen ist. Mit dem konsequenten Nachvollzug des Vollzugs pflegerischen Handelns von der Hinter- zur Vorderbühne soll einer Verkürzung der Beobachtung auf die unkontextualisierte Interaktion zwischen Pflegekraft und Bewohner oder gar Bewohner und Roboter vorgebeugt werden. Denn dies erweist sich in diesem Setting als besonders eng, weil es die Pflegekräfte sind, die diese Technik ihrem jeweiligen Handlungsentwurf und dem „Grad der Fomalität" (Schnettler und Tuma 2007, S. 182) der Situation entsprechend in diese einbringen. Da sich die Bedeutung des Artefakts, das selber bereits einen sedimentierten Sinn trägt, im Rekurs auf das professionelle Selbstverständnis der Pflegekräfte und den sich in Handlungsempfehlungen niederschlagenden Organisationszweck konstituiert, der zur Einführung der Robotertechnik in die Pflegeeinrichtung bewogen hat, ist die Phase der Technik-Einführung besonders in den Blick zu nehmen (vgl. Eberle und Maeder 2011).

Eine Ethnographie des Pflegealltags dürfte zu Tage fördern, dass sich ein scheinbares ‚Von-sich-aus-Aktivwerden' des Geräts als (mitunter unbeabsichtigte) Nebenfolge des Handelns menschlicher Akteure erweist, so wie jeder Automatismus bzw. jede ‚Eigentätigkeit' des Roboters genetisch auf menschliches Handeln (statt auf Handlungsträgerschaft von Technik) zurückzuführen ist, weil das technische Artefakt – bis hin zu jener Software, die dieses ‚lernen' lässt – entsprechend programmiert worden ist. Eine ethnographische Semantikanalyse der Pflege dürfte die mit dem Technikeinsatz einhergehenden Tätigkeitselemente ans Licht befördern, die als neu und entlastend oder fremd und störend gedeutet werden können. Und eine fokussierte Ethnographie des pflegerischen Handlungsvollzugs dürfte die wechselseitigen Aktivitäten verschiedener Akteure hervor bringen, innerhalb dessen die Robotertechnik eigenen Interpretationsaufwand evoziert, da ihr eben nicht ein für alle Mal eine Bedeutung inhärent ist. Eine Variante des Umgangs mit dem Roboter könnte darin bestehen, dass die Pflegekraft bestimmte Ausführungsbestandteile ihrer Aktivität an das – in diesem Fall als Instrument verwendete – technische Artefakt delegiert, womit das pflegerische Handeln aber nicht zwischen ihr und dem technischen Artefakt ‚verteilt' wäre, sondern die Handlungssteuerung weiterhin in menschlicher Zuständigkeit, aber nicht unbedingt in alleiniger der Pflegekraft verbliebe, da der Einzug von High-Tech in Arbeitsfelder entweder die „Computerization" (Sawyer und Tapia 2003) eines Berufsstands nach sich ziehen kann oder Zuständigkeiten auf verschiedene Berufsgruppen wie z. B. pflegerischen und technischen Personals verteilen kann.

5 Fazit

Avancierte Techniken wie ‚social robots' und ‚artificial companions' werden die Kultur verändern. Sie sind jedoch kein Gegenüber, kein neuer Sozialpartner, Kamerad, Begleiter, Freund, sondern ein integrales und interpretationsbedürftiges Moment sozialen und kommunikativen Handelns. Im Vollzug dieses Handelns bringen Menschen unter Einbindung technischer Medien Wirklichkeit hervor. Die Rekonstruktion dieser medial vermittelten Konstruktion von Wirklichkeit und deren Wandel ist die Aufgabe, die sich wissenssoziologisch stellt.

Literatur

Adelmann, Ralf. 2011. Von der Freundschaft in Facebook. Mediale Politiken sozialer Beziehungen in Social Network Sites. In *Generation Facebook. Über das Leben im Social Net*, Hrsg. Oliver Leistert, und Theo Röhle, 127–144. Bielefeld: Transcript.

Ayaß, Ruth, und Christian Meyer. 2012. „Alles Soziale besteht aus verschiedenen Niveaus der Objektivierung". Ein Gespräch mit Thomas Luckmann. In *Sozialität in Slow Motion*, Hrsg. Ruth Ayaß, und Christian Meyer, 21–39. Wiesbaden: VS Verlag für Sozialwissenschaften.

Berger, Peter L., und Thomas Luckmann. 1969. *Die gesellschaftliche Konstruktion der Wirklichkeit*. Frankfurt a. M.: Fischer.

Berger, Peter L., und Pullberg Stanley. 1965. Verdinglichung und die soziologische Kritik des Bewusstseins. *Soziale Welt* 16 (2): 97–112.

Bergmann, Jörg. 1988. Haustiere als kommunikative Ressourcen. In *Kultur und Alltag*, Hrsg. Soeffner Hans-Georg, 299–312. Göttingen: Schwartz.

Biundo, Susanne, und Andreas Wendemuth. 2010. Von kognitiven technischen Systemen zu Companion-Systemen. *KI* 24 (4): 335–339.

Böhle, Knud, und Kolja Bopp. 2013. What a vision: The artificial companion in elderly care. A piece of vision assessment. In: sti-studies (special issue "Artifical Companions") (im Erscheinen).

Böhringer, Daniela, und Stephan Wolff. 2010. Der PC als „Partner" im institutionellen Gespräch. *Zeitschrift für Soziologie* 39 (3): 233–251.

Breazeal, Cynthia. 2002. *Designing sociable robots*. Cambridge MA: MIT Press.

Breazeal, Cynthia. 2003. Towards sociable robots. *Robotics and Autonomous Systems* 42 (3–4): 167–175 (Terry Fong).

Breazeal, Cynthia. 2005. Socially intelligent robots. *Interactions* 12 (2): 19–22.

Cerulo, Karen A. 2009. Nonhumans in social interaction. *Annual Review of Sociology* 35 (1): 531–552.

Dautenhahn, Kerstin, et al., Hrsg. 2002. *Socially intelligent agents: Creating relationships with computers and robots*. Norwell: Kluwer.

Eberle, Thomas, und Christoph Maeder. 2011. Organisational ethnography. In *Qualitative research*, Hrsg. David Silverman, 54–73. Thousand Oaks: Sage.

Echterhoff, Gerald et al. 2006. ‚Social Robotics' und Mensch-Maschine-Interaktion. Aktuelle Forschung und Relevanz für die Sozialpsychologie. *Zeitschrift für Sozialpsychologie* 37 (4): 219–231.

Fong, Terrence, et al. 2003. A survey of socially interactive robots. *Robotics and Autonomous Systems* 42 (3–4): 143–166.

Günthner, Susanne. 2012. „Lupf meinen Slumpf": Die interaktive Organisation von SMS-Dialogen. In *Sozialität in Slow Motion*, Hrsg. Ruth Ayaß, und Meyer Christian, 353–372. Wiesbaden: VS Verlag für Sozialwissenschaften.

Hepp, Andreas. 2012. Die kommunikativen Figurationen mediatisierter Welten: Zur Mediatisierung der kommunikativen Konstruktion von Wirklichkeit. In *Kommunikativer Konstruktivismus*, Hrsg. Hubert Knoblauch Keller Reiner, und Jo Reichertz, 97–120. Wiesbaden: VS Verlag für Sozialwissenschaften.

Hironori, Matsuzaki. 2010. Gehorsamer Diener oder gleichberechtigter Partner? Überlegungen zum gesellschaftlichen Status von humanoiden Robotern in Japan. *Technikgeschichte* 77 (4): 373–390.

Hitzler, Ronald. 2012. Das obskure Objekt der Wissbegierde – Wie können wir von Menschen im Wachkoma etwas in Erfahrung bringen? Referat bei der Tagung „Methodische Herausforderungen an den Grenzen der Sozialwelt" am 13./14. April 2012 an der Universität Mainz.

Hitzler, Ronald, Anne Honer, und Michaela Pfadenhauer. 2008. Zur Einleitung: „Ärgerliche" Gesellungsgebilde? In *Posttraditionale Gemeinschaften*, Hrsg. Anne Honer Hitzler Ronald, und Michaela Pfadenhauer, 9–31. Wiesbaden: VS Verlag für Sozialwissenschaften.

IFR Statistical Department, Hrsg. 2012. World Robotics – Service Robotics. http://www.worldrobotics.org/uploads/tx_zeifr/30_08_2012_PI_IFR_Serviceroboter.pdf.

Knoblauch, Hubert. 2012. Grundbegriffe und Aufgaben des kommunikativen Konstruktivismus. In *Kommunikativer Konstruktivismus*, Hrsg. Reiner Keller, Hubert Knoblauch, und Jo Reichertz, 25–47. Wiesbaden: VS Verlag für Sozialwissenschaften.

Knoblauch, Hubert, und Bernt Schnettler. 2004. „Postsozialität", Alterität und Alienität. In *Der maximal Fremde. Begegnungen mit dem Nichtmenschlichen und die Grenzen des Verstehens*, Hrsg. Michael Schetsche, 23–41. Würzburg: ERGON Verlag.

Knorr-Cetina, Karin. 1998. Sozialität mit Objekten. Soziale Beziehungen in post-traditionalen Wissensgesellschaften. In *Technik und Sozialtheorie*, Hrsg. Werner Rammert, 83–120. Frankfurt a. M.: Campus.

Knorr-Cetina, Karin. 2007a. Postsoziale Beziehungen: Theorie der Gesellschaft in einem postsozialen Kontext. In Kulturen der Moderne, Hrsg. Thorsten Bonacker und Andreas Reckwitz, 267–300. Frankfurt a. M.: Campus.

Knorr-Cetina, Karin. 2007b. Umrisse einer Soziologie des Postsozialen. In *Kognitiver Kapitalismus*, Hrsg. Pahl Hanno, und Meyer Lars, 25–39. Marburg: Metropolis.

Knorr-Cetina, Karin. 2012a. Skopische Medien. In *Mediatisierte Welten. Forschungsfelder und Beschreibungsansätze*, Hrsg. Krotz Friedrich, und Hepp Andreas, 167–196. Wiesbaden: Springer VS Verlag für Sozialwissenschaften.

Knorr-Cetina, Karin. 2012b. Die synthetische Situation. In *Sozialität in Slow Motion*, Hrsg. Ayaß Ruth, und Meyer Christian, 81–109. Wiesbaden: VS Verlag für Sozialwissenschaften.

Krings, Bettina. J., Knud Böhle, Michael Decker, Linda Nierling, und Christoph Schneider. 2012. ITA-Monitoring „Serviceroboter in Pflegearrangements† – Kurzstudie. Karlsruhe. ITAS Pre-Print vom 04.12.2012. http://www.itas.fzk.de/deu/lit/epp/2012/krua12-pre01.pdf.

Krotz, Friedrich. 2007a. Der AIBO – Abschied von einem Haustier aus Plastik und Metall. In *Medienalltag. Domestizierungsprozesse alter und neuer Medien*, Hrsg. Jutta Röser, 234–235. Wiesbaden: VS Verlag für Sozialwissenschaften.

Krotz, Friedrich, Hrsg. 2007b. *Mediatisierung: Fallstudien zum Wandel von Kommunikation*. Wiesbaden: VS Verlag für Sozialwissenschaften.

Krotz, Friedrich. 2008. Posttraditionale Vergemeinschaftung und mediatisierte Kommunikation. Zum Zusammenhang von sozialem, medialem und kommunikativem Wandel. In *Posttraditionale Gemeinschaften. Theoretische und ethnographische Erkundungen*, Hrsg. Anne Honer Ronald Hitzler, und Michaela Pfadenhauer, 151–169. Wiesbaden: VS Verlag für Sozialwissenschaften.

Krummheuer, Antonia. 2010. *Interaktion mit virtuellen Agenten. Zur Aneignung eines ungewohnten Artefakts*. Stuttgart: Lucius & Lucius.

Krummheuer, Antonia. 2012. Künstliche Interaktionen mit Embodied Conversational Agents. Eine Betrachtung aus Sicht der interpretativen Soziologie. *Technikfolgenabschätzung – Theorie und Praxis* 20 1:32–38.

Lange, Julia, und Jörg Frommer. 2011. Subjektives Erleben und intentionale Einstellung in Interviews zur Nutzer-Companion-Interaktion. Vortrag gehalten auf: INFORMATIK 2011– Informatik schafft Communities. 41. Jahrestagung der Gesellschaft für Informatik, 4.-7.10.2011, Berlin.

Levy, David. 2010. Falling in love with a Companion. In *Close engagement with artificial companions*, Hrsg. Yorick Wilks, 89–93. Amsterdam: John Benjamins Publishing.
Lindemann, Gesa. 2005. Die Verkörperung des Sozialen. Theoriekonstruktion und empirische Forschungsperspektiven. In *Soziologie des Körpers*, Hrsg. Markus Schröer, 114–138. Frankfurt a. M.: Suhrkamp.
Lindemann, Gesa. 2008. Lebendiger Körper – Technik – Gesellschaft. In *Die Natur der Gesellschaft. Verhandlungen des 33. Kongresses der Deutschen Gesellschaft für Soziologie in Kassel*, Hrsg. Karl-Siegbert Rehberg, 689–704. Frankfurt a. M.: Campus.
Loon, Joost van 2008. *Media technology*. Maidenhead: Open University Press.
Luckmann, Thomas. 1992. *Theorie des sozialen Handelns*. Berlin: de Gruyter.
Mehler, Alexander. 2009. Artifizielle Interaktivität. Eine semiotische Betrachtung. In: *Medienwandel als Wandel von Interaktionsformen – von frühen Medienkulturen zum Web 2.0*, Hrsg. Tilmann Sutter und Alexander Mehler, 107–134. Wiesbaden: VS Verlag für Sozialwissenschaften.
Meister, Martin. 2011. Soziale Koordination durch Boundary Objects am Beispiel des heterogenen Feldes der Servicerobotik. Dissertation, Berlin: TU Berlin.
Meyer, Sibylle. 2011. *Mein Freund der Roboter, Servicerobotik für ältere Menschen – eine Antwort auf den demografischen Wandel?* Berlin: VDE.
del Moral, Sergio, Diego E. Pardo, und Cecilio Angulo. 2009. Social robot paradigms: An overview. *IWANN* 1:773–780.
Mori, Masahiro. 1970. The Uncanny valley. *Energy* 7 (4): 33–35.
van Oost, Ellen und Darren Reed. 2010. Towards a sociological understanding of robots as companions. *HRPR* 59:11–18.
Picard, Rosalind. 1997. *Affective computing*. Cambridge: MIT Press.
Pfadenhauer, Michaela. 2010. Unvermutete Lernorte. Bildungsaspekte von Jugendszenen. In *Mensch – Gruppe – Gesellschaft (Festschrift für Manfred Prisching in zwei Bänden)*, Hrsg. Christian u. a. Brünner, 565–578. Wien: Neuer Wissenschaftlicher Verlag (NWV).
Rammert, Werner. 2006. Die technische Konstruktion als Teil der gesellschaftlichen Konstruktion der Wirklichkeit. In *Zur Kritik der Wissensgesellschaft*, Hrsg. Hubert Knoblauch Dirk Tänzler, und Hans-Georg Soeffner, 83–100. Konstanz: UVK.
Rammert, Werner. 2011. Distributed agency and advanced technology. Or: How to analyse constellations of collective inter-agency. Technical University Technology Studies. Working Papers TUTS-WP-3-2011.
Rieger, Burkhard B. 2001. Computing granular word meanings. A fuzzy linguistic approach in computational semiotics. In *Computing with words*, Hrsg. Paul P. Wang, 147–208. New York: Wiley.
Sawyer, Steve, und Andrea Tapia. 2003. The computerization of work: A social informatics perspective. In *Computers in society: Privacy, ethics & the internet*, Hrsg. Joey F. George, 93–109. Upper Saddle River: Prentice Hall.
Schnettler, Bernt, und René Tuma. 2007. Pannen – Powerpoint – Performanz – Technik als >handelndes Drittes< in visuell unterstützten mündlichen Präsentationen? In *Powerpoint-Präsentationen. Neue Formen der gesellschaftlichen Kommunikation von Wissen*, Hrsg. Schnettler Bernt, und Hubert Knoblauch, 163–188. Konstanz: UVK.

Scholtz, Christopher P. 2008. *Alltag mit künstlichen Wesen. Theologische Implikationen eines Lebens mit subjektsimulierenden Maschinen am Beispiel des Unterhaltungsroboters Aibo.* Göttingen: Vandenhoeck & Ruprecht.
Schütz, Alfred. 1964. The social world and the theory of action. In *Collected papers II*, Hrsg. Arvid Brodersen, 3–19. The Hague: Nijhoff.
Shibutani, Tamotsu. 1955. Reference groups as perspectives. *American Journal of Sociology* 60 (6): 562–569.
Soeffner, Hans-Georg. 1988. Kulturmythos und kulturelle Realität(en). In *Kultur und Alltag. Sonderband 6 der Zeitschrift Soziale Welt*, Hrsg. Hans-Georg Soeffner, 3-20, Göttingen: Schwartz.
Star, Susan L., und James R. Griesemer. 1989. Institutional ecology, ,Translations', and boundary objects: Amateurs and professionals in Berkeley's Museum of Vertebrate Zoology. *Social Studies of Science* 19: S. 387–420.
Strauss, Anselm. 1978. A Social Worlds Perspective. *Studies in Symbolic Interaction* 1 (1): 119–128.
Suchman, Lucy. 2007. *Human technology reconfigurations. Plans and situated actions.* Cambridge: University Press.
Turing, Alan M. 1950. Computing machinery and intelligence. In *MIND*, a quarterly review of psychology and philosophy. Vol. *LIX*. No. *236*, S. 433–460.
Turkle, Sherry. 1984. *The second self. Computers and the human spirit.* New York: Simon & Schuster.
Turkle, Sherry. 2006. A Nascent Robotics Culture. New Complicities for Companionship. AAAI Technical Report Series, July 2006.
Turkle, Sherry, Hrsg. 2007. *Evocative objects. Things we think with.* Cambridge: MIT-Press.
Turkle, Sherry. 2010. In good company? On the threshold of robotic companions. In *Close Engagement with Artificial Companions*, Hrsg. Yorick Wilks, 3–10. Amsterdam: John Benjamins.
Turkle, Sherry. 2011. *Alone together. Why we expect more from technology and less from each other.* New York: Basic Books.
Turkle, Sherry. 2012. Wir müssen reden. Laptops, Smartphones, Tablets. Die digitale Technik verändert nicht nur unsere Kommunikation – sie verändert uns. In: DIE ZEIT, 3. *Mai* 2012:11.
Weizenbaum, Josef. 1966. Eliza – a computer program for the study of natural language communication between man and machine. *Communications of the ACM* 9 (1): 36–45.
Wilks, Yorick. 2010. Introducing artificial companions. In *Close Engagement with Artificial Companions*, Hrsg. Yorick Wilks, 11–20. Amsterdam: John Benjamins Publishing.
Yumakulov, Sophya, Dean Yergens, und Gregor Wolbring. 2012. Imagery of people with disabilities within social robotics research. In *Proceeding of the ICSR 2012, LNAI (7621)*, (Hrsg.). S. S. Ge et al., 168–177. Berlin: Springer.

Leben im elektronischen Panoptikum

Die mediatisierte Alltäglichkeit von Observation und Exhibition

Ronald Hitzler

1 Vorbemerkung

Mediatisierte Handlungsweisen stehen alltäglichen Handlungsweisen keineswegs gegenüber. Mediatisierung ist vielmehr Teil, in der Regel ein (relativ) selbstverständlicher Teil des Alltags schlechthin. Grundsätzlich können wir feststellen, dass Handlungsweisen dadurch mediatisiert werden, dass a) Medientechnologien die Handlungsmöglichkeiten erweitern, b) Handlungsformen zumindest modifiziert, wenigstens teilweise aber auch substituiert werden, c) das Handeln im einfachsten Falle mit Mediennutzung einhergeht, in komplizierteren Fällen mit Mediennutzung ‚verschmilzt', und d) das, was Menschen tun, der bzw. einer bestimmten ‚Medienlogik' folgt (vgl. zum Letzteren Altheide und Snow 1979). Unter mediatisierten Handlungsweisen – im Weiteren solche der Observation und der Exhibition – verstehe ich, einem Vorschlag von Stig Hjarvard (2008, S. 113) folgend, also solche, die gravierend durch irgendwelche Medien und deren ‚Logik' (im Verstande von Funktionsprinzipien bzw. von Pfadabhängigkeit) geprägt sind.

2 Mediatisierung von Sehen und Gesehen-Werden

Mediatisierung in dem vorgenannten Sinne betrifft hier einerseits den universalhistorischen Umstand, dass Menschen, die nicht sehlos (= blind?) sind, ganz alltäglich und mehr oder weniger ständig hinschauen zu anderen Menschen, dass Menschen

R. Hitzler (✉)
TU Dortmund, Lehrstuhl für Allgemeine Soziologie,
44221 Dortmund, Deutschland
E-Mail: ronald@hitzler-soziologie.de

sich gegenseitig anschauen, auch anstarren, dass sie einander beobachten, ausspähen und überwachen. Andererseits betrifft diese Mediatisierung den ebenfalls universalhistorischen Umstand, dass Menschen sich mehr oder weniger freiwillig, mehr oder weniger gern anschauen *lassen*, sich anderen zeigen, sich vor anderen mehr oder weniger entblößen, sich exhibitionieren. Menschen schenken anderen Menschen vor allem im Schauen Aufmerksamkeit, und Menschen lenken vor allem schauende Aufmerksamkeit auf sich. Menschen kontrollieren vor allem durch Hinsehen aber auch andere Menschen, und Menschen wähnen sich in der Regel kontrolliert, wenn sie den Blicken anderer ‚schutzlos' ausgesetzt sind. Manche Arten des Angesehen Werdens bereiten (manchen) Menschen Behagen, andere bereiten (manchen) Menschen Unbehagen. Manche Blicke sind wohlwollend, liebevoll, respektvoll, bewundernd gemeint, andere sind als abschätzig, verächtlich, herabwürdigend, verletzend konnotiert. All diese Formen des Schauens und Angeschaut Werdens sind eigentlich ganz banale Elemente des alltäglichen Miteinanders (zumindest) von Menschen. (Und manche dieser Formen werden für manche der Beteiligten manchmal zu – angenehmen oder unangenehmen, jedenfalls zu aus dem alltäglichen Dahinleben herausgehobenen – Erlebnissen.)

Menschen nutzen visualisierungstechnologische Innovationen immer auch, um Schauen und Angeschaut Werden zu intensivieren bzw. auszuweiten: „Hochzeits- und Urlaubsvideos, Videotagebücher und Webcams demonstrieren zusammen mit Überwachungsvideos in Bussen, Bahnen und auf öffentlichen Plätzen und den zahlreichen Formen der Video-Kunst, dass Video zu einem Medium avanciert ist, das weite Bereiche unseres Alltags durchzieht. Auch in der Arbeitswelt spielen videogestützte Kommunikationsformen wie etwa Videokonferenzen eine immer größere Rolle. Zudem ist erwartbar, dass mit der Einführung der UMTS-Technik mobile videovermittelte Kommunikation wie etwa MMS eine wachsende Bedeutung für unsere Kommunikation im Alltag wie im Arbeitsleben haben wird. Die damit einhergehenden Veränderungen im Kommunikationsverhalten dürften kaum zu überschätzen sein, selbst wenn man die These eines ‚dauerhaften visuellen' Kontakts in der Distanzkommunikation wohl (noch) für übertrieben halten darf" (Knoblauch und Schnettler (2007, S. 585). Mediatisierung meint hier also die Ergänzung, Überlagerung oder Ersetzung des Hinsehens und Angesehen Werdens in der Face-to-Face-Beziehung durch Visualisierungstechnologien – beginnend sozusagen mit einfachen Technologien zur Verstärkung des Sehvermögens und derzeit besonders virulent in den von Karin Knorr Cetina (2012) studierten „skopischen Medien" und den immer allgegenwärtiger werdenden digitalen Datenspuren. Vor diesem Hintergrund werde ich mich im Weiteren mit dem Phänomen des technologisch avancierten ‚Ineinandergreifens' von zeitgenössischer Observation hier und zeitgeistiger Exhibition da befassen (dabei beziehe ich mich auf Hitzler 2007 und 2009).

3 Zur Begrifflichkeit

Dass das Panoptikum ursprünglich ein von dem liberalen britischen Philosophen Jeremy Bentham (1748–1832) entwickeltes Konzept zum Bau von personaleffizienten Überwachungsanlagen bezeichnet, und dass der französische Diskurs-Philosoph Michel Foucault (1926–1984) darin ein Modell der modernen, von ihm so genannten „Disziplinargesellschaft" gesehen hat, das können wir zwischenzeitlich alles längst in Wikipedia nachlesen. In der dort aufgeführten, kurzen Literaturliste finden wir auch den Verweis auf David Lyons „The Electronic Eye" von 1994 bzw. auf das dort enthaltene Kapitel „From Big Brother to *Electronic Panopticon*" (S. 57–80).

Neben der dominanten Lesart der Nicht-Ausschließbarkeit einer allgegenwärtigen Dauerbeobachtung durch den (potentiell) Beobachteten schwingt in meinem Verständnis vom elektronischen Panoptikum jedoch stets auch die andere, in Wikipedia ebenfalls genannte, Variante des Panoptikums als einer *Kuriositätenschau* mit. Und damit meine ich keineswegs nur unsere (medien-)*kulturell* grenzenlose Neugier auf alles noch nicht Gesehene, also unseren zumindest *kollektiv* schrankenlosen Voyeurismus, sondern ich meine ebenso sehr auch das Gegenstück dazu: unseren nachgerade epidemischen Exhibitionismus, dem mehr oder weniger lustvoll frönend wir uns selber als Kuriositäten ‚vermarkten' – wobei wir selbstredend in kaum zählbar vielen „feinen" Abstufungen und Nuancierungen agieren.

Im *Disziplinar-Panoptikum* geht es darum, dass sich alle so verhalten, als würden sie ständig beobachtet. Im *Kuriositäten-Panoptikum* geht es darum, dass sich alle so verhalten, als *verdienten* sie (ständige) Aufmerksamkeit. Wenn alle sich so verhalten, als würden sie ständig beobachtet, d. h., wenn alle zulassen, prinzipiell beobachtet zu werden, dann bilden sie für diejenigen, die sie tatsächlich beobachten, insgesamt ein unbegrenztes Bild und damit das, was wir als ein *„Panorama"* bezeichnen. Wenn alle sich so verhalten, als verdienten sie (ständige) Aufmerksamkeit, bzw. wenn alle alles ihnen nur denkbar Mögliche tun, um auf sich aufmerksam zu machen, dann fokussieren sie die Blicke derjenigen, die sie beobachten, auf sich, stellen sich also als allseits betrachtbar in den Mittelpunkt und konstituieren damit das, was Gunnar Schmidt (2003) als *„Zentrorama"* zu bezeichnen vorgeschlagen hat.[1]

---

[1] „Stand ehedem der einsame Beobachter im Zentrum, in einem dunklen Turm, um sich in die um ihn ausgerollten Vielheiten vertiefen zu können, reflektieren jetzt die verteilten Blicke zurück auf das erleuchtete Zentrum: Das Subjekt im Mittelpunkt erblindet und weiß sich zum Objekt einer Blickvielheit gemacht. Eine einfache Umgruppierung der Elemente, eine Inversion des Blicks machen aus dem Panopticon/Panorama ein Zentrorama, einen geschauten

Die Idee des Zentroramas betrachte ich als analytisch präzisierende Erweiterung des Panoptikum-Konzeptes: Nicht nur im Hinblick darauf, *von wo* aus ich gesehen werden kann, sondern auch im Hinblick darauf, *als was* ich gesehen werden kann. Und so wie sich die Idee des Panoptikums anhaltend in der Benthamschen Vision symbolisiert, so lässt sich m. E. die Idee des Zentroramas in der Architektur der *Peepshow* versinnbildlichen: Geschaut werden kann von allen Seiten auf das sich in der Mitte drehende Objekt, das seinerseits (durch die geöffneten Sichtblenden) informiert wird darüber, wie viel Aufmerksamkeit es erfährt. Unter den Bedingungen elektronischer Visualisierung, so will ich im weiteren zu plausibilisieren versuchen, sind wir alle in beiderlei Hinsicht Beobachtete ebenso wie Beobachter, Kontrollierte ebenso wie Kontrolleure, aber eben auch Schausteller ebenso wie Schaulustige.

4 Die obrigkeitliche, die kommerzielle und die private Überwachung

Dass wir uns sozusagen selber dabei zuschauen, wie wir uns einrichten in einem immer umfassenderen und dichteren Netz von aufzeichnenden Apparaten und Analyseprogrammen, die immer mehr von uns und unserem Alltag erfassen – und gegebenenfalls auch deuten, das liegt durchaus in der ‚Logik' eines elektronischen Panoptikums im Sinne Benthams und Foucaults (und zunächst eben nicht im Sinne der alten Kuriositäten-Schauen). Denn das strafarchitektonische bzw. das disziplinargesellschaftliche Panoptikum als solches dient im Wesentlichen ja dazu, das schlechte Gewissen, das böse Menschen bekanntlich nicht haben, überwachungstechnologisch zu simulieren. Es impliziert eine Überwachung, die sichtbar, aber uneinsehbar und eben dadurch eine prinzipielle ist. Die elektronische Variante, die statt durch eine spezielle Architektur durch eine spezielle *Apparatur* geprägt ist, speichert im Bedarfsfalle, was sie von uns aufzeichnet, und sie führt – zumindest in ihren avancierteren Formen – ‚unsere' Daten zu dem zusammen, was man unter Fachleuten ein Bewegungs- bzw. Verhaltensprofil nennt.

Das elektronische Panoptikum impliziert also nicht einfach das Sammeln von Informationen im Allgemeinen oder das am Neuigkeitswert orientierte Suchen

---

Mittelpunkt. (…). Die ‚beobachtete Einsamkeit' der Vielen im panoptisch organisierten Gefängnis oder in der Klinik weicht im Zentrorama einer panoptischen Beobachtung, Aufzeichnung und Totalisierung des Einzelnen. (…) Der minutiöse Blick der panoptischen Inversion (…) überhöht das Individuum, an dem jede Einzelheit Auskunft geben kann über seine Eigenart". (Schmidt 2003) nach Informationen, sondern auch und vor allem die Praxis des Erfassens und Speicherns von Daten, die einen Observator in die Lage versetzt, im Rekurs auf ein ‚Identifizierungswissen' in irgendeiner Weise *Kontrolle* über den bzw. die Observierten auszuüben. Gesellschaftliche Überwachungsverhältnisse werden deshalb gemeinhin als Bastionen fremd- und selbstverschuldeter Unmündigkeit bzw. Entmündigung diskutiert.

Parallel zur Ausbreitung *obrigkeitlicher* Überwachung öffentlicher Räume bzw. der darin (miteinander) verkehrenden Bürger nehmen allenthalben – und weit schneller und ‚skrupelloser' – die kommerziellen Überwachungen unterschiedlichster Arbeits- und Konsumstätten bzw. der dort Beschäftigten und der Kunden zu. Alles in allem sind derzeit mehrere hundert tausend Kameras nachgerade überall installiert, wo wir uns bewegen: auf Bahnhöfen und Tankstellen, in U-Bahn-Stationen, Banken und Kaufhäusern, in Museen, Industrieanlagen und Firmengebäuden. Gleichwohl gilt die Bundesrepublik unter Experten noch immer als Entwicklungsland in Sachen elektronischer Observierung – gegenüber z. B. Großbritannien, wo die Leute sich tagtäglich nicht nur vor den Objektiven von mehreren *Millionen* staatlicher und ‚privater' Video-Kameras bewegen, sondern bei etwelchen Ordnungsverstößen über Lautsprecher auch direkt aufgerufen werden, ihr Fehlverhalten zu revidieren. Fliegende Kameras (sogenannte Drohnen) – auch für Infrarot- und Wärmebildaufnahmen – sind ebenfalls bereits seit einiger Zeit im Überwachungseinsatz. Und der nächste Schritt dieser Entwicklung hin zur massenhaften elektronischen Konstruktion unserer individuellen Bewegungs- und Persönlichkeitsprofile wird wohl die Erfassung von individuellen Funketiketten (RFID-Tags) bzw. von Identifikations-Mikrochips mit der Ultra Wide Band Technik (UWB) sein.

5 Zwischen Hinnahme und Begierde

Interessanter Weise scheinen die meisten von uns zwischenzeitlich durchaus wahrzunehmen, dass wir längst zu Objekten allgegenwärtiger Observationsinteressen geworden sind, und dass sich diese Observationsinteressen in allen möglichen Dimensionen immer weiter ausdehnen, intensivieren und verfeinern. Während „verloren" gegangene, geheime Bankdaten die Kunden mit Blick auf mögliche finanzielle Verluste zwar durchaus beunruhigen, und vor allem im Zuge irgendwelcher Skandalierungen irgendwelcher Lausch- und Luk-Angriffe dann auch stets ein gewisses Unbehagen in der Bevölkerung über unerwünschte Datenspeicherungen und Datenvernetzungen konstatiert wird, nehmen die meisten die immer unabsehbarere Ausweitung der bildgebenden Überwachungsanlagen wie auch deren informationstechnisch immer ‚intelligentere' elektronische Hochrüstung – etwa mit Computerprogrammen zur Gesichtsidentifizierung oder gar zur Entdeckung ‚unnormalen' Fußgänger-Verhaltens – meistens zumindest billigend in Kauf, während sich gegen die vergleichsweise harmlose „Volkszählung" in den 1980er Jahren seinerzeit ja ein ziemlich heftiger sogenannter bürgerlicher Widerstand formiert hat. D. h., dass augenscheinlich immer mehr von uns die ‚Logik' akzeptieren, der zufolge die Produktion zumindest unseres Vertrauens auf eine gewisse Sicherheit für Leib und Leben eben mit persönlichen Lästigkeiten und Behelligungen einhergehen müsse. Immer mehr von uns finden es richtig und gut, dass man den Bösen dieser Welt von Staats wegen wie auch zu unserem Schutz als Kunden und Klienten genauer – und das bedeutet vor allem: technologisch armiert – auf die Finger schaut. Und es irritiert uns augenscheinlich nicht sonderlich, dass dabei eben auch wir selber gleich mit beobachtet werden, auch wenn wir selbstverständlich Dinge tun, die nur uns selber oder nur ganz bestimmte andere etwas angehen. Folglich verhallen die Einreden der Datenschützer und Gesellschaftskritiker gegenwärtig in der Regel auch eher ungehört oder zumindest kaum beachtet.

Entwicklungen wie Festplatten-Durchspähungen, Terahertz-Strahlen-Scans und die Speicherung biometrischer Daten: diese Entwicklungen registrieren die Menschen sehr wohl. Aber sie registrieren eben auch, dass das für sie selber ‚privat' eher selten spürbare Konsequenzen zeitigt. Und das wiederum ist ein moralpolitisch möglicherweise zweifelhafter, in alltagspragmatischer Hinsicht hingegen ausgesprochen wichtiger, und m. E. zu wenig diskutierter, Grund dafür, warum Menschen heute eher meinen, eigentlich ganz gut mit einem Mehr an Observation leben zu können. Ja mehr noch: Vieles deutet darauf hin, dass in dem Maße, in dem einerseits der Terror – als akutes Synonym gleichsam für Bedrohliches schlechthin – näher rückt und in dem andererseits auf bürgerliche Verhaltens- und Verkehrs-‚Regeln' immer weniger Verlass ist, wir williger, ja sogar begieriger werden, diesen Entwicklungen mit mehr oder weniger allen verfügbaren Mitteln gegen zu steuern.

Vereinfacht gesagt neigen die meisten Menschen datenerfassungstechnisch zu ebenso beiläufigen wie von Situation zu Situation wechselnden Kosten-Nutzen-Kalkulationen: Im Kreise zuverlässig sicherheitsgecheckter Mitreisender fliegt es sich signifikant sorgloser. Nicht nur bärtige Attentäter, sondern auch weltweit vernetzte Kinderpornografen hinterlassen anscheinend nicht (jedenfalls nicht ohne weiteres) zu tilgende Datenspuren, usw. – Und wenn schon, warum dann nicht auch *selber* solche Daten sichern? Warum nicht ein paar Kameras installieren in den Hauseingängen, Fluren, Aufzügen – und schließlich auch auf den Toiletten unserer Büro- und auch unserer Wohngebäude?

„Big Brother kommt heim" hat das Magazin „Focus" bereits im Sommer 2007 konstatiert, nicht zuletzt, weil die entsprechenden (audio-)visuellen Apparaturen inzwischen für wenige hundert Euro von jedermann mit dem häuslichen PC zu gut funktionierenden privaten Überwachungssystemen vernetzt werden können. Jedenfalls geschieht die elektronische Panoptisierung längst keineswegs mehr einseitig unter den Vorzeichen staatlicher Kontrollhypertrophie oder zugunsten kommerzieller Datensammelwut, sondern wird mehr und mehr auch zu beruflichen und privaten Observierungen genutzt.

6 Die Simulation panoptischer Verhältnisse

Vermutlich hat der augenfällige Bewusstseinswandel der meisten Zeitgenossen aber nicht *nur* zu tun mit wesentlich deutlicheren und scheinbar konkreteren Gefährdungswahrnehmungen und mit infolgedessen gestiegenen Sicherheitsbedürfnissen. Vermutlich hat dieser Bewusstseinswandel auch zu tun mit der ambivalenten ‚Natur' des elektronischen Panoptikums selber, in das wir uns deshalb auch weniger *ergeben* als *begeben* (haben). Thomas Levin (2001, S. 5) z. B. konstatiert, dass Überwachung ‚an sich' eben bedrohlich *und* faszinierend zugleich sei, und dass die Filmindustrie anhaltend erfolgreich mit dieser Ambivalenz spiele und dergestalt faktisch von den Gefahren umfassender Überwachung ablenke, „weil wir durch unseren Zugang zur Überwachung visuelles Vergnügen empfinden, was die optische Bespitzelung banalisiert und bestätigt, dass sie eigentlich ganz harmlos und im Grunde genommen eine höchst nützliche und angenehme Beschäftigung ist". Winfried Pauleit meint denn auch, dass diese allgegenwärtige Visualisierungslust „die Videoüberwachung zur Kriminalitätsbekämpfung bald so unbrauchbar machen könnte, wie das Penicillin gegenüber resistenten Bakterien bei bestimmten Krankheiten".

Durch besonders auffällige, weil ausgefallene Selbstinszenierungen vor der eigenen Kamera sind zuvor völlig unbekannte Menschen längst zu sogenannten youtube-Stars geworden in einem jenseits (oder auch diesseits) der herkömmlichen Massenmedien weltweit genutzten Medium. Aber nicht nur bei den Mini-Film-Konserven auf Youtube gilt die Persönlichkeitsoffenbarung als besonders attraktiv. Im Internet schlechthin besonders ‚gefragt' sind sogenannte Livestreams von solchen Webcams, die auf Personen und – vom nicht nachlassenden Interesse an sexuellen bzw. pornographischen Handlungen einmal abgesehen – die vor allem auf Personen *in deren Privatsphären* gerichtet sind. Anders als in Orwells Roman

„1984" installieren die elektronisch visibilisierten Personen ihre Cams fast ausnahmslos freiwillig in ihren Wohnräumen. Die näherungsweise ‚total' observierte Person ist folglich keineswegs „mehr länger das Opfer repressiver Bespitzelung, sondern befindet sich in einer eigenartig wünschenswerten, ja sogar schmeichelhaften Position" (Levin 2001, S. 8), denn die virtuelle Community der Webcam-Spanner bildet ein elektronisches „Zentrorama" im eingangs erwähnten Sinne: Menschen rücken sich durch ihr Aussehen und/oder ihr Verhalten als Kuriositäten in einen virtuellen Mittelpunkt und hoffen darauf, dergestalt auf den Computermonitoren rund um den Globus sichtbar zu werden. In welchem Maße ihnen dies gelingt, können sie wiederum daran ablesen, wie oft ihre Selbst-Präsentation ‚angeklickt' wird.

Anders gesagt: Für die Aussicht auf die von Andy Warhol ‚jedermann' prophezeiten „15 min" zum Star zu werden verrenken, verunstalten, entblößen und entblöden sich immer mehr Menschen vor immer unbegrenzteren Öffentlichkeiten in einer Gesellschaft, in der man ständig auf sich aufmerksam machen muss; sozusagen mit allen Mitteln, derer man habhaft werden, derer man sich bedienen kann. Und wenn wir schon nicht durch Teilnahme an bei einem dieser Lager-Spiele oder einer Casting-Sendung ins Fernsehen kommen, wollen wir uns wenigstens im Internet zeigen. Kurz: Überwachung ist gegenwärtig für viele Menschen eben nicht, wie früher, nur oder auch nur insbesondere mit unbehaglichen Gefühlen verbunden, sondern – soweit sie ihnen angesichts vielfältiger anderweitiger Wichtigkeiten, Hoffnungen und Sorgen überhaupt zu einem relevanten Thema wird – auch mit dem Interesse an persönlicher Sicherheit und dem Wunsch nach Beachtung.

7 Nachbemerkung

Zu zeigen versucht habe ich im Vorhergehenden, dass selbst in dem hier skizzierten, sehr kurzen Zeitraum die Mediatisierung des universalhistorischen Handlungskomplexes von Observation und Exhibition augenscheinlich wird (vgl. Livingstone 2009). Auch wenn dabei vor allem von (den) digitalen Medien die Rede war, geht es beim Phänomen der „Mediatisierung" um einen Prozess, der letztlich die gesamte Menschheitsgeschichte ‚begleitet' (vgl. Krotz 2012; Hepp 2011). Auch und gerade im Kontext von Observation und Exhibition stehen die medientechnologischen Entwicklungen in einem – empirisch zu rekonstruierenden – *Wechselverhältnis* mit soziokulturellen Veränderungen, bei dem direkte (Face-to-Face-) Erfahrungen in indirekte übergehen bzw. durch letztere ersetzt werden (vgl. Ginsburg et al. 2002). Anders ausgedrückt: Mediatisierung ist „eine zentrale und erfahrbare Dimension des sozialen und kulturellen Wandels" (Krotz 2007, S. 14): Nicht medientechnologisch unterstütztes, Medientechnologien inkludierendes und ausschließlich auf medientechnologisch bereitgestellte Bezugsoptionen fokussiertes Handeln amalgamieren immer selbstverständlicher und beiläufiger. Vormals nicht medienvermitteltes Handeln wird in medienvermitteltes Handeln transformiert – hier: das architektonische wird zum elektronischen Panoptikum – und die mediale Vermittlung beeinflusst das Was und das Wie des Handelns *signifikant* – hier: das als beobachtungsrelevant Definierte schlechthin verändert sich (vgl. Hjarvard 2008).

Literatur

Altheide, David L., und Robert P. Snow. 1979. *Media logic.* Beverly Hills: Sage.
Ginsburg, Faye D., Abu-Lughod Lila, und Brian Larkin Hrsg. 2002. *Media worlds.* Anthropology on new terrain. Berkeley: California UP.
Hepp, Andreas. 2011. *Medienkultur. Die Kultur mediatisierter Welten.* Wiesbaden: Verlag für Sozialwissenschaften.
Hitzler, Ronald. 2007. Observation und Exhibition. Vom Leben im elektronischen Panoptikum. In: *Sozialer Sinn,* 8 (2): 385–391.
Hitzler, Ronald. 2009. Im elektronischen Panoptikum. Über die schwindende Angst des Bürgers vor der Überwachung und seinen un-heimlichen Wunsch nach Sichtbarkeit. In: *Strategien der Visualisierung,* Hrsg. M. Herfried und J. Hacke, 213–230. Frankfurt a. M.: Campus.
Hjarvard, Stig. 2008. The mediatization of society. A theory of the media as agents of social and cultural change. In: *Nordicom Review,* 29 (2): 105–134.
Knoblauch, Hubert, und Schnettler, Bernt. 2007. Videographie. Erhebung und Analyse Qualitativer Videodaten. In: *Qualitative Marktforschung. Theorie, Methode, Analysen,* Hrsg. Buber Renate und Holzmüller Hartmut, 583–599. Wiesbaden: VS Verlag für Sozialwissenschaften.
Knorr Cetina, Karin. 2012. Skopische Medien: Am Beispiel der Architektur von Finanzmärkten. In: *Mediatisierte Welten,* Hrsg. Krotz Friedrich und Hepp Andreas, 167–196. Wiesbaden: VS Verlag für Sozialwissenschaften.
Krotz, Friedrich. 2007. *Mediatisierung. Fallstudien zum Wandel von Kommunikation.* Wiesbaden: VS Verlag für Sozialwissenschaften.
Krotz, Friedrich. 2012. Von der Entdeckung der Zentralperspektive zur Augmented Reality. In: *Mediatisierte Welten. Forschungsfelder und Beschreibungsansätze,* Hrsg. Krotz Friedrich und Hepp Andreas, 27–58. Wiesbaden: Springer VS.
Levin, Thomas Y. 2001. Die Rhetorik der Überwachung. Angst vor Beobachtung in den zeitgenössischen Medien. http://www.nachdemfilm.de/no3/pdf/lev01.pdf. Zugegriffen: 25. Oktober 2013
Livingstone, Sonia. 2009. On the mediation of everything: ICA presidential address 2008. *Journal of Communication* 59 (1): 1–18.
Lyon, David. 1994. The electronic eye. The rise of surveillance society. Minneapolis: University of Minnesota Press.
Schmidt, Gunnar. 2003. Zeit des Ereignisses – Zeit der Geschichte. http://www.medienaesthetik.de/medien/zentrorama.html. Zugegriffen: 15. Oktober 2012

The manufacturer's authorised representative in the EU is Springer Nature Customer Service Centre GmbH, Europaplatz 3, 69115 Heidelberg, Germany. If you have any concerns regarding our products, please contact ProductSafety@springernature.com

Printed and bound by CPI Group (UK) Ltd, Croydon, CR0 4YY
25/03/2026
02078215-0001